塔木德
智慧全书

左岸 编著

中国商业出版社

图书在版编目（CIP）数据

塔木德智慧全书／左岸编著．—北京：中国商业出版社，2017.2（2021.3 重印）

ISBN 978-7-5044-9743-7

Ⅰ．①塔… Ⅱ．①左… Ⅲ．①犹太人—商业经营—经验 Ⅳ．①F715

中国版本图书馆 CIP 数据核字（2017）第 046101 号

责任编辑：武文胜

中国商业出版社出版发行
010-63180647　www.c-cbook.com
（100053　北京广安门内报国寺 1 号）
新华书店经销
天津旭非印刷有限公司印刷

*

710 毫米×1000 毫米　16 开　20 印张　287 千字
2018 年 1 月第 1 版　2021 年 3 月第 8 次印刷
定价：49.80 元

* * * *

（如有印装质量问题可更换）

前言

翻开犹太人的历史,不难发现这个民族曾是一个颠沛流离的民族,在漫长的漂泊生涯中,他们更懂得珍惜生活和对美好明天的向往。一代又一代的犹太先辈们以乐观的精神对待生活中的种种不幸时,也在不断地总结生活的经验,并把它们记录下来,以此提醒后代如何面对困难的挑战。于是,《塔木德》便逐渐成书,且流传至今。

《塔木德》不是一个人的智慧,是整个犹太民族的智慧结晶,历经数个世纪,凝结着2000多位犹太学者的心血。全书共20卷,250余万字。该书包罗万象,内容庞杂,实用性强,是犹太人的经典之作。《塔木德》作为犹太人的精神指南和智慧源泉,无论他们身处何方,只要《塔木德》存在,犹太人准能化险为夷,渡过难关。正是由于《塔木德》的力量,先后成就了大卫·李嘉图、爱因斯坦、弗洛伊德、洛克菲勒、巴菲特、海涅等许多犹太裔世界巨人。犹太人仅占世界总人口的0.3%,全世界最有钱的企业家中,犹太人占据半壁江山;获诺贝尔奖的科学家中,犹太人占30%;全世界十大最杰出的哲学家中,犹太人有8位……可以说,犹太人是世界上最为智慧的民族,毫无夸张成分,他们之所以能傲然屹立世界民族之林,是因为《塔木德》给予了他们信心和力量。

随着时代的发展,世界越来越高度发达,犹太人依然把《塔木德》视为最为宝贵的圣物,据说几乎所有犹太人身边都会有一本《塔木德》,

当事业遇到瓶颈时,《塔木德》能让他们"柳暗花明";当处于人生的低谷时,《塔木德》是他们心灵的庇护所。犹太人钟爱《塔木德》,把《塔木德》看成生命中的一部分,有着根深蒂固的文化基因。当然,《塔木德》作为一本智慧之书,不仅让犹太人从中受益,其他民族也同样从中获得智慧与力量。目前,《塔木德》被译成多种语言,在世界上广泛流传。

《塔木德》不是魔法书,没有神奇的魔力,但它的每一篇故事每一句箴言,都经得起时间的考验,都能让"崇拜者"从中获得好处。有人说,《塔木德》不仅仅改变了犹太民族的特性和思维结构,更是世界上不可多得的文化遗产,正是由于它的存在,人类在探索世界、对话自然的过程中,节省了大量的时间,是人类前进的精神动力之一。的确不假,就《塔木德》的实用性而言,它更像是一盏经久不熄的明灯,以执着的姿势,照亮每一位前进者脚下的路,让他们在实现理想的过程中,少走弯路,早日抵达成功的彼岸。

智慧没有界限和时间限制,《塔木德》不但适用于过去,同样也适用于现代人,为每一位竞争者提供帮助和指导,让他们能够更加清晰地认清自己,从而起到事半功倍的效果。根据《塔木德》所涉及的内容,我们分10个部分,逐一进行编撰,将最为精华的部分呈现给读者。相信读者在阅读过程中,不仅可以汲取宝贵的知识,更能让身心得到洗涤和升华,从而获得巨大的能量。而这种能量来源于内心,就像玫瑰色的星辰,闪耀在寂寞的黎明,昭示出全新的一天必然阳光灿烂!

目录

第一章 智慧：奏响生命的华美乐章

智慧是无价的 / 002

起风时可以安睡 / 004

身边的礼物 / 006

转个弯，问题就解决了 / 007

巧劝国王接济邻国 / 009

拒绝的学问 / 010

批评的学问 / 012

赚取医疗费 / 014

让对手把枪里的子弹打光 / 016

一把椅子的效应 / 018

强权面前保持本色 / 019

聪明的裁缝 / 021

机智的回答 / 022

巧解难题 / 023

第二章　金钱：上帝赐予的最好礼物

金钱无贵贱之分 / 028
不让金钱腐蚀灵魂 / 029
钱是窥视人格的一面"镜子" / 031
钱是平常物，不要拒绝 / 033
金钱面前不迷失自己 / 035
找到钱的运行路径 / 037
把赚钱当作乐趣 / 038
人脉即钱脉 / 040
赚钱过程比获利更重要 / 041
攒钱成不了富翁 / 043
靠信息赚钱 / 045
想到常人想不到的赚钱方法 / 046
要想赚到钱，必须付出智慧 / 048
钱包随着思维扩大而增大 / 050
厚利适销才能赚钱 / 052

第三章　契约：与上帝的约定

一切依约行事 / 058
契约高于逻辑 / 060
对自己有利和不利都不反悔 / 062
签订契约，就要严格执行 / 065
违约者必须遭到报复 / 066

我娶到了公主 / 068

学着雅各折树枝 / 070

把该防范的问题都写在纸上 / 071

巧妙利用规则的漏洞 / 073

撤销交易的哈拉哈 / 075

遵守商业规则 / 076

第四章 商道：缔造商业帝国的不二法宝

吃小亏占大便宜 / 080

1加1大于2 / 082

让顾客定价 / 083

智取钱袋的故事 / 085

没有免费的午餐 / 087

商战中的杠杆原理 / 089

盯住女人的口袋 / 091

相信自己的判断 / 092

摔不破的罐子 / 094

无中生有的电话 / 095

办法总比困难多 / 097

眼光盯着未来 / 099

人无我有，人有我优 / 100

把自己当作竞争对手 / 102

不以小事而不为 / 104

把每一次都当作第一次 / 105

第五章　成功：戴在胸前的一枚闪亮勋章

向着目标前进才不会走弯路 / 108

没有远大的志向，成功和财富就会远离你 / 109

毛姆的征婚启事 / 111

唯有持之以恒，才能向目标靠近 / 113

不好吃的甜饼 / 115

摆脱定势思维，解放内心 / 117

小铁锤晃动大铁球 / 119

唤醒内心的正能量 / 120

怎样看待自己 / 122

换个角度看问题 / 123

用积极的态度看问题 / 126

机遇面前敢于冒险 / 127

冷静是成功的试金石 / 130

向成功的人学习做成功的事 / 131

正确看待优势和劣势 / 133

你在为谁工作 / 135

抛弃身旁的拐杖 / 136

劳动是金 / 138

第六章　诚信：必须守住的道德底线

用生命保护的货物 / 142

信誉是最好的资本 / 144

不为利诱所惑 / 146

厚道乃诚信之本 / 147

信守诺言的约束 / 149

第5块貂皮 / 152

诚信的方向 / 153

绝不做一锤子买卖 / 155

将真相公布于众 / 157

对竞争对手要以诚相待 / 159

说真话不说假话 / 162

诚实的人就应该受到奖赏 / 164

最大的赢家 / 165

第七章　处世：用感恩的心对待生活

不做被人看轻的事 / 170

不要凭自己的想象去看人 / 171

学会沉默 / 172

以和为贵 / 174

给别人搭座桥 / 176

时刻记住，你有两个耳朵 / 177

谎言的面孔 / 179

嫉妒害人 / 181

不紧盯着别人的短处 / 182

把朋友的好处刻在石头上 / 183

尽量避免争吵 / 184

化敌为友才是强者 / 186

对偷马者的审判 / 187

不为失去而后悔 / 189

助人即助己 / 191

上帝奖赏助人者 / 192

爱邻如爱己 / 194

贪心会使人愚蠢 / 196

失礼，没有理由 / 197

第八章　心态：以良好的姿态与世界对话

积极跨过人生三重门 / 202

快乐源于内心，与金钱没有直接关系 / 203

积极地看待一切 / 204

懂得善待自己 / 206

保守秘密才是会生活 / 208

人生最忌消极，乐观才有快意 / 210

解放自己的内心 / 211

你看到的是泥土还是星星 / 213

所有经历的都会让你变得更强大 / 215

生活并非由完美组成 / 217

生活平淡时，暗示自己一切都好 / 219

拉比智断金币案 / 221

正视悲观，让心灵走出误区 / 223

摆脱自卑，塑造真正的自我 / 225

心放宽，活出自我 / 227

时刻让自己保持平静的状态 / 229

养好这颗淡定的心 / 231

远离猜疑，生活才有滋有味 / 233

虚荣的代价 / 236

身处逆境时，更需要用微笑伴行 / 238

自我肯定比什么都重要 / 239

面对诱惑，保持平常心 / 241

不和自己过不去，生活原本是美丽的 / 243

人生是一场放下包袱的旅行 / 245

第九章　品格：从内到外散发出灵魂的香气

到处夸耀会使人生厌 / 250

最珍贵的遗产 / 251

将责任根植于内心 / 253

慈善的回报 / 254

军中的儿子 / 256

上帝的回馈 / 258

容忍是一种美德 / 260

拒辱 / 261

宽恕可化解一切 / 262

容人者方能容天下 / 264

善对迷途知返的人 / 266

不该得的利不要 / 268

尊重的力量 / 269

抵御诱惑 / 271

珍惜每一分钟 / 272

为别人服务就是爱他人 / 275

勤劳是一种习惯 / 277

第十章　教育：坚决不让孩子输在起跑线上

当好孩子的第一任老师 / 282

犹太父母的挫折教育 / 283

培养孩子简朴的生活习惯 / 285

保罗为什么不画画了 / 286

让孩子在错误中成长 / 288

让孩子明白学无止境的道理 / 290

抓野猪的故事 / 291

让孩子承受打击 / 293

不给孩子施加压力 / 295

让孩子自己做决定 / 297

放回水中的鱼 / 298

经历磨难才能成材 / 300

让孩子对自己的行为负责 / 302

好习惯是从小培养出来的 / 303

改变一生的一句话 / 305

第一章
智慧：奏响生命的华美乐章

　　《塔木德》中说："只要你活着，智慧就永远陪伴着你。"智慧是点燃希望的火花，可以让人变得更加坚强、沉着、冷静，拥有知识不等于就拥有了智慧，只有那些内心明白自己要做什么、该怎样做、如何做好的人，才是真正拥有智慧的人。

智慧是无价的

金钱买不来智慧，因为它是无价之宝。

——塔木德

犹太家庭里，孩子只要懂事后，母亲通常会问这样一个问题："如果有一天你居住的房屋起火了，这个时候，你打算带什么东西逃命？"虽说孩子已经懂事了，但没有经过社会的洗礼，往往会说带珠宝、钻石等值钱的东西。孩子想法简单，不知道母亲真正期待的回答是什么。

当然，孩子回答不正确，母亲也不会生气。母亲提出问题的核心，是让孩子早点明白，生活在这个变化多端的世界上，唯有智慧是无价之宝。这时，母亲会耐心地告诉孩子："只要把智慧带走，钻石、珠宝没有了，可以通过智慧重新买回来。智慧是受益一生的宝贝，能够永远伴随着你。"

到底什么是智慧呢？简单地说，就是一个人能够迅速、灵活地对事物做出正确的判断和理解的能力。这种能力不是仅靠家长教、书本上看所能领悟到的，是需要一个人在感受人生、感受社会、感受自然中逐渐形成的，这样的亲身体验能够唤醒一个沉睡的灵魂。

例如，小时候洗过碗的人，都知道碗容易碎，在清洗过程中，应该轻拿轻放。以后，在处理易碎的物品时，会做到小心翼翼，倘若见到他人拿易碎品的过程中不够小心时，就会提醒对方，该怎样去拿这样的东西。这种从生活中得到的常识，就是智慧。再如，一个女孩在媒体上看到夜行人遭遇抢劫的报道后，以后她出门办事，必须黑夜回家时，她会选择人多的路径走，这样就可以降低被打劫的概率。女孩从他人的事例中吸取教训，这同样也是智慧。

《塔木德》中说："智慧不是靠传授而得到的，需要人在生活中去领悟。"很多人认为多学习知识就能成为有智慧的人，这是片面的认识。犹太人不否认知识可以提升智慧，但有知识不一定有智慧。他们认为知识是解决经验性的问题，而智慧是解决决策性的问题，需要经验的积累。犹太人在重视教育的同时，不断积累经验，所以他们在经商中往往能做出正确的决策。

在犹太人的认知中，一个富有智慧的人，必须拥有渊博的知识。获取知识的途径多种多样，看书、旅游、做事、交谈等，都能够获取知识，然后把知识运用到实际生活和工作中，再经过反复的提炼和升华，知识逐渐转化成智慧。

有位年轻人找到拉比（拉比即为犹太教教士，也是犹太人生活等一切方面的"教师"，经常被作为智者的同义词），问他如何能走上富裕的道路。拉比打量一番年轻人，问道："你是一位读书人吧？"

年轻人先是点了点头，然后说："小时候，我是镇上的神童，有过目不忘的本事。父母对我的教育也格外严格，随着年龄的增长，我的知识变得越来越丰富。我们犹太民族的历史，我们犹太人写的经典，没有我不知道的……"

就这样，年轻人在拉比面前一通谈古论今。最后，说到正题上，他说："当时与我一起玩耍的儿时伙伴，他们的学习没有我好，储备的知识没有我多，现在一个个都发了财，而我还是一个穷书生，我想通过我的知识，来改变我的现状，也想成为一位富有的人。"

拉比听完年轻人的讲述后，知道了问题的所在。他指着不远处的一群羊，问："你知道羊为什么喜欢吃嫩的青草，而不喜欢吃泛黄的草吗？"

这是一个非常简单的问题，年轻人回答道："青草容易消化，泛黄的老草不容易消化。"

拉比微微一笑，说："你说得没错。但你说的是知识，而不是智慧。你缺少的就是智慧。"

年轻人略微显得有些尴尬，用疑惑的眼光看着面前的拉比，拉比又说："因为青草嫩，营养丰富，能够提高羊的体质，增强羊自身的抵抗能力。这就是知识与智慧的区别。"

年轻人听后，恍然大悟，拜别拉比后，想办法去把自己的知识转化成智慧。

在这个故事中，论知识的储备，拉比可能比不上年轻人。但拉比对事物的判断远远高于年轻人，因此拉比是充满智慧的。

智慧需要积累，不是一下子就能够形成的。需要在日常生活中不断去领悟问题的本质，然后结合学到的知识，做出正确的判断。只有这样，人生才不会偏离航向，才能在处理问题或对待事物时，不至于出现失误，才能让自己的人生变得更加精彩。所以，智慧是无价的，一旦拥有，别人偷不走，它属于个人永久性的私有财富，不会因时光的流逝而消失，也不会因事态变故离你而去。

起风时可以安睡

> 你只要活着，智慧就会永远伴随着你。
>
> ——塔木德

生活中处处充满着未知，很多事情常常会发生在我们的意料之外，有时让我们始料未及，有时甚至会给我们带来严重的打击。在人生的旅途上，任何事情都能做到未雨绸缪，做好迎接困难的准备，那么即便遇到挫折，也能够迎刃而解。

一位在大西洋沿岸拥有一大片土地的农场主想要雇用一个帮手，可是，很多人都不愿意在大西洋沿岸的农场干活。理由是，害怕喜怒无常的大西洋风暴会无情地摧毁房屋和庄稼。因此，这个农场主的招聘启事贴出去很长时间了，却没有人前来应聘。最后，一个身材矮小、体格瘦弱的犹太中年人来到农场主面前。

农场主上一眼、下一眼，左一眼、右一眼，足足打量他有三分钟，看得瘦小的犹太人有些浑身不自在，但他还是尽量保持镇定，不在农场主面前露怯。

打量完后，农场主背过身去，犹太人心想，这份工作可能泡汤了。正当他准备向农场主辞别时，农场主说话了。

"干农活，你是个好帮手吗？"农场主用不放心的口吻问道。

"犹太民族是一个勤劳而又能吃苦的民族，为了生存下去，再苦再累，我们都会干，并且会把工作干好，我自然也不例外。但是，基于这里的特殊情况，请允许我在起风的时候安心睡觉。"

尽管农场主看不上他，对他的回答也有些迷惑不解，但苦于长期缺少帮手，使自己遭受了巨大的损失，他还是决定留下这位瘦小的应聘者。

正如瘦小的犹太人说的那样，他干起活来特别卖力，从来不让农场主催促他。天刚刚亮，他便开始起来干活，一直忙到天黑才肯收工。农场主看他如此勤劳，心里自然非常满意，认为自己选对了人。

然而，这种满足感还没持续多久，"厄运"就降临了。一天夜晚，海面上突然狂风大作，巨大的海浪排山倒海般拍打着海岸，发出巨大的声响。睡梦中的农场主被窗外的响声惊醒了，他翻身下床，抓起灯笼，跑到旁边雇工住的屋里，推着那个瘦小的犹太男人，大声叫喊道："赶快起来！风暴来了！快把东西绑好！"然而，瘦小的犹太男人根本没有理会焦急中的农场主，只是在床上翻了一下身，不慌不忙地说："我不必起来，先生，我曾经告诉过你，起风时，我可以安心睡觉。"听到这番话，农场主简直是怒不可遏，真想当即把他解雇了。

可是，当务之急还是先抢救东西要紧，于是他赶紧跑出去想办法应付这场暴风雨。然而，令他感到惊奇的是，所有的干草垛早已盖好了防水油布，牛拴在牲口棚里，鸡关在鸡笼里，门都已闩好，百叶窗也关紧了……一切都安排得非常妥当，风暴根本刮不走任何东西。农场主此刻才明白瘦小的犹太男人那句话的真正含义。于是，当风暴再次来临的时候，他也可以安心地睡觉了。

身边的礼物

> 有智慧的人，总能发现身边的宝藏。
> ——塔木德

有个人，在自己出生的地方居住多年，每天重复着日出而作，日落而息的生活，他不想再过这种单调无味的日子，决定搬到一个陌生的地方去。离开家乡前，他去拜访当地一位德高望重的老拉比，希望从他那里得到一些忠告。

老拉比明白他辞别的目的后，略加思考，给他讲了一个故事：

有位居住在柏林的犹太人，夜里睡觉时经常做梦，且基本上都是同一个梦，他梦见隔壁邻居家的碾房下面，埋藏着许多他梦寐以求的珍宝，这些珍宝一直在等待他去挖掘。

一天夜里他从梦中醒来，发现已是凌晨，不过天还没有破晓。此时，他睡意全无，在床上翻来覆去，反复思索梦中的情形。想着想着，他决定一探究竟，就翻身下床，穿好衣服，带上挖掘工具来到碾房。根据梦中的提示，他开始挖掘，挖来挖去，几乎把碾房的地面挖了一遍，甭说没有出现梦中的财宝，就连一枚硬币也没挖到。他有些泄气，坐在地上休息。就在这时，房主披着衣服出现在他面前。原来房主听到碾房中有响动，以为进贼了，才过来看看。

这位挖宝藏的犹太人看到房主，很是尴尬，一时不知如何向房主解释。房主看到被挖的地面，问："你为什么把我平整的地面挖成这般模样？"

没有更好的理由解释挖地面的原因，挖宝藏的犹太人只好向房主说明自己的真正目的。房主听完后，不但没有责怪他，反而兴奋地说：

"太奇妙了，我也经常梦到一个住在柏林的人，他的院落中埋藏着许多宝藏。"

房主不但说出自己梦中发生的事情，还说出了梦中那个人的名字。巧合的是，梦中出现的人的名字正是这个犹太人的名字。

犹太人听了后，在房主的帮助下，将碾房的地面平整好，立刻返回家中，开始在自己的院子里挖，让人没想到的是，他果真挖到了许多财宝。

讲到这里，故事已经讲完了。"你知道吗？"老拉比对面前即将移居他乡的人说："其实，我们的院子里埋藏着许多宝贝，只是我们没有去挖掘罢了。"

老拉比见对方没有说话，又语重心长地说："请珍惜我们身边的宝物。不要妄想成为国王的座上嘉宾，自己家里的餐桌才是最高贵的，因为你就是国王。"

对方一听，满面羞愧，决定不再迁移他方了。

转个弯，问题就解决了

当困难出现后，多思考一下，就能够找到解决困难的办法。

——塔木德

很久以前，在一个小镇上住着一个犹太人，这个人开了一间杂货店，专门给当地人提供日常用品。由于是外来者，小镇上那些调皮的孩子常常去骚扰他。他们每天三五成群聚在杂货店外，对着里面的犹太人大喊："犹太佬、犹太佬。"

起初，这位犹太人并不在意，孩子们喊多了喊久了，听着总觉得别扭。为了不让孩子们干扰他的正常工作，每当他们在外面喊叫时，犹太人就放下手中活计，从店里冲出来，吓唬这些孩子。孩子们见他出来，便一哄而散，等他进屋后，孩子又从四面八方聚拢过来，继续在他门前大喊大叫。

孩子顽皮不懂事，总不能对他们打骂吧。如何把他们赶走呢？犹太人苦思冥想了好几天，终于想出了一个好办法。

这天，孩子们又来到杂货店门前叫嚷。等他们喊累后，犹太人面带微笑从屋内出来，孩子们见他出来，正打算四散逃跑时，犹太人却说："孩子们，你们不要怕，我没有伤害你们的意思，从今天起，谁在我门前叫'犹太佬'，我就给谁5枚硬币。"说着，从口袋里拿出硬币，给在场的每个孩子5枚。

喊"犹太佬"还能得到钱，孩子们甭提多高兴了。第二天，他们又来了，在杂货店门前又蹦又跳，嘴里不停地喊着"犹太佬、犹太佬"。

犹太人没有食言，从店内走出来，分别给每个孩子3枚硬币，并说："我的收入只能勉强维持生活，5枚硬币太多，今天每人给3枚。"

3枚硬币对孩子们来说，同样是件非常高兴的事情，他们高高兴兴地离开了。第3天，他们再去喊时，却得到了1枚硬币。孩子们有些不解，问道："今天怎么就1枚硬币？"

犹太人依旧满脸微笑，解释道："今天只能给你们这么多。"

孩子们不乐意了，说："前天5枚，昨天3枚，今天1枚，这也太不公平了吧。"

犹太人装出很无奈的样子，说："只能给这么多，要不要就随你们啦。"

"1枚硬币，简直太少了。你以为我们会为一个小钱，喊你'犹太佬'吗。"孩子们赌气说道。

犹太人显得很无辜的样子，说："那以后你们就别喊了。"

从此以后，再也没有孩子到他门前喊"犹太佬"了。

《塔木德》提醒我们，在人生的旅途上，每个人都会遇到这样或那样的困难和挫折。在面对这些困难和挫折时，不同的人表现的方式有所不同，有的人强冲硬闯，最后把自己弄得伤痕累累；有的人望而却步，放弃了自己的初心；有的人则沉着冷静，让思维转了一个弯儿，便轻松把问题解决了，最后到达成功的彼岸。故事中的犹太人就是如此，如果他一味地去驱赶和吓唬孩子们，那些孩子不但不会停止叫喊，反而会变本加厉，做出一些令他更加头疼的事情。但是，他是一个富有智慧的人，他没有那样去做，而是采取顺应孩子的方式，让孩子们进入自己设计好的圈套，最终成功使孩子们放弃了先前的行为。

所以，每个人都应该学会让自己的思维转个弯儿，掌握这种智慧，生活中遇到的许多问题，往往会付出最小的代价，获得最大的成功。

巧劝国王接济邻国

如果把赚到的钱全部揣进腰包，你就不是一位真正的富翁。

——塔木德

古时有一位非常聪明的拉比，经常帮助人们解决困难，连国王遇到难题也要去请教他。

有一天，国王派人来把拉比请去，对他说："我国今年获得了粮食大丰收，但麻雀和老鼠泛滥成灾，吃掉了田地和库房里的大量粮食，造成了重大损失。请你帮忙想个办法，怎样能把这些麻雀和老鼠彻底消灭掉，不然后果将不堪设想！"

拉比低头沉思了片刻，然后说："办法倒是有一个，不过需要花很大代价。"

国王问："需要多大的代价？"

拉比答道："恐怕得用去上千袋粮食。"

国王非常惊讶："怎么会用这么多粮食呢？"

拉比说："我们用这些粮食来喂麻雀和老鼠，它们吃饱了之后，自然就不会再去田地里和库房里肆虐了。如果不喂它们，它们也一样会去吃，还会使土地和库房遭到破坏，那样的话，我们的损失会更大。"

国王有些将信将疑："拉比，你不是在开玩笑吧，哪有这样消灭麻雀和老鼠的呢？"

拉比说："陛下，我怎么敢跟您开玩笑呢？不过，我用这些粮食不是在我们国家里喂麻雀和老鼠，而是要把它们撒在邻国的土地上，把老鼠和麻雀引到那里去。"

国王听到这里不作声了。他知道邻国今年闹灾荒，庄稼几乎颗粒无收，粮食极度短缺，人们吃饭都成了问题，所以那里的老鼠和麻雀才都跑到自己的国家来了。国王对拉比说："我明白你的意思了，你是要我接济邻国的百姓吧。"

"是的，陛下，"拉比说，"虽说我们与邻国的关系向来不睦，但总不至于忍心看着他们的百姓忍饥挨饿吧。况且，这样做既可以消除我国土地上的老鼠和麻雀之灾，又可借机与邻国改善关系，两全其美之事，何乐而不为呢？"

国王觉得拉比说得非常有道理。其实他也知道不应该对邻国的灾荒不闻不问，况且眼下当务之急还是解决本国的鼠患雀灾问题。于是，他马上给邻国送去了大量的粮食，帮邻国百姓度过了饥荒。从此，国王土地上的麻雀和老鼠日趋减少，两国之间也建立了睦邻友好的关系。

拒绝的学问

该拒绝而不拒绝，只能加深痛苦。

——塔木德

有一位犹太教徒不知怎样才能拒绝痛苦，于是他去问拉比。开始，拉比让他自己去悟。第一天，拉比问他悟到了什么，他回答说不知道。拉比便举起小木棍打了他一下。第二天，拉比又问，他仍回答不知道。拉比举起小木棍打了他两下。第三天他仍然没有收获，当拉比举起小木棍再次要打时，他却挡住了。于是拉比笑道："孩子，你终于悟出了拒绝痛苦的道理了。"

在宗教圣地耶路撒冷，有一家名叫"芬克斯"的酒吧，营业面积只有 30 平方米。店虽然小，但却名声远播，它曾连续 3 年进入美国《新闻周刊》评出的世界最佳酒吧前 15 名。这一结果，很大程度要归功于美国前国务卿基辛格。

"芬克斯"酒吧是一个名叫罗斯恰尔斯的德裔犹太人开的。有一天，他突然接到正在中东进行访问的基辛格打来的电话。基辛格首先自报家门，然后说他在别人推荐下，打算当晚与 10 名随从前往"芬克斯"酒吧，并希望到时酒吧能谢绝接待其他顾客。

罗斯恰尔斯非常客气地婉拒道："您能光临本店，我深感荣幸，也非常欢迎，但因为您的缘故而将其他顾客拒之门外，我无论如何也做不到。"

基辛格听了这话后，很不高兴地挂断了电话。

第二天傍晚，罗斯恰尔斯又接到了基辛格的电话。这次是基辛格特意打来向他道歉的。首先基辛格为自己昨天的失礼行为深表歉意，然后说明天想订几个座位，这次只带 3 个人来，并表示不必谢绝其他客人。对基辛格这样一个大人物来说，这已经是最大的让步了。

然而，罗斯恰尔斯的回答却是："非常感谢您，但我还是无法满足您的要求，不能接受您的预订。"

基辛格非常意外地问道："为什么？"

罗斯恰尔斯说："因为明天是星期六，本店休息。"

基辛格几近恳求地说："我后天就要结束访问回美国了，您能否破例一次呢？"

罗斯恰尔斯诚恳地提示道："实在对不起，先生，你我都是犹太人，您应该知道，星期六是犹太人的安息日，如果经营，那是对神的玷污。"

基辛格只得放弃了。

美国记者知道这件事后，便写了一篇题为《基辛格与芬克斯》的报道，发表在美国的各大报纸上。罗斯恰尔斯宁可得罪大人物，不怠慢普通顾客，不违反本民族规矩的做法，在媒体的大肆渲染下，大大提高了酒吧的知名度。

犹太人非常注重商业道德，就像罗斯恰尔斯一样，他们绝不会为了某位特殊顾客而对其他顾客不敬。即使是对基辛格这样的大人物也不例外，这是非常让人尊敬的职业道德。

《塔木德》提示我们，生活中最大的难题就是拒绝，或是拒绝他人或是被他人拒绝，这两种都是很伤面子的事。其实，在自己力所不及的情况下拒绝别人，也是一种坦诚。如果将自己办不到的事情模棱两可地应承下来，无疑是在欺骗人家，最终在彼此的期待中，定会由失望而伤了感情。

学会拒绝，首先要做到不滥用友谊，其次不要强人所难。过犹不及，和别人打交道尤其如此。只要能够做到以上两点，就能得到他人的谅解与尊重。

批评的学问

来自心灵的一丝悔恨，要好过在他身上抽打若干鞭子。

——塔木德

有位犹太人经营着一家工厂。一天，工厂里意外失火，这场大火导致这位犹太商人损失惨重，负责消防、安保的经理知道自己闯了祸，战战兢兢地来到老板的办公室，等待老板的处罚。让人没想到的是，这位犹太老板非但没有批评他，反而对他在救火中的表现给予赞誉，出门时，犹太老板拍着他的肩膀，说了"好好干吧"这四个字。

出这么大的事情，按照常理，负责人肯定要受到处罚，犹太老板并非姑息部下犯的过错，他这样做有自己的道理，这正是他人事管理上的成功之处。

说来，这位犹太老板还是相当的严厉，业务员对外打电话的方式不对时，都会受到严厉的批评。火灾发生后，经理不但没有受到应有的惩罚，反而还得到老板的安慰，对于这位经理而言，完全出乎他的预料，更让他心怀羞愧，他唯一能做的就是，对老板会更加效忠。

这位犹太老板的高明之处在于成功地抓住了人的心理：当一个人在工作中出现小错误时，当事人极有可能会忽略掉，作为管理者对这种行为进行批评，以此引起对方的注意，下次就不会犯同样的错误；当在工作中出现重大错误时，即便是愚钝的人也会知道自己错了，这时的批评就显得多余了，如果管理者对其进行严厉的批评或处罚，会引起当事人的逆反心理。

如何使用好批评的"武器"呢？对于领导者来说，是极难把握尺度的。所罗门王国时期，有位将军把它使用得游刃有余。

将军的部队有很多当初与他作战的对手，还有曾经背叛过他的人。如果把这样的人放在重要的岗位上，会带来很大的风险。将军顶住各方压力，任用这些人中那些有才华能善战的人。

当别人对他的任命产生不解时，他却解释道："他们当初的确是我的'敌人'，按说这样的人不值得信任，但是他们有能力，能增强军队的战斗力，所以不能将他们的能力埋没了。"

"可是他们毕竟……"

将军明白问话者的意思，又说道："关键是怎么任用他们。"

当那些人犯小错误时，将军就像对待自己的亲信一样，用温和的口吻指责他们；一旦他们之中谁犯了大错误，将军就会公开批评，并让大家一起参与讨论处理意见。结果，犯错者不仅心服口服，其他人也觉得公平合理。曾经有位在背地里说他坏话的人，将军不予计较，依然任用他，并把他安排在军队中很重要的岗位上。正是由于将军采取唯贤是举、赏罚分明的方式，在军中建立起很高的威信，将士们一个个奋勇争先，部队的战斗力很强大，所到之处战无不胜。

生活中，许多人对一些微不足道的小错误，不加以重视，认为无碍大局。其实，这是一种错误的认识，《塔木德》中说："不要轻视生活中的小错误，它恰恰反映出对待问题的态度。"如果不去及时纠正这些小错误，就形成一种不良习惯，甚至使人的价值观出现偏差。当犯下大错误时，犯错者心知肚明，这时的批评就没有任何意义，而进行安慰，更能收买对方的心。所以，批评是一门学问，需要有博大的胸怀和掌握他人心理的能力。

赚取医疗费

别期望别人拯救你，唯有自己才能拯救自己。

——塔木德

犹太人玛丽出生在一个富裕的家庭中，她从小过着公主般的生活，结婚后也一帆风顺，没遇到什么坎坷，但是，而今年近古稀的玛丽突然经历了一连串的事故，让她备受打击。她的儿子在出差的途中遇到了火车出轨事件，不幸身亡；老伴儿一着急心脏病复发，也撒手西去了。玛丽现在常常一个人偷偷地哭，她最常说的一句话就是："也不知道造了什么孽，今后该怎么活呀！"

3个月过去了，玛丽在女儿的劝说下走出了屋子，她看着别人老少同乐的样子就觉得心酸，她怀念过去的岁月，思念丈夫、儿子，每天都陷在回忆中，有时笑有时哭，精神显然出了问题。有时候，她会抱着丈夫和儿子的照片哭上半天，甚至有时她觉得好像丈夫就在她身边，常常自言自语。最后，她终于病倒了。

女儿把她送到医院，医生了解病情后，对玛丽的女儿说："女士，您的母亲的病在心里。她现在陷入了过去，无法走出来，如果您同意的话，我们可以这样试一试。"医生小声地对女儿说了几句，女儿半信半疑地点了点头。

"这位太太，您今年多大年纪？"医生把玛丽扶到诊室，问。

"65岁。"玛丽没精打采地回答。

"您现在要经过长期治疗才能恢复，但这治疗费用您的女儿可能无法承担。"医生遗憾地摇摇头。

玛丽看向女儿，女儿脸红红的，好像很羞愧的样子。玛丽说："即使有，我也不能让女儿给我出治疗费。我有些积蓄，不知道够不够？"说着，拿出一个存折。

医生接过存折，看了看说："唉，真遗憾，太少了！这样吧太太，我们这儿对付不起医疗费的人有个优惠，就是每天去各个房间，跟着护士查房，以赚取医疗费。"

玛丽想了想，答应了，她也没有别的选择，因为她不能给女儿增加负担，而且如果真的确诊为精神疾病的话，那是多么悲惨的事呀！从那以后，玛丽跟着护士在医院的各病房之间忙碌着，有时候碰到年纪相仿的病号还坐在一起聊聊天，渐渐地，她觉得自己轻松了很多，脸色也变得好起来。

一天，正在与邻病房的一个病号聊天时，她的主治医生来到这里，高兴地把一张纸递到她的手中，玛丽接过一看，原来是一张出院通知单。

医生说："太太，您来医院已经3个月了，恭喜您，您的病已经在您的治疗下康复了。"这时，女儿抱住玛丽，哭着说："妈妈，您吓死我了！"

玛丽不解地看着眼前激动不已的两个人，惊奇地问："我并没有吃药、打针呀，这样就好了吗？"

"是的，因为您现在已经不活在过去了！"医生握着玛丽的手说。

这位医生是智慧的，他知道患者的病因不是来自身体，而是心理方面的，于是便以"赚取医疗费"为由，给她开出了处方，彻底将她的病治疗好。

天地万物，自然轮回，生活每时每刻都在变化，昨天已经过去，没有必要再去反复回忆，明天还没到来，更没必要杞人忧天。《塔木德》中说："生命可贵，时间不会暂停。"我们应该珍惜当下的美好，体悟生命的喜悦。去欣赏"野芳发而幽香，佳木秀而繁阴，风霜高洁，水落石出"，珍惜现在的大好时光，享受生命所赐予的每一次欢乐或痛苦，这样的人生才是充实而完美的。

让对手把枪里的子弹打光

上帝夺取了我们的一切,剩下的只有我们。

——塔木德

一天傍晚,一个长期在外地干活的犹太木匠,兴冲冲地走在回家的路上,口袋里装着几个月辛辛苦苦赚到的钱。

经过一片树林时,突然从他斜对面的大树后面蹿出一个强盗,挡住了他的去路,并用枪顶住他的脑袋,恶狠狠地说:"我只图财,赶快把你身上所有的钱都交出来,不然的话,我就开枪了。"这个木匠下意识地护住装钱的口袋,强盗用另一只手拨开木匠的手,强行把手伸进木匠的口袋里。

转眼间,几个月的辛苦钱全部落入强盗的手中,就在强盗把抢来的钱向自己口袋里塞时,木匠恳求道:"看在明天就过逾越节的分儿上,你把我的钱还给我吧。你抢走的钱,对我非常重要;如果我没有了钱,就无法给孩子买食物,就无法给老婆买衣服。如果我回去,告诉妻子,我的钱在树林中被抢走了,你认为她会相信我吗?她一定会认为我在外面鬼混,把钱都花光了。"

强盗迟疑了一下,马上露出一副凶恶的面孔,说:"至于你如何向你的妻子解释,与我没有任何关系。"

万般无奈的情况下,木匠继续说软话:"求求你,帮我一次,让我的妻子相信我遇到了强盗,好吗?"

强盗想了想,说:"你让我怎样帮你?"

木匠摘下戴在头上的帽子,说:"很简单。我把帽子抛向天空,你对着帽子开一枪,只要把帽子打个窟窿就可以了。"

强盗一听,认为是一件再简单不过的事儿了,便说:"我答应你的要求。"

木匠听他这么说，转忧为喜，又说："为了让妻子不存在半点疑虑，还需要你在我的衣服上打一枪。"

"没问题，这个忙我帮定了。"强盗爽快地说。

于是，木匠把帽子扔向天空。强盗的枪法还不错，随着"砰"的一声响，木匠的帽子应声出现一个窟窿。木匠从地上捡起帽子，反复对强盗表示感谢。强盗似乎被他的热情所感染，以为自己真的做了件好事，也和木匠客套起来了。

几句简单的客套之后，木匠撩起衣角，对强盗说："请你就对着这个地方开枪吧。"

强盗也不客气，端着枪，对着木匠手指的地方扣动扳机，结果枪却没有响。

"怎么回事儿，难道你不想帮我吗？"木匠问。

强盗拉开枪栓，气愤地说道："没有子弹了。"

"原来没有子弹了呀。"木匠兴奋地说道，"去见鬼吧，我的朋友。"说完，木匠抓住强盗的胸襟，和强盗厮打起来。

木匠身强体壮，强盗瘦小单薄，二人很快就分出胜负。木匠的钱失而复得，强盗落荒而逃。当木匠刚遇到强盗时，他没有反抗，因为强盗手里有枪。如果反抗，吃亏的肯定是木匠。为了要回自己的钱，木匠想出了让强盗打自己帽子和衣角的办法。这等于在消耗强盗枪膛里的子弹，如果强盗手中的枪里有第二发、第三发子弹，木匠还会想办法，将对方枪里的子弹全部消耗掉，这样的话，才能战胜强盗，拿回本应属于自己的钱。当木匠听到强盗说枪里没有子弹后，他出手了，战胜了强盗。

木匠的行为就是智慧，是智慧保护了他的钱财。犹太人认为，智慧对一个人或一个团体非常重要，当危难出现时，只有学会做自己的"救星"，才能得到救赎。

一把椅子的效应

> 世界是建立在三大支柱上的：慈善、学习和祈祷。其中慈善最重要。
>
> ——塔木德

一天下午，费城的一条商业街上行人熙来攘往，天空突然阴云密布，倾盆大雨骤然而至，人们纷纷进入就近的店铺避雨。一位老妇人也步履蹒跚地走入一家豪华的百货公司，由于她衣着简朴，不像有钱人的样子，所有的售货员都对她视而不见。只有一位年轻的男售货员走过来，亲切地问道："夫人，我能为您做些什么吗？"

老妇人笑了笑，说："不用了，我只是进来避雨的，雨一停我就走。"说完之后，她似乎觉得有些不安：不买人家的东西，却在人家的店里躲雨，好像有些说不过去，哪怕是买个小小的头饰呢，也算给自己避雨找个心安理得的理由。

正在她犹豫不决时，那个年轻人又走过来说："夫人，您不必为难，我给您搬了一把椅子放在门口，您只管坐着休息一下，没关系的。"

雨一直下个不停，两个多小时后天才放晴。老妇人向那个年轻人道了谢，又向他要了张名片，然后便颤巍巍地走出了百货公司。

几个月后，那家百货公司的总经理收到了美国一位金融大亨的一封信，信中要求该公司将那位年轻人派往纽约收取一份几家大公司的办公用品采购订单。总经理惊喜交集，大概估算了一下，这封信所带来的利益，相当于他们公司两年的利润总和！

他立即与那位金融大亨取得联系，问明原委后才知道，原来那位避雨的老妇人就是这位金融大亨的母亲。

总经理立即把那位年轻人推荐到了公司的董事会上，当他背起行囊飞往纽约时，已经成为这家豪华百货公司的合伙人之一了。

只用了一把椅子，这个年轻人便走上了让许多人都梦寐以求的成功之路。

《塔木德》中说："你如何待人，人如何待你。"与人为善者并不求回报，但这世间是有公平存在的，一分耕耘，一分收获，即使没有回报，最起码也得到了心灵上的满足和快乐。其实，行善并非难事，未必一定要慷慨的施舍、巨大的投入，有时，一个微笑，一句问候，就足以在他人的心中洒下一片温暖的阳光。

强权面前保持本色

> 智慧的人，任何时候都会保持自己最为本真的一面。
> ——塔木德

面对强权，你会怎么做？我们常常会遇到一些人，他们拥有强大的势力或者权力，于是处处吆五喝六，肆无忌惮，蛮横无理。面对这些人，有些人做了蜗牛，把自己藏在了壳子中；有些人做了兔子，快速地躲开。世界上最不幸、最可怜的人就是丢失自我的人，他们懦弱，没主见，像一根墙头上的小草，随着风摇摇摆摆地躲避。

犹太人认为，做人要大气，无论遇到什么样的情况，都不能迷失了自我，畏畏缩缩，更不能掩饰自己，处处装样子，一定要保持本色。我就是我，无论在什么样的情况下，我就是我！

安娜出生在一个犹太家庭，因为她从生下来就很胖，所以从小就很自卑，只要有人提到"胖"她便会低下头，一言不发。安娜母亲有3个女儿，安娜最小，她的两个姐姐长得很苗条，而且脸蛋也漂亮，只有安娜一个人不仅胖胖的，脸也很大，看起来一点儿也不可爱。因此，母亲也一直不太喜欢安娜，常常会拿一些宽松的衣服套在安娜身上，从来不打扮她。

因此，小安娜从来不和其他的孩子一起做室外活动，甚至不上体育课。她觉得自己和其他人都"不一样"，而且没有人喜欢她这样的人。

高中毕业后的第二年，安娜嫁给了一个比她大好几岁的男人，她的丈夫对她很好，但安娜却依旧没有多少改变。丈夫对安娜充满信心，安娜也尽最大的努力要像他们一样，可是她做不到。丈夫为了使安娜开朗而做的每一件事情，并没有增加安娜的自信。

安娜越来越觉得紧张不安，她躲开了所有的朋友，最后甚至听到电话铃响都会吓得浑身发抖。安娜觉得自己简直什么都做不了，她自卑极了，但又怕丈夫为她担心，所以每次跟着丈夫去公开场合时，她都装作很开心的样子，但几乎每次她都搞砸了，引得众人非议。

安娜每次想到自己的失误都会难过上好几天，甚至越想越没意思，打算自杀。一天，婆婆谈她怎样教育孩子时，说："不管事情怎么样，我总会要求他们保持本色。""保持本色？"安娜重复着这句话，突然，她醒悟了，自己之所以那么苦恼，是因为她一直在学着别人来找适合自己的位置，但找来找去，都快把自己丢了。

正是因为婆婆的这一句话，安娜的生活改变了。她开始保持本色，研究自己的个性，发现自己的优点，穿适合自己的衣服，做适合自己的事。后来，安娜主动去交朋友，参加社团组织，虽然开始时很担心，但勇气就那样一点点积累了起来。

"保持本色"这个词语看似很简单，但做起来却很难。每个人都想变得更好，但"邯郸学步"，最终会越变越糟，什么都没学会而且把自己也丢掉了。遇到强劲的敌手，便吓得躲藏，那么你便没了出头之日。就像你遇到一只叫得很凶的狗，你吓得躲藏时，它也许会更凶地向你狂吠，但是你伏下身子，装作捡起小砖头的样子，它便吓得夹着尾巴逃掉了。因此，强权面前的镇定自若比逃跑更让人畏惧。

还有些人，他们的确面对强权不逃跑，而是给自己戴上了面具，这是一种典型的自我保护，弱者往往戴上自尊自强的面具，以掩饰他们容易受伤的弱点。一些人故作镇静的样子，更让人感觉得到他们的慌乱。不要以为所有的人都在注视着你，当你遇到强权内心慌乱想要戴上面具时，请记住保持本色比掩饰更让人钦佩。

聪明的裁缝

> 为人处世的最高境界就是大智若愚，只有内心精明表面愚钝的人，才是真正有智慧的人。
>
> ——塔木德

第二次世界大战期间，一个德国军官为了屠杀自己所管理的集中营里的犹太人寻找一个借口，有一天就宣布，让集中营里的犹太人选出一个代表，与一位东欧国家有名的基督教学者在操场上进行一场辩论，两人谁输了就要被处死，但是，如果犹太人输了，则集中营里的所有犹太人当场都要陪葬。

集中营里的犹太人都吓坏了，他们知道那个学者是位有名的神学家，研究《圣经》的专家，极有学问，谁有可能辩得过他呢？看来大家都必死无疑了。这时，一个犹太裁缝勇敢地站了出来，说自己愿意代表大家跟那位学者辩论。

第二天，所有人都被赶到了操场上，德国军官命令一队士兵荷枪实弹站在犹太人群的周围，如果一旦裁缝输了，就对犹太人进行屠杀。

比赛开始了，犹太裁缝首先问道："我可以先提问题吗？"那个学者自恃学识渊博，根本没把这个裁缝放在眼里，想都没想就同意了。

裁缝问道："尊敬的学者，您是否知道希伯来文'Loldati'这个词是什么意思？"

学者脸上露出轻蔑的神情，不屑地回答道："我不知道。"

裁缝假装没有听清，又问了一遍："'Loldati'的意思是什么？"

学者颇不耐烦地又大声重复一遍说："我不知道！"

德国军官听到这里，认为结果已经出来了，比赛不需要再继续进行下去了，当即掏出枪来，将学者就地枪毙。

死里逃生的犹太人兴高采烈地簇拥着裁缝回到了营房内。他们问裁缝:"你是怎么想到用这样一个聪明的问题去难倒那个学者的?"

裁缝说:"以前我不认识'Loldati'这个词的时候,我曾去问过拉比。拉比说:'我不知道'。当时我还奇怪,拉比怎么可能也不认识呢?拉比看出了我的疑惑,就向我解释说,这个词的意思就是'我不知道'。我想,那个学者是研究《圣经》的专家,他一定知道这个词的意思,但那个德国军官却不一定知道。结果证明,我的判断是正确的。"

裁缝以他的智慧挽救了集中营里几百个犹太人的生命。

当自己的实力明显不及对手时,针锋相对地正面对抗显然是愚不可及的下策。此时,可采取大智若愚的战术,显出一副混沌无知的样子,让对手以为你无能而放松警惕,然后不动声色地巧妙设置圈套,诱使对手自行钻入,这就是以弱胜强的谋略之一。

机智的回答

知道什么问题不好回答,也是一种智慧。

——塔木德

一个赶路的犹太人在一家小旅馆里过夜,那家旅馆的老板是一个胆小又势利的人,看到犹太人穿着一身破旧、脏污的衣服,心里很是瞧不起他,对他的态度因此非常冷淡。

犹太人对老板说:"我赶了一天的路,粒米未进,都快饿死了,请问有什么吃的吗?"

旅馆老板心想,看这个人的穷酸样,十有八九是个流浪汉,肯定没有钱,为什么要给他做饭吃?于是就对犹太人说:"很抱歉,这么晚了,店里已经没有任何可吃的东西了。"

犹太人已看出老板的态度,于是低下头想了片刻,然后自言自语地嘟囔道:"如果是这样的话,恐怕我就得像我父亲那样做了!"

旅馆老板听到这话,立刻警觉起来。他声音有些颤抖地问:"你父亲做了什么?"

犹太人故作神秘地道:"没什么,他只是做了他该做的!"

"天知道这个人的父亲做了什么!"旅馆老板不禁心里暗想,"现在旅馆里一个客人也没有,只有我和他。如果他的父亲是个杀人犯,而他像他的父亲一样来威胁我的话……哦,天哪!"他不敢再想下去了,立刻收拾好桌子,到厨房里给犹太人端来了许多好吃的。犹太人饿坏了,狼吞虎咽地吃了起来。吃饱之后,他满意地擦着嘴说:"这是我从逾越节之后吃过的最美味的一顿饭!"

看到犹太人心情不错,旅馆老板小心翼翼地笑着问道:"您是否能告诉我,您的父亲到底做了什么?"

"噢,我父亲嘛,"犹太人故作无奈地说道,"他在没有东西吃的时候,就会去睡觉!"

故事中的犹太人充分展现了他足智多谋又不失幽默的一面。当自己处于被动时,犹太人往往会采用攻心战术,使对方心生畏惧,从而变被动为主动,从中体现出犹太人的智慧。

巧解难题

> 假如所有人都向同一个方向行走,这个世界必将颠覆。
>
> ——塔木德

有一位学者,为了进行学术研究,常常要到城里的公共图书馆去借书。然而奇怪的是,这家图书馆虽然历史悠久、规模宏大,但在学者所列的书目中,却常常有书借不到,这令学者感到非常遗憾。

有一天,这位学者因为要写一篇论文,需要查阅一些资料,便将所需要的书列了一个单子,到图书馆去请管理员帮助查找一下。管理员拿着书单进去找了半天,最后空着手走出来,然后抱歉地对学者说:"实在对不起,先生,您所需要的书一本也没有。"学者感到既失望又恼火,觉得这家图书馆浪得虚名，便忍不住去找馆长提意见。

馆长听完学者的抱怨后，拿过书单一看，发现上面所列的书都在图书馆藏书范围之内，便觉得很奇怪，立即把管理图书的负责人叫来，询问是怎么回事。那位负责人无可奈何地说："是的，这些书确实都有，可是都已经被人借走了，有的借了几年仍不归还。"馆长生气地问："为什么不催呢？"负责人回答道："催了，而且各种办法都试过了，可是一点效果也没有。"馆长问："像这样逾期未还的图书大约有多少？"负责人尴尬地答道："总共有2000多册。"然后他又嗫嚅着补充了一句，"时间最长的一本是10年前借的。"馆长大吃一惊：他思忖片刻，便想到了一个催书办法。他对学者说："非常抱歉，先生，今天让您白跑一趟。如果您不着急的话，请一个星期之后再来，我保证您能借到所需要的书。"送走学者之后，馆长把秘书叫来，告诉他应该怎么做，秘书便去依计行事了。

一个星期之后，当学者抱着将信将疑的心情再次来到图书馆，果然如愿以偿地借到了所需要的书。他好奇地问馆长是怎样将那些逾期不还的书都收回来的。馆长微微一笑，拿出一份报纸，让学者看上面的一则广告。这则广告是这样写的："为庆祝建馆40周年，本图书馆举行一次特别活动，将在一周之内，向归还借阅时间最久的一本书的读者颁发精美奖品。"这一招果然见效，在短短的几天之内，便有许多借书者争先恐后地将逾期未还的书还了回来。现在，绝大部分图书都已完璧归赵，而最终获得奖品的，正是那位10年前借书的读者，不过他也得到了超过奖品价格的罚单。

当事情进入死胡同时，不妨先冷静下来，听听他人的建议，想想别的办法，事情便很容易出现转机。有一家新开张的快餐店生意非常火爆，每天都顾客盈门。可是，随着客流量的增多，快餐店的老板开始为一件小事伤透了脑筋。原来，这家快餐店的生意之所以如此兴隆，主要是因为免费为顾客提供一种自制辣酱。这种辣酱非常美味，因此总有一些不自觉的顾客在离开的时候顺手牵羊将整瓶酱带走。时间一长，让快餐店蒙受了不小的损失。

辣酱是快餐店的一个揽客手段，如果停止供应，一定会对生意造成不利影响。为了既不得罪顾客又能减少损失，快餐店老板想尽了办法——他把装辣酱的瓶子由大瓶换成了小瓶，在墙上张贴温馨提示，甚至还稀释了酱的浓度。但所有的招数都无济于事，酱还是照丢不误。这可让快餐店老板不知如何是好了，总不能在顾客离开的时候要求开包检查吧，那不仅会得罪顾客，也是法律所不允许的。就在他一筹莫展的时候，一个新来的服务员给他出了一个主意：把瓶盖通通去掉，辣酱就不会丢了。快餐店老板有些将信将疑，不知这样做有什么道理，是否会有效，但在无计可施的情况下，姑且一试也无妨，于是便照着做了。

没想到将瓶盖去掉之后，店里的辣酱果然再也没有整瓶地丢失过。快餐店老板高兴地重奖了那个服务员，并向他请教原因。服务员微笑着说道："其实道理很简单——谁会把去掉瓶盖的辣酱瓶子放进包里或衣兜里呢？那岂不是会把里面弄得到处都是酱了吗？"

第二章
金钱：上帝赐予的最好礼物

犹太人认为，金钱来自天堂，是上帝派来人间的特使，它代替上帝说话。钱没有善恶之分，他们说，既然是钱，我就可以去赚，我关心的是钱，而不是钱的本质。

金钱无贵贱之分

> 金钱对于任何人来说，都是平等的，它没有高低贵贱的差别。
>
> ——塔木德

犹太人狄克不仅是一位成功的珠宝商人，还是一位出色的演讲家。有一次他在公众场所演讲时，从口袋里拿出50美元，并把它高高举过头顶，对台下的听众大声说道："这是一张崭新的50美元，谁想拥有它？"他的话音刚落，台下的人纷纷举起手来。接着，他把这张纸币揉得皱巴巴的，又问："谁想拥有它？"台下的听众依然举起手臂。看到这里，他把钱扔到地上，又用脚狠狠地踩了几下。刚才还是崭新的钱币，现在变得又脏又烂了。

他从地上拾起钱币，又大声问道："还有人想要吗？"他的话音刚落，台下又是齐刷刷地举起了手臂。于是，他说："钱的本质无论在什么时候都是钱，不会因为它被揉皱了，不会因为它被踩烂了，而失去它本来的价值。它依然可以买到我们所需要的物品。"

为什么一张被演讲者揉皱了、踩破踩脏了的纸币，还是如此充满魅力呢？因为钱币就是钱币，没有高低贵贱之分，不会因为受到某种特别"待遇"而降低身价。它的价值同以前一样，同其他等值的纸币一样。

钱是流通的货币，是一个人拥有财富多少的基本标志，有时更是一个人的社会象征。钱本身不存在贵贱之分。犹太人为了赚钱，不认为拉三轮、扛麻袋就低贱，当经理、做老板就高贵。因为每一个人在金钱面前都是平等的，不会因为自己从事的职业不好而感到羞愧。

犹太人认为："金钱没有姓氏，更没有履历。"他们对此非常自信，不管通过什么样的途径、什么样的方式，只要是自己通过努力，合法赚来的钱，都心安理得。

亚伦靠放债发迹。在发迹前，他在英国给别人打工，等手里有点积蓄后，便开始做些小生意。由于他善于经营，生意越做越大，需要大量的资金进行周转，迫不得已他只好向银行或钱庄借钱。他通过自己的实践发现，向别人借钱付出的代价实在太高，通常与商业经营获得的利润相差无几。

他想，自己整天没日没夜地做生意，到头来等于给钱庄或银行打工，而且风险还很大，自己倒不如从事放债业务。有了这种想法后，他开始有意接触放债市场，通过一段时间的了解，他逐步把自己的重心转移到放债方面。为了赚取更多的利益，他还从银行中贷来利率相对较低的钱，以较高的利率转贷给急需用钱的人，这样就可以从中赚取差额利润。就这样，亚伦的财富迅速增长，走上了发迹之路。当他63岁去世时，他留下的钱财在英国首屈一指。

在犹太人看来，要想赚到钱，就必须对金钱有正确的认识，就必须打破种种成见。就像金钱没有干净和肮脏之分一样，犹太人对赚钱的对象，没有任何区分。只要能做成生意、赚到钱，就可以进行合作。

可以说，在犹太人的经营理念中，金钱没有任何性质。所谓的性质就是人们强加给金钱的。如果说金钱在恶人手里就是罪恶的话，那么善良的人把它赚回来，金钱就是善良的。犹太人认为，刻意区分金钱的性质，本身就是一件特别荒唐的事情，这样做不但浪费了时间，还束缚了人的思想。

不让金钱腐蚀灵魂

拿不义之财就会受到神的惩罚。

——塔木德

众所周知，犹太人对金钱的占有欲要远远高于其他民族，但他们只爱属于自己的钱，从不会贪婪地去占有不属于自己的钱。面对金钱的诱惑，他们有足够的定力。换句话说，他们坚决不让金钱腐蚀自己的灵魂。

在追求财富的道路上，犹太人靠的是双手和头脑，堂堂正正地去赚钱，对于不义之财，他们从来没有非分之想。

有位犹太妇人去百货公司买生活用品，回到家里取出手提袋中的物品后，发现多了一枚戒指。自己明明没有购买该物品，怎么会多出一枚戒指呢。她把这件事告诉小儿子，小儿子一时也不知该如何处理。这位妇人思索片刻后，带着孩子去找拉比，向拉比请教如何处理这件事情。

拉比听完妇人的讲述后，没有直接告诉她如何去做，而是给她讲了《塔木德》中的一个故事：

有位拉比家里很穷，为了维持生计，每天都要到山里砍柴，把砍来的柴背到城里去卖，然后用卖得的钱买生活用品。从山里到城里，要走很远的一段路程，为了节省时间，这位拉比决定攒钱买一头毛驴。

有一天，拉比牵着毛驴回来了。徒弟们看到后，非常高兴，便把毛驴带到河边，给它洗澡。让人没想到的是，毛驴的身子刚洗一半时，从脖子的铃铛里掉出一枚璀璨夺目的钻石。徒弟们捡到钻石后，一个个欢呼雀跃，拿着钻石，一路小跑来到拉比面前，说："有了这颗钻石，从此你再也不用过贫穷的日子了。"哪知拉比看也不看一眼，依旧认真地研读着《塔木德》。

徒弟们不解，又不敢打扰老师，就把钻石放到他面前，一个个离开了。第二天，拉比叫来徒弟们，带上钻石去找那位卖给他毛驴的阿拉伯商人。当他见到那位商人后，说："我只买了你一头毛驴，而没有购买钻石。我拥有我买到的东西，是正当行为；如果我占有了这枚钻石，就属于不正当行为。我把钻石还给你吧。"拉比说完，把钻石放到阿拉伯商人的手中。

阿拉伯商人也感到非常的惊讶，说："你的确买的是毛驴，但钻石在毛驴身上，你可以心安理得地拥有它。可是，你偏偏拿来还给我，实在让我难以理解。"

拉比微微一笑，说："这是我们犹太人的传统，我们只拥有支付过金钱的东西，所以必须把钻石还给你。"

阿拉伯商人听后，对拉比肃然起敬。

听完这个故事，妇人恍然大悟，决定把戒指退还给百货公司，但她不知如何向对方解释，拉比就告诉她："如果对方问你为什么要退还戒指时，你只说一句'因为我是犹太人'就可以了。另外，请带上你的孩子，让他目睹这件事，他一定会因为有这样一位伟大的母亲而感到骄傲，你的行为会让儿子受益终身。"

这个故事的启示是：金钱具有巨大的诱惑力，要想抵御这种诱惑力，必须坚持原则；一旦丢掉了原则，人便成了金钱的奴隶。

犹太人的生存经历是一面明镜，值得人类学习和借鉴，灵魂的纯洁是最大的美德。经商者应当牢记，抓住属于自己的钱，而不抓不属于自己的钱！

钱是窥视人格的一面"镜子"

> 品行卑劣的人心中只有钱而没有道义，而高尚的人由于注重道义而往往忽视钱。
>
> ——塔木德

人类历史中，许多民族把金钱看成一种罪恶或者至少是准罪恶的东西，但犹太人不这样认为。在犹太人的认知里，一旦掌握了金钱，就等于掌握了发展权和生存权，可以利用金钱抵御其他势力的侵略。

《塔木德》中说："金钱的确很好，可以改变我们的生存，温暖我们的心灵，每一个人都不要拒绝它。"犹太人对金钱的重视在全球是出了名的，他们的生活以宗教为依托，但从来不蔑视金钱，这一点与其他宗教对金钱的看法恰恰相反。金钱在犹太人的心中占据着非常重要的位置，被他们称为散发着温暖的"圣经"。尽管金钱在犹太人的生命中非常重要，但他们不嗜钱如命，他们重视金钱的同时又理性地去看待金钱。

有这样一个故事，在犹太人中广泛流传。

所罗门时期的一个安息日，3个犹太人一路风尘仆仆来到耶路撒冷，由于他们身边带有大量的金钱，外出活动不方便，3人通过一番商议后，决定把各自身上的钱拿出来，挖一个坑埋起来。当他们埋好金钱后，3人便分头外出办事。半道上，其中一个人折转回来，将3人埋在一起的钱全部挖走了。

第二天，当他们准备用钱时，发现钱被盗了，盗贼肯定是3个人中的一位，大家相互猜测，但苦于缺乏证据，无法认定谁是真正的盗贼。钱财对于远道而来的3个人来说，简直就是活下去的唯一希望，如今钱财丢失了，就等于断了他们生存的希望。

3个人相互怀疑，彼此不信任。于是，他们便到所罗门那里，请求所罗门来裁决，谁是真正的盗贼。

所罗门听完3人的讲述后，给他们讲了一个故事：

有一位姑娘和一位男子订了婚约，但不久以后，她生命中出现另外一位男子，她对这位男子一见倾心，男子对她也是爱慕不已。经过一番思想斗争后，姑娘决定与未婚夫解除婚约。为了向未婚夫表达歉意，她愿意为此支付一笔不菲的赔偿金。她的未婚夫没有接受她的赔偿，答应了她解除婚约的要求。这位姑娘很有钱，结果被一个老头骗走了很多的钱。后来，姑娘对老头说："以前我向未婚夫提出解除婚约，并向他支付一笔赔偿金，未婚夫没有要我的钱，同我解除婚约了。你应该像他一样对待我，不应该占有我的钱财。"老头听后，同样答应了她的要求。

讲完故事后，所罗门看了看面前的3个人，问道："姑娘、青年和老头，这3个人中谁的行为最值得赞扬？"

第一个人说:"男青年不拿赔偿金,不强人所难,说明他是一个品德高尚的人,他的行为值得赞扬。"

第二个人说:"姑娘喜欢上了别人,和未婚夫解除婚约,说明她是一位有勇气的人,她的行为值得赞扬。"

第三个人说:"这个故事简直莫名其妙,那个老头既然为了钱才诱拐姑娘的,可为什么不拿钱就放她走了呢?"

第三个人的话音刚落,所罗门就大喝一声,说:"你就是偷钱的人。"

然后,所罗门解释道:"他们两人关心的是故事中人物的爱情和个性,而你却只想到钱,你肯定是小偷无疑。"

犹太人的这则故事说明对于钱的态度是一个人人格高低的体现,品行卑劣的人心中只有钱而没有道义,而高尚的人由于注重道义而往往忽视钱。所以说,金钱是窥视人格的一面"镜子"。

钱是平常物,不要拒绝

智慧只有化入金钱中,才是活的智慧,钱只有化入智慧之后,才是活的钱。

——塔木德

钱是什么?在犹太人看来,钱是流通的货币,是衡量一个人拥有财富多少的基本标志。钱是干净的、平常的,他们通过堂堂正正、大大方方的方式赚取属于自己的钱。

钱可以换来他们想要的生活,改变他们的社会地位,这是犹太人朴素的金钱观。与钱有关的故事,《塔木德》中有很多,其中有一个故事是这样说的。

一位无神论者看到一个拉比。这位无神论者便说:"您好,拉比。"

"您好!"拉比以同样的方式回礼。

接着，无神论者从口袋里拿出一枚金币递了过去，拉比毫不谦让，接过金币装入自己的口袋中，说："您给我一枚金币，毫无疑问您想让我帮您做事情，有什么事情就请直说吧。"

无神论者没有说话，静静地看着眼前的拉比。

拉比见无神论者没有说话，便用猜测的口吻说道："莫非是您的妻子无法怀孕，您想让我帮她祈祷吧。"

无神论者摇了摇头，开口说道："尊敬的拉比，您猜错了，我还没有结婚，哪来的妻子。"说完，又给拉比一枚金币。

拉比没有拒绝，接过来装入口袋，说："您肯定有事求助于我。"说到这里拉比用疑惑的眼光看着面前的无神论者，又说："莫非您犯了什么罪行，希望我能在上帝面前帮您开脱。"

无神论者回答道："尊敬的拉比，您又猜错了。我是一位遵纪守法的人，从来没有犯下任何罪行。"说完，又从口袋里拿出一枚金币。

拉比也不推辞，伸手接过来，把金币装入自己的口袋，说："难道您在生意场上遭遇失败，希望我能够为您祈福？"拉比的眼神里充满了期待。

"尊敬的拉比，您猜错了。我的生意一直做得顺风顺水，一直在赚钱，并且赚了很多的钱。"无神论者回答道。

听了无神论者的话，拉比疑惑了，问道："您一次又一次地给我钱，到底想让我干什么？"

"我不需要您的帮助。"无神论者回答道，"我只是想看看一个没有任何企图的人，光拿钱能支撑多长时间。"

拉比知道无神论者的目的后，说："钱的本质就是钱，不是别的。它是世界上最可爱的东西。"

无神论者点头表示认可。哪知，拉比话锋一转，说："在我看来，钱就像口袋里的一张纸或路边的一块石头，但它却不是纸和石头，我特别喜爱它。因为纸和石头不能改变我的生活和社会地位，但钱可以帮我达到目标。"

《塔木德》中说:"在人们心中,钱就是钱,一件极其普通的物品。"因此,犹太人发挥自己的聪明才智去赚取它,当失去它时,不会痛不欲生。正是有了这种平常心,使他们在充满惊涛骇浪的商海中驰骋自如,临乱不慌,稳操胜券。

犹太人视钱为平常物,是他们经商智慧之一。

犹太人认为赚钱是天经地义,是最自然不过的事,如果能赚到的钱不赚,那简直就是对钱犯了罪,要遭到上帝的惩罚。

金钱面前不迷失自己

> 面对不该占有的金钱,而占有它,这是人性的丑陋之处。
>
> ——塔木德

哲学家叔本华说过:"金钱就像海水,喝得越多,你就越渴。"地球不能没有海水,人类不能没有金钱。但金钱只有在你觉得知足的时候,才会带给你快乐。

纽约市有一家新成立的公司打算招一名女出纳,待遇极其优厚。很多女士都想得到这个职位,但参加招聘要交纳80美元报名费,还有面试、笔试,因此到最后只剩下了10人。还在某公司上班的露茜有幸成为这10个人中的一个,她观察了一下自己的竞争对手,发现自己至少也有八成把握。露茜非常开心,可进入决赛后,用人单位却通知大家回去等通知。她想这肯定是个骗局,每人80美元加起来可不是个小数目。但没办法,露茜只好耐着性子在原单位上班。

转眼到了发工资的日子,还没等下班,露茜和同事玛丽便偷偷溜进了附近的商场买东西,准备下班铃一响就拎东西回家。等她们返回办公室时,另一名同事苏菲已不知去向,露茜的椅子上却坐着一个陌生男子。见她们回来,男子赶紧欠身打招呼。

露茜很反感他——一个男人来女人的办公室干什么?她冷冷地问:

"你找谁?"

"先不说找谁。请问二位是在这儿办公吗?"男子问。见她们点头,男子又问:"你们坐哪把椅子?"

说完,男子取出压在茶杯下面的100美金,钱的一角沾了些墨水。他微微一笑:"我等失主呢。刚才在这两把椅子中间拾到这张钱,你们说我应该揣走还是归还?哪位的?应当谢我才是。"

玛丽拿眼一扫:"不是我的。再说,发完工资,我贴身装着,不可能蹿出来,肯定是露茜的。"

男子把100美金放在露茜面前,露茜心想:世上还真有这样的傻瓜?她故作迟疑:"是我丢的吗?"

"你数一数不就知道了吗?"玛丽在一边提醒她。

"我的钱没数儿。"露茜说。

就这样,100美金归了露茜。她微笑着给男子冲了杯咖啡,并询问对方来这里找谁。

"我专门恭候您的,露茜小姐。"男子微笑着说,"我是您应聘的那家企业的职员,来对您进行最后一次测试。"

"是吗?"露茜高兴地说,"那赶紧测试吧!要测试什么,现在就开始吗?这样考试最合理,能看出真正的水平。"

"说得太对了。"男子说,"可我们的测试已经结束了。我非常遗憾地通知您,您不够录用条件。"

露茜顿时明白了——刚才那100美金,是块试金石!

仅仅100美元,就让露茜出卖了自己的灵魂,还因此失去了一份唾手可得的好工作,代价实在昂贵。如果她能在金钱面前保持一点觉悟呢?可是能够在金钱面前保持平常心的人又有几人呢?大千世界,芸芸众生,能够抵御金钱的魔力的人,从古到今少之又少。

犹太人虽然爱钱,但是他们保持着一颗平常心,该是自己的就得到,不属于自己的,坚决不占有。他们在金钱面前从来不会迷失自己,这也是他们在商海中成功的法宝之一。

找到钱的运行路径

没有思想的人，只会看到表面现象，这样的人不会有大作为。

——塔木德

我们经常会说思想是行动的先导。但是，我们却一直把思想当作指引人生的宏观理论，却不懂得它就是行动的具体指南。赚钱，不是一种盲目的行为，更不能把它当作一场赌博。它是需要机智和头脑的，同时也需要想象力和观察力，但它不需要空想和幻想，若是怨天尤人和埋怨命运，那就更不应该了。

布朗从小就接受着父亲严格的教育，在自己家开的工厂里读书、学习，与工人们一样做着艰苦的工作。可是，布朗相信机遇总是会在某个地方等待着他。他一边做工，一边观察社会。他发现，伴随着机械工业的发展，汽车在美国、英国等地已经普遍应用，成为人们日常生活中不可缺少的运行工具，而且，许多人喜爱汽车的程度简直如早先人对马的爱好一样。他坚信，在不久的将来，举行汽车比赛将会成为新时期的人群中一种不可替代的流行娱乐。在他长大以后，他成立了自己的大卫·布朗公司，主要目标之一就是设计先进的专供比赛用的跑车。他投入资金，聘请一流的专家和技术人员，采用先进的设备进行开发和生产。在1948年比利时国际汽车大赛中，大卫·布朗公司的"马丁"牌赛车一举夺魁，其车型也受到了全世界的关注。当然，他的公司也由默默无闻而迅速名扬天下。

我们再来看看大师（我们历来仅仅把具有科学发明和艺术创造的人称为"大师"，却从未把赚钱的高人称为"大师"，这似乎有些不公）们是如何对待这个问题的。

摩根在和别人讨论投资的问题时这样说："玩扑克的时候，你应当仔细揣摩每一位玩家，你会看出一位冤大头。如果你做不到，那这个冤大头就是你。"

人生不是游戏，它是有目的的行为。不要以为只有科学家和艺术家才需要观察和思考，赚钱也是一门思考的艺术。下面是关于洛克菲勒的故事，它能够说明这个问题。

洛克菲勒经常去一家餐馆用餐。每次饭后，他都会掏出15美分的钱币作为小费。可是，有一回不知为什么，大约是口袋里没有零钱，他只付了5美分的小费。服务员拿着这5美分，很不高兴，用很不屑的口气说："我要是像你这么有钱，绝对不会吝惜那10美分的。"

洛克菲勒看出了这个人的小肚鸡肠，他笑着说："这正是你一辈子只能当服务员的原因。"

缺乏思想的人，总是被生活的表面现象所吸引，他们关注的就是那些微不足道的事物，却从不懂得去挖掘生活里面的奥秘。真正善于赚钱的人，其实也是一个研究大师，他总能发现钱的运行路径，从不会被动地等待上天的怜悯。

把赚钱当作乐趣

> 要把赚钱当作一件快乐的事情来做，否则别去挖空心思。
>
> ——塔木德

虽然商人都是以赚钱为"己任"，但犹太商人决不让钱成为沉重的负担，而是把它看成一种事业，当成是一种成就，从中求得精神上的满足，犹太商人就是以这种心态驰骋商场的。

一个偏僻的小山村，有一天来了一群从大都市来的旅游观光客，村里的人们虽然没有什么商业头脑，可是面对天赐的赚钱良机，他们当然不会错过。于是他们争相拿出自家的农产品，向客人兜售。

村里有一位犹太老人，每天都会坐在一棵大树下面，一边乘凉，一边编织草帽，然后把编完的草帽在面前一字排开，供路过的游客们挑选购买。他那悠闲的神态，让人感觉他不是在工作，而只是在享受一种美好的生活。由于他编的草帽造型别致精巧，颜色搭配得也非常和谐悦目，因此路过此地的游客纷纷驻足购买。

这天，旅游团里的一位精明商人看到犹太老人编的草帽后，立刻动起了脑筋。他想：这样精美的草帽如果拿到城里去卖，一定能卖个好价钱，利润少说也能翻几倍。于是他便走过去问老人："您的草帽卖多少钱一顶？"

"5美元。"老人微笑着回答，然后继续编他的草帽。

"天哪，"商人欣喜若狂地想道，"如果我批发1万顶草帽回去销售的话，一定能发一笔大财！"

于是，他激动地对老人说："要是我在您这里定做1万顶草帽的话，你每顶草帽能给我优惠多少钱？"

他本以为老人会非常高兴地给他很大的优惠，可没想到老人却皱了皱眉说："如果是这样，那每顶帽子就要10美元了。"

"什么？"商人几乎不相信自己的耳朵了，他冲老人大叫道，"哪有这种道理，要的量大，价钱反而涨了一倍？我经商这么多年，这样的事却还是头一回遇见。您能说说理由是什么吗？"

老人不紧不慢地说出了其中的道理："我现在悠闲地在大树下编草帽，可以说是在享受其中的快乐。可如果要编1万顶草帽，我就必须不分昼夜地赶制，那这种享受就变成了机械的加工，不仅劳累，还会给我带来精神上的负担。难道你不该多付我一些钱作为补偿吗？"

这位商人顿时无语了。

如果仅仅"为了赚钱而赚钱"，就会把自己变成一架冰冷的"印钞机"，只认得钞票。这样不仅会失去生活目标，甚至除了钱以外不知道为什么而活着了。

人脉即钱脉

不要拒绝好人伸出的手,总有一天会拉你一把。

——塔木德

曾有一个经典案例,某女富豪就因为结交"小人物"而使自己事业成功。

在美国纽约的一座大厦里,驻有许多家公司。其中有一家名不见经传的小房产中介公司也开在这座大厦里。这个公司由一位女老板经营。

在这所"深宅大院里",要想找到这家公司,简直如大海捞针。于是女老板便想,怎样才能让客户送上门来呢?经过一番细心观察后,她发现凡是有兴趣的买家,第一个总是先询问大门的管理员。

于是从此以后,她每天出入大门,必定会向当日值班的管理员打声招呼,出差回来从不忘顺道带些当地名产向他们表示一下心意,渐渐和这些"小人物"建立起了感情。

以后,每当有客户前来问:"最近有没有住户要卖房子啊?价钱是多少呢?"这时管理员们的回答几乎都是:"你去问8楼的某公司的老板,她在买卖房子方面很讲公道,其他中介商可没她那么坦诚热情。"此外,谁因急用钱要卖房子的消息,也总是第一个传到她的耳朵里。因此,不到一年的时间,这位女老板整整赚进了1000多万美元。

美国人有一句经典名言:20岁靠体力赚钱,30岁靠脑力赚钱,40岁以后则靠交情赚钱。这就是说,步入中年以后,人脉即钱脉,朋友多则赚钱的机会就多。其实,这对所有年龄段的人都适用。

比尔·盖茨说:一个人永远不要靠自己一个人花100%的力量,而要靠100个人花每个人1%的力量。这就是说,营造良好的人际关系,能取得事半功倍的效果。那么,建立广泛的人际关系难不难呢?下面这个故事就是一个很好的答案。

居住在德国法兰克福的一位犹太烤肉店老板，非常想和自己最喜欢的影星马龙·白兰度建立起联系。一个小烤肉店老板要和世界影坛巨星交往，在常人看来简直是不可能的事，然而，德国一家报纸却接受了这个挑战。经过几个月的时间，烤肉店老板的愿望最终实现了。

这家报社的员工发现，这两个人只通过不超过6个人的私交，就建立起了关系。原来烤肉店老板是伊拉克移民，他有位朋友住在加州，刚好这个朋友的同事的女朋友在女生联谊会有一位要好的姐妹，这位要好姐妹是电影《这个男人有点色》的制作人的女儿，而马龙·白兰度恰好主演了这部片子。

其实，建立起人脉网络并不需要花费多大力气，犹太人认为，只要平时注意一些生活中的细节，对任何人都能保持一种谦恭的态度，不以贵贱论人，就可以建立起宽泛的人际关系。其中细节尤为重要，因为常常是细节决定一个人的成败。苏联宇航员加加林之所以能成为世界上第一个进入太空的宇航员，起决定作用的就是不被人重视的一个细节。

原来，在确定人选前的一个星期，主设计师罗廖夫发现，一次在进入飞船前，20多个宇航员只有加加林一个人脱下了鞋子，只穿袜子进入座舱。就是这件不起眼的小事，使加加林一下子赢得了罗廖夫的好感，他感到这个27岁的青年如此懂得规矩，又如此珍爱他为之倾注了心血的飞船，一定是个很负责任的人，于是决定让加加林执行这次飞行任务。

现实中，人脉帮助犹太商人赚到了大钱，反过来犹太商人也十分珍惜自己的人脉网络。

赚钱过程比获利更重要

享受赚钱的过程，才懂得活着不容易。

——塔木德

谈到赚钱，犹太商人这样定位自己：他们认为赚钱就像进入游戏世界一样，作为游戏的参与者，需要和对手进行反复的角逐和较量，其间要想尽各种办法和手段去战胜对方。

大金融家摩根谈到赚钱时，他是这样说的：不要把赚钱当成一种非常沉重的负担，而是把它看成一种新鲜、刺激的游戏。他认为，要想赚到钱，必须拥有一个良好的心态；如果只为赚钱而赚钱，那就失去了赚钱的意义。

对于赚钱，摩根甚至达到了痴迷的程度，他有一个习惯，每当黄昏时，就到公司楼下的小报摊上买一份刊登有当天股市收盘情况的报纸，然后带回家里阅读，别人问他为什么这样做，他说："有些人喜欢研究足球或棒球，我却喜欢研究如何赚钱。"

摩根虽然赚了很多钱，但他从来不乱花钱，而是琢磨更好的赚钱方法，朋友便跟他开玩笑，说："你已经是百万富翁了，拥有这么多的钱，感觉如何？"

摩根的回答，让人值得玩味，他说："凡是我需要的东西，只要能够用金钱买得到，我都可以拥有，至于其他人梦寐以求的东西，例如名画、名车、豪宅，等等，根本打动不了我，因为我从不考虑如何去占有它们。"

摩根坐拥巨大的财富，从来不是一位靠金钱来生活的人，他的生活甚至有些简朴，看上去与百万富翁极不相称。他热衷的是游戏的感觉，那种一次次把大笔的资金投入进去，又一次次通过自己的智慧把钱赚回来的感觉。在投资与收入的过程中，充满着各种难以预料的风险和各种各样的艰辛，这些风险与艰辛，给他带来刺激，他喜欢这样的刺激。

别人问摩根，这种刺激对他有什么意义时，他回答道："金钱对我来说并不重要，人活着需要有事做，只要有事做，就不会挨饿就会赚到钱。我每一次赚钱，不是为了占有更多的利润，而是享受赚钱过程中带来的各种挑战和刺激。"

有许多犹太大亨，当手中掌握着数以百万、千万甚至亿万财富的时候，他们感觉手里拿的不过就是一堆纸张而已，并不觉得这就是可以时刻给人带来祸福安危的东西。要想赚钱，就绝对不能给自己增加心理的负担，而是应该非常从容地、冷静地对待。对金钱不感兴趣自然赚不到钱，然而倘若把金钱看得太重，也就给自己背负了沉重的包袱。这个时候，你所需要的就是彻底地忘掉金钱，不要再把它当作是负担才好。只有这样，金钱才不至于有烫手的感觉。

攒钱成不了富翁

上帝把钱作为礼物送给我们，目的在于让我们购买这世间的快乐，而不是让我们攒起来还给他。

——塔木德

犹太商人的经营理念是：投资时，如果没有钱或钱不够就向他人借，等有了钱后，就还上当初借来的钱，如果一个人不敢向别人开口借钱，永远发不了财。

穷人为什么穷呢？他们认为钱是自己辛辛苦苦赚来的，应该把它们一点点积攒起来，这样就等于把"活钱"变成了"死钱"。富人为什么富有呢？主要原因就是他们懂得如何把自己的钱用活，他们从来不攒钱，而是不断地把钱投入到可以赚到钱的行业中，用赚到的钱去赚取更多的钱。

别想通过攒钱成为富翁，只有不断地赚钱才能赚成富翁，这是一个非常普通的道理。这里需要指出的是，攒钱不是错误，倘若一门心思地去攒钱，等到花钱时，就会想到攒钱的种种不易，就会显得极其吝啬，久而久之"贫穷"便在脑袋中扎根，如此下去，你永远就没有发财的机会。

一个人具备的思维和感觉，决定了他将来能否拥有财富。思维富有是创造财富的根本，这样的人通常表现出慷慨和大度的一面；思维贫穷是造成贫穷的根本，这样的人通常表现出卑微和小气的一面。

人太穷了，就会整天为生存而奔忙和劳碌，他所想到的就是简单的生存，长此以往，便没有了时间去想任何其他的事情，他的头脑里就没有了对更多财富的渴望，也就失去了成为富人的条件。

犹太巨富比尔·萨尔诺夫小时候生活在纽约的贫民窟里，他有6个兄弟姐妹，全家依靠父亲微薄的收入勉强支撑度日。随着他和6个兄弟姐妹一天天长大，家庭的支出也一天天多了起来，面对沉重的负担，比尔·萨尔诺夫的父亲每天起早贪黑，不停地外出挣钱。由于常年奔波，父亲比实际年龄苍老了许多。

比尔·萨尔诺夫15岁那年，父亲病倒了，家庭的顶梁柱一下子塌了下来，尽管如此，父亲依然拖着病体，为整个家庭挣生活费。有一天，父亲把比尔·萨尔诺夫叫到身边，用有气无力的口吻说道："小比尔，你已经长大了，需要自己来养活自己了。"比尔·萨尔诺夫明白父亲的苦心，他双眼噙着眼泪，向父亲点点头。父亲摸着他瘦小的脸颊，说："我辛辛苦苦奔忙了一辈子，也没能给你们积攒下钱财，希望你能够经商，以此来摆脱我们贫穷的命运，这是我们犹太人的传统。"

比尔·萨尔诺夫听了父亲的忠告，开始从事经商。对于一个孩子来说，经商谈何容易，然而小比尔没有被困难吓倒，他就像一棵顽强的小树，在残酷的竞争中，找到属于自己的一片天地。在努力赚钱的过程中，比尔·萨尔诺夫显示出犹太人经商的天赋，尽管他赚到的每一分钱都不容易，但他没有把这些钱存起来，而是利用钱生钱的方式，使自己赚到更多的钱。3年以后，比尔·萨尔诺夫改变了全家的面貌；5年以后，他们全家搬离了那个社区；7年以后，他们竟然在寸土寸金的纽约买下了一套房子。

《塔木德》中说："从事商业活动，可以让我们的民族变得更加富有，可以不受外来欺凌。"在犹太人的世界里，经商是他们改变人生途径的首选，因为只有经商才能赚取更多的利润，才能彻底改变贫困的命运。

赚钱是一个智慧的过程，要想摆脱贫穷，就需要不断地靠智慧赚钱，并付出切实可行的行动。唯有这样，金钱才能像"滚雪球"一样，越滚越大，手中的财富也才能越来越多。

靠信息赚钱

> 信息是有价的。
>
> ——塔木德

1970年8月，日本的外汇储备额仅有35亿美元，这是"二战"后全体日本人25年辛勤工作的结果。但从1970年10月起，日本的外汇储备额便以每月增加2亿美元的速度直线向上攀升。从1971年2月起，这种增加的幅度更是前所未有，先是每月增加3亿美元，到5月份时已达到15亿美元，后来更是到了疯狂的程度，仅8月份一个月的外汇储备额就超过了战后25年的积累，达到46亿美元。最后，在不到一年的时间里，总储备额竟达到150亿美元！

对此，不明原因的人会以为是日本经济形势大好所致，而日本政界、新闻界以及商界中的大多数人也都陶醉于自我良好的感觉中，将这种现象视为日本人勤劳的象征，认为是由于日本人的勤奋工作，才积攒下这么多的外汇。

然而，所有这一切，实际上都是犹太人幕后操纵的结果，就在日本人沾沾自喜时，犹太人却正在暗中偷笑。

原来，日本经济的发展速度和巨大的贸易顺差早已使欧洲和美国工业界惴惴不安。美国与日本政府首脑曾多次进行谈判，要求日元升值，以保护美元。因此，1971年8月15日，美国总统尼克松发表了保护美元的声明。

然而，早在半年前，精明的犹太金融家和商人就从信息情报分析中得出了这一结论。他们知道，日元的升值是迟早的事，只要日本的外汇储备额超过100亿美元，就必然升值，而这种汇率的大幅变化，也许是

20 世纪最后一次发大财的机会。

精明的犹太人当然不会放过这个机会,于是他们便展开了一场大规模的"卖钱"行动——将美元大量卖给日本,有些犹太人甚至不惜向银行贷款来向日本抛售美元。

不出所料,1971 年 12 月 18 日,日本政府迫于压力,果然宣布日元升值 16.88%,由原来的 1 美元兑换 360 日元,升至 1 美元兑换 308 日元。这样一来,日本从美国犹太人手里每买进 1 美元,就要亏掉 52 日元,在短短几个月内,日本政府就在这种"卖"钱贸易中赔了 4500 多亿日元(折合 8 亿美元),相当于每个日本人损失了 5000 日元,而犹太人则净赚了 8 亿美元。

日本政府后来醒悟过来,发现了犹太人的"卖"钱行为给日本带来的危害,赶紧关闭了外汇市场,但为时已晚。正是由于日本政府的"愚蠢",才使犹太人获得了信息,最终赚得盆满钵满。

犹太人的消息灵通是举世闻名的,《塔木德》中说:"信息就像呼吸的空气一样,是一种资源,准确的信息就像身体所需要的氧气。"的确如此,在竞争激烈的商场上,谁能比别人更早一步抢占先机,谁就能稳操胜券;而抢占先机最有效的途径,就是及时获取有关信息,错过任何一个有价值的信息,都有可能失去一次绝好的发财机会。

想到常人想不到的赚钱方法

大家常去的地方,捡不到昂贵的钻石。

——塔木德

人人都想赚钱,但是"钱难赚"的情况从古至今就没有改变过,生活中的大多数人,都只能望"钱"兴叹。那么,如何才能赚大钱呢?方法有很多,要素也有很多,但是最简单同时也是最普遍适用的方法无疑是一些"致富冷门"。有道是"物以稀为贵",能够想到常人想不到的赚钱方法，并且付诸实践的人，往往能够取得令人瞩目的成就和财富。

犹太人菲勒出生在贫民窟中。少年时代的菲勒便显示出了惊人的商业头脑。有一次，他在大街上捡到一辆旧玩具车，修好之后，菲勒把玩具车出租给同学们玩耍，每次收取1美分。不到一个星期，他便赚到了足以买到一辆新玩具车的租金。他的老师知道后，不无惋惜地说："如果你出生在富贵人家就好了，那样的话，将来你肯定会成为一个出色的商人。以你现在的出身，白手起家做个不错的街头商贩就很好了。"

中学毕业后，菲勒果然成了一个小商贩。他卖过五金、电池、柠檬水，每样都做得很好，但是正如老师所说的那样，他的出身制约了他的事业发展。直到后来一堆丝绸服装的出现，才彻底改变了他的命运。

一天晚上，菲勒到酒吧喝酒时，听到这样一个消息：一位经营丝绸服装的日本商人，由于在航行中遭遇了暴风雨，以致部分服装被染料浸染，总量约有一吨多。他想低价卖掉，但一时之间找不到买主；他想扔在港口，又怕被环保部门处罚。思来想去，日本商人决定在回程时将那批丝绸扔进大海。

真是太棒了！菲勒知道，财富已经砸到了他的脑门上！第二天一早，菲勒找到那位日本商人，说自己可以帮他把丝绸处理掉。日本商人当即应允。菲勒没花任何代价就拥有了那些被浸染过的丝绸。他把这些丝绸制成了迷彩服装、迷彩帽、迷彩领带等，以相对较低的价格抛售。几乎一夜之间，菲勒就拥有了数十万美元的财富。

至此，菲勒完成了从商贩到商人的蜕变。数十年间，他用智慧赚到了数亿资产。不过最让人叫绝的是，菲勒在临死的时候都能赚到钱！

菲勒活了77岁。临终前，他让秘书发布了一个消息，说自己将要去天堂，如果有谁愿意为自己的亲人带个口信，他非常乐意帮忙，不过要付100美元的费用。如此荒唐的消息，却引起了很多人的好奇心，结果几天时间，菲勒就赚了10多万美元。如果他能够多坚持几天，找他捎信的人可能会更多。

与此同时，菲勒还让秘书刊登了一条遗嘱广告：我是一位绅士，愿意和一位有教养的女士共享一个墓地。结果，还真有一位贵妇人愿意出资5万美元，和他一起长眠！

　　常人眼中的废品，却让小商贩菲勒一夜暴富，而靠着往天堂捎信和出卖死后的墓穴大赚特赚，更是前无古人、后无来者之举，这也难怪人们称菲勒是"最会赚钱的人"。可见，这个世界并不像某些穷人说的那样："财富被富人占据着不放"、"富者愈富，贫者愈贫"、"命不好，时运不济"，等等。对于一个有智慧、有眼光的人来说，到处都是机会，遍地都是钱。像富人一样思考，你将很快加入富人的行列。

要想赚到钱，必须付出智慧

　　有智慧的人，贫穷就会远离他。

——塔木德

　　毫无疑问，财富绝不会光顾那些精神麻木、四体不勤的人，财富只在辛勤的劳动和晶莹的汗水中产生。虽然劳动不可避免地需要耗费体力和精力，勤奋还可能让人精疲力竭，但它绝对不会像懒惰一样使人精神空虚、心情沮丧、万念俱灰。因此哲人说，"劳动是治疗人们贫穷病症的最好药物"。

　　但是，辛勤地劳动就一定能够根治贫穷吗？绝对不是，综观身边的芸芸众生，大多数人都在日复一日地辛勤劳动，但是财富和成就，却总是可望而不可即。可见，光有勤劳远远不够。唯有用智慧的大脑指挥勤劳的双手，把智慧注入我们的劳动之中，才能使劳动效益最大化。

　　古时候，有3个很想出人头地的青年，读书做事都非常勤奋，但几年下来，长进却很有限。青年们非常苦恼，便辗转找到了江边的智者，向他求教。

　　智者听明白他们的来意后，没有正面解答，而是叫来自己的小弟子，让他带着青年们进山砍柴，并说谁砍的柴最多，才有资格得到答案。

黄昏时分，4个人陆续回来了。其中一个青年扛着两捆木柴，累得大汗淋漓、气喘吁吁；另两位青年则用扁担各挑着4捆木柴，虽然相对轻松，但也累得腰酸腿软。而智者的小弟子，则乘着木筏载着10余捆木柴从江面上顺流而下，显得非常轻松。

3个年轻人见了，不由得面面相觑，沉默不语。

智者见状，问道："你们是不是对自己的表现不太满意？"

"要不，明天让我们再砍一次吧！"扛着两捆木柴回来的青年恳求道，"今天我一共砍了6捆柴，没想到走到半路就扛不动了，到最后只剩下了两捆。"

另外两个青年说："我们俩每人砍了两捆柴，用一根木棍挑着，一点也不累。后来看到路上有4捆柴，便把它们一起挑了回来。"

小弟子说："我一共砍了20多捆柴，我用10余捆木柴扎了这个木筏，然后走水路回来，一点也不累。如果不这样，那么远的路，就是一捆柴我也挑不回来。"

故事中的小弟子个子矮、力气小，但他带回来的木柴不仅最多，而且最省力。而那3个青年，的确都很努力，但是最终的"成绩"却与小弟子相去甚远。可见在追求财富的过程中，智慧重于体力，也优于体力。

如果把致富之路比作茫茫沙漠，那么智慧就好比清冽的甘泉。只有细心观察，善于思考，我们才能发现并驾驭智慧的灵光。很多时候，只需灵机一动，便可一举致富。

德国一个小镇上，有一家"死玫瑰"花店，这个花店主要出售或代寄干枯的玫瑰花瓣或花叶，以便为失恋者、失意者、受骗者或落魄者以含蓄的方式发泄心中的怨气。

这家店主为什么会开这么一家花店呢？店主彼德介绍说，"死玫瑰"的创办源自于自己的一次失恋体会。当时，彼德的女友离开了他，这让彼德既愤怒又痛苦，一连数日都不能释怀。突然有一天，彼德不经意间发现窗台上原本盛开的玫瑰花枯萎了。联想到自己的现状，彼德感慨地想到，这大概就是爱情终结的象征吧！刹那间，他灵机一动，当即剪下那朵玫瑰花，然后用一根黑色的丝线捆好，打包邮寄给了让他伤心的人。做完这一切，他的心情好多了，失恋的痛苦好像也随着干花的寄出变淡了。

从失落感中解脱出来之后，彼德又想道：这个世界上，为情痴迷、为爱感伤的人太多了，我何不开设一家"死玫瑰"花店，专门出售、代寄枯萎的玫瑰？

就这样，"死玫瑰"很快开张了。虽然枯萎的玫瑰花售价不菲，但由于具有奇妙的用途，所以自从开张之日起，店里每天都是顾客盈门，很多外地的顾客也通过各种方式要求彼德代寄枯萎的玫瑰花给那些曾经伤害过他们的人。而那些收到死玫瑰的人，多半会受到良心的谴责，更有少部分人良心发现，再次破镜重圆！因此，顾客们不仅乐意掏钱，而且对彼德心怀感激，都说这家花店开得好。

当然了，无论是"用智慧的大脑指挥勤劳的双手"，还是"灵机一动可赚钱"，这些话说起来简单，做起来却千难万难。没有智慧怎么办？没有灵感怎么办？其实，就像"死玫瑰"的由来一样，灵感都来源于对生活的思考。天上不会掉智慧，地上也不会长灵感，唯有不断地充实自己，细心地观察生活，思考生活，我们才有可能迸发出灵感的火花。否则我们这辈子都可能与智慧和灵感无缘，虽然它们对财富和成功来说是那么的重要。

钱包随着思维扩大而增大

钞票有的是，遗憾的是你的口袋太小。如果你的思维足够开阔，你的钱包就会随之增大了。

——塔木德

推销最重要的一点，是要让顾客接受你，只要顾客对你不再有排斥心理，就等于已经成功了一半。而要想做到这一点，除了付出真诚和热情之外，运用一些技巧也是必不可少的。

在保险越来越受到青睐的当今社会，形形色色的保险公司如雨后春笋般不断涌现出来。

这也使保险业务的推销陷入了困境——成千上万的保险业务员只好走街串巷，频繁光顾各家各户推销产品。这也使得各个家庭的主人心生厌烦，或者干脆将他们拒于门外，或者开了门也不给好脸色看，任凭业务员赔尽笑脸，巧舌如簧，也难建寸功，保险公司的生意当然也因而受到影响。

面对这样的局面，美国大都会保险公司却独辟蹊径，想出了一种新颖别致的推销方式——他们用赠送仿真古币的方式来拉近业务员与顾客之间的距离，结果大获成功。

这家公司事先经过调查，向有可能投保的3万多个家庭寄去了公司的保险说明书和调查表，并随信附上一张优惠券，上面写道："请您在百忙之中抽空将调查表的几栏空白填好，然后剪下优惠券寄回我公司，将会得到由我公司赠送给您的两枚罗马、希腊、中国或印度等文明古国的仿真古币，供您赏玩。这是为了感谢您的协助，并非让您购买我公司的保险。"

这一招果然奏效，不但解除了那些讨厌保险公司的家庭的戒备心理，而且取得了他们的好感。

公司总共收到2.3万多封回信，显然，这些家庭都希望得到古币。公司马上定制了许多样式精美的仿真古币，由业务员按地址挨家挨户送上门去，这样一来，他们就再也不会吃闭门羹或遭人白眼了。

当业务员登门拜访时，只需说"我是来给您送古币的"。

主人既然回了信，就说明他们喜欢这种东西，自然会对业务员礼遇有加。

当业务员请顾客在精美绝伦的各种仿真古币中任意挑选两枚的过程中，凭自己的经验还要向顾客推荐一番，接着再介绍一下古币的种类和鉴赏方面的知识，这使得双方的关系一下子变得融洽而亲近起来了。

业务员营造出良好的谈话氛围之后，便可趁势进行保险推销。愿意买保险的，双方皆大欢喜，自不消说；即使有的顾客不愿意买，由于接受了礼物，也不会令对方难堪，而且，即使这次推销没能成功，也为以后的再次接触打下了基础。

实际上，业务员的推销并不是无的放矢，而是根据回信中的调查表提供的信息，对所要推销的保险项目进行了合理的选择，由于基本符合对方的需求，推销也就变得十分顺利了。

结果，回信的2.3万多个家庭中，竟有6000多个家庭与大都会保险公司签订了保险合约。就这样，大都会保险公司仅凭借两枚小小的仿真古币，就顺利地打破了保险销售的尴尬局面。

推销可以被看作是一种与人打交道的艺术，尤其是与陌生人打交道。因为所有的顾客在接触到推销员及其所推销的商品之前，对推销者来说都是陌生人，因此，成功推销的关键就在于消除与顾客之间的陌生感。

在这一点上，大都会保险公司的做法极其聪明，他们利用赠送小礼品的方式作为上门推销的敲门砖，使顾客感受到了一种热诚的同时，无法再拒人于千里之外，不知不觉间解除了心理防线。在和谐融洽的交谈气氛中，业务员再因势利导地将话题引入到推销正题上来，一切就顺理成章、水到渠成了。

这种欲擒故纵、以小引大的推销方法，是勤于思考、对顾客心理进行认真揣摩的结果，对所有经商者来说，都是值得借鉴的。

厚利适销才能赚钱

薄利多销就是向自己的脖子上套枷锁，厚利适销才能长盛不衰。

——塔木德

薄利多销是商人一贯采用的竞争办法，而犹太商人却不这么看，他们认为，在商场上长期用这种手段竞争，无疑等于在自杀。相反，厚利适销不仅能满足消费者的虚荣心理，还会使商品更有生命力。因为，如果所有的商家都薄利多销，市场很快就会达到饱和，那么以后你的东西卖得再便宜，可市场在哪里呢？

布洛克在美国西部某城的一条繁华街道上开了家服装店，由于经营不得法，生意非常冷清，已快到了难以维持下去的地步。为了改变现状，布洛克决定孤注一掷，用仅有的一点资金购进一批最新款式的服装，并买下他所在城市的独家代理权。他对这批服装寄予了很大希望，想凭此一举改变服装店生意不景气的现状。

布洛克首批购进了 1000 件服装，成本为每件 35 美元。为了吸引消费者，尽快打开市场，他决定采取低价销售的策略，把每件衣服定价为 60 美元，对于这种服装来说，这个价格可以说已经相当低了。布洛克相信，凭着这些衣服的新颖款式和低廉的价格，一定会卖得非常火爆。然而，事实并未如他所愿。

这批新款衣服已经推出快两个星期了，尽管进行了大力宣传，但购买者仍寥寥无几。布洛克感到无比郁闷，他一咬牙，将每件衣服的价格又降低了 10 美元，但购买者仍不见增多。于是，他一狠心，将价格再降低了 10 美元，这已经接近成本价了，但依旧无人问津。

布洛克没办法，心想，干脆 30 美元一件，赔本大甩卖，就不信这么好的东西，这么低的价格，还会没有人买。可是，"上帝"们好像偏偏跟他作对一样，进店里来的人是多了，但绝大多数都只是看一看、摸一摸就走了，并没有几个真正购买的顾客，而且许多人像看热闹一样，来过一次之后就再也不光顾他的店了。

布洛克这下真的绝望了，他再也想不出任何办法了，万念俱灰之下，他只得自认倒霉。于是，他也不再继续降价叫卖了，只是让店员在门前挂出一块上面写着"最新流行款式服装，30 美元一件"的广告牌，至于能不能卖得出去，只好顺其自然了。

然而，令他意想不到的事发生了：广告牌刚刚挂出去没有多长时间，就有许多顾客陆续进到他的店里来，而且大多数人都没有空着手离去。布洛克又惊又喜，但也莫名其妙至极。

后来，直到晚上闭店，店员将广告牌收回来时，他才发现，原来他的店员一时粗心大意，竟在30后面多加了一个0，这样一来，每件衣服的价格就从30美元变成了300美元，奇怪的是，价格一下子提高了10倍，但购买者反倒增加了很多。广告牌挂出的第一天，就卖出了几十件衣服。

在接下来的日子里，销售形势越来越好，布洛克的服装店生意火爆异常，不到一个月的时间，1000件衣服就全部销售一空，还大有供不应求之势，来晚了没有买到的顾客都很失望。布洛克急忙又购进了一批同样的服装，多日之后，随着市场的饱和，这股热销的势头才渐渐降了下去。

原本险些血本无归，却反而发了一笔横财，这不禁让布洛克欣喜若狂，他重奖了那个粗心的店员。可是，布洛克一直没有想明白其中的原因：衣服的价格一降再降时卖不出去，因疏忽而导致的高价却使顾客盈门，从而让自己赚到了高出原来预期10倍的利润，这是怎么回事呢？莫非好人有好报，上天可怜我？

其实不然，之所以会有这样看似反常的情形出现，完全是消费者的购买心理在起作用。布洛克购进的服装都是最新的流行款式，主要销售对象是那些爱赶时髦的年轻人，而他们的购物心理特点是希望买到高档、优质、样式新颖的服装，这样可以显示出自己的实力和时尚品位，以满足自己的虚荣及表现自己不落伍。

布洛克的服装虽然品质优良、款式新颖，但由于一开始他把价格定得太低，容易给人留下"便宜没好货"的印象，觉得穿这样的衣服会有失体面，甚至受人嘲笑；而当他无意中把价格抬高10倍之后，消费者会认为一分钱一分货，价格这么高，一定是好东西，因此便争相购买了。

亚利桑那州大峡谷沙漠中有一家麦当劳分店，游人都对此很感兴趣，都喜欢来这里解决饮食问题。其实这儿的价格要远远高于其他地方麦当劳连锁店的价格，正如犹太人店长直言不讳地承认"本店价格最贵"。但人们似乎根本不在乎，因为他们觉得"贵"得合理。

他们之所以毫无抱怨地接受该店的价格，是因为店堂里有醒目的"诚告顾客"：由于本地经常性缺水，所需用水是从60英里以外运来的，其费用要高出常规的25倍；为雇员紧缺考虑，我们需支付较其他地方更高的工资；为了在旅游淡季也维持营业，本店还得随季节性亏损；又由于远离城市，地处偏僻，本店的原料运输昂贵。所有这些因素使本店的食品价格昂贵，但我们为的是向您提供服务，相信您会理解这一点。

该店的解释，让游人尽管吃着"最贵"的汉堡包、土豆条，喝着"最贵"的热咖啡，反而觉得钱花得"值"。

犹太人坚决不做薄利多销的买卖，他们做的是厚利适销的生意。在行业的选择上，他们也颇为精明，专门选择那些昂贵的消费品来经营。因此，这就是为什么世界上经营珠宝、钻石等行业中，犹太人居多的原因。

第三章
契约：与上帝的约定

犹太民族素来就有"契约的民族"的美誉。"合同是与神的签约，谁也不能违背"。这是犹太商业精神的灵魂。而合同一旦签订，由自己决定的东西，全成了决定自己的东西，哪怕再吃亏，也得认真去履行，可见犹太人做生意特别注重合同。

一切依约行事

> 毁约是不应该发生的，更是不能宽恕的事情，契约一经多方达成协定，就得依约而履行。
>
> ——塔木德

犹太商人经商的历史，是一部订立契约与履行契约的文明史。他们在商业上取得成功的一个秘诀就是：他们一旦订立契约，就一定不折不扣地去执行，即使遇到了巨大的风险，也会努力克服。

在希伯来人定居迦南前，迦南就已经出现了繁荣的景象。商队往来频繁，迦南当时成了各类商品的大集散地。在约瑟时期，活动于沙漠与迦南之间的希伯来部落开始了早期的国际贸易业务，他们从基列贩运香料、乳香等商品，这一时期的商业"合同"便是他们的"约"。希伯来人定居迦南后，生活变得漂泊不定，直到犹太王国的灭亡，希伯来人始终处于冲突与不断结盟的变化环境下，这使他们更深地认识到了"约"的重要性，"约"可以在一定程度上，将无序的事物有序化。订立"约"后，人们的行为得到了规范，在进行贸易时，人们必须预见到行为的结果，人们依照"约"有计划地行事。因此，世界的秩序、贸易活动的规范化是通过语言文字达成的"约"而实现的。在希伯来人的头脑里，"约"反映为"上帝之道即为世界之源"、"上帝之道即为秩序之源"，这也说明了以色列人与上帝的关系是"约"，以色列人信守上帝的律法，上帝则保护以色列人并赋予他们智慧，上帝是与以色列人立约的神，以色列人在犹太王国灭亡后更崇尚"约"了。因为犹太人在失去了王权和神权体制后,只能凭着某种对双方都留有相当自由程度的立约方式,维系民族的凝聚力与向心力,同时依赖"约"来完成贸易。犹太人与上帝之约,使他们意识到这种契约的强制性,他们视其为一种道德理念或行为规范,镶嵌在他们的灵魂里。犹太律法不仅是犹太人进行商业贸易的尺规,也为他们在信仰契约打上了文化的印痕。

因此,犹太商人在守约上的信誉是极高的,他们对于别人尽力履约也只看作是一种自然现象,他们之所以在守约上有这种特别之处,不仅是在于散居世界各地的犹太人比任何一个民族获得了更多经济上的成就,特有的文化与巨额财富,被外族人视为异端,更因为为了生存,犹太人不得不小心地处理好与各大民族的关系,尽力避免与人发生任何的冲突,为此,他们希望共处的民族之间能有某种共同遵守的规则,这便是"约"。无论是征服他们的民族,或是与之共处的民族,还是在自己同族之间,律法对他们而言都变得非常重要,这是犹太民族赖以生存发展的基本力量。

犹太人完全能够遵守居住国的律法,甚至超过了当地民族本身的自觉性。在经济贸易中,犹太商人也以守约闻名,在其他商人的眼里,犹太商人是从不偷税漏税的,一切依约行事。他们赚大钱完全是凭着自己的智慧与机智,因为他们具备了这种天赋,所以获取丰厚利润对犹太商人而言,更是自主可行的,没有必要去违约赚钱,这是他们民族的一种习惯和美德。我们必须承认犹太商人在法制意识上较其他民族优越。

犹太商人自古以来,就被冠以守约的信誉。他们在特定的历史环境中恪守律法的商业意识,在现代的商战中更是不可或缺的。因此,这种信誉最终也让他们成为世界级的商业大亨。他们认为契约源于人和神的约定,犹太人最古老的契约莫过于"旧约",它是上帝与人类之间订立的。到了现代社会,契约是交易双方为了确保自身利益得以实现,明确规定交易的各项条件必须履行,具有法律效力的合同。这种合同使得各方的利益都受到了保护。

在犹太商人看来,毁约是不应该发生的,更是不能宽恕的事情,契约一经多方达成协定，就得依约而履行。因为犹太人深信，他们的存在是因为和上帝签订了存在之契约，如果不履约，就是打破了神与人之间的约定，就会带给当事人灾难。

但是犹太商人认为，订立契约之前是可以谈判、讨价还价的，任何一方都可自主妥协让步，也可以不签订约定书，这都是订约前各方的权利，一旦双方订下了约就一定得执行。否则，凡是违约的一方，必将招致犹太商人的厌恶，并要求对其损失做出赔偿。

在现代的商业中，常常会出现一些因彼此不相信而导致交易失败的事情。但是各国商人在和犹太人交易时，相信对方，同时告诫自己，不要对犹太人失信或毁约，这样才能获得与犹太人做生意的机会。如果仔细研究犹太商人重信守约所带来的好处，我们就会发现：犹太商人有了信誉就等于有了市场，拥有了市场就拥有了财富。

契约高于逻辑

> 契约的神圣性，谁也不能践踏。
>
> ——塔木德

在犹太人的经营理念中，"契约"是与上帝签订的，他们说："人与人之间可以签契约，人与神之间也可以签契约，一旦签订，无论发生什么事情，都不能毁约。毁约是对上帝的亵渎，会遭到上帝的惩罚。"

由于犹太人重信守约，相互做生意时，可以不签合同，口头约定照样有约束力，因为他们的口头约定神能够听得见，神负责监督他们。犹太人信守契约达到了令人吃惊的地步。做生意时，他们丝毫不让，分厘必赚，契约生效后，即便是吃亏也要履行。

有位犹太商人业务繁忙，需要一位帮手，就雇用了一个工人，并与他签订契约。契约规定，雇工服从商人安排的工作，商人每周给他发一次工资，但工资不是用现金支付，而是雇工从附近一家商店里领取与工资等额的物品，然后商店老板找商人结账。

转眼，雇工干了一周，到了该结账的日子，雇工却一路小跑来到商人面前，说："店老板告诉我，拿东西需要付现金，不付现金就不准拿东西。所以，你还是给我用现金结算吧，这样大家都方便，我也不用去商店拿东西了。"

犹太人想了想，觉得自己可能没有与商店的老板沟通好，才不让雇工拿东西。应该是自己在沟通上造成的失误，想到这里，便给雇工支付了现金。

雇工拿到钱后，刚走没一会儿，商店的老板来了，指着账本上记录的物品，说："你的雇工从我那里拿走了这些东西，请你付钱吧。"

商人一听，有些糊涂，不知道哪个人说的是真话。经过一番调查后，确认雇工说了假话，犹太商人只好给商店老板支付物品的钱。由于商人分别向商店老板和雇工做了承诺，雇工不遵守契约，向商人撒谎，多骗走一周的工资，这是雇工的错，与商店老板没有任何关系。商店老板先前答应了商人的口头承诺，两人形成了契约关系，商人必须向他支付雇工拿走商品的价钱。

犹太人在长期的经商过程中，对契约达到了崇拜的程度，他们一方面被契约约束，一方面也享受契约带来的好处。

犹太人加利每天的工作就是在犹太教区内，为一些贫困人口做服务。每到冬天，教区内取暖的煤炭供应不足，不是买不到煤炭，而是没有足够的钱。尽管加利是一个非常有爱心的人，每个月他都要从自己的薪水中拿出一部分去接济那些需要帮助的人，但教区里的贫困人口实在太多，凭他一个人的力量是远远不够的。眼看又到了用煤炭的高峰期了，绝对不能再让教区内的贫困人口没有煤炭烧。怎样解决这个棘手的问题？加利左思右想，终于想出了一个办法。

他找到一个常年经销煤炭的商人，与他洽谈购买煤炭的事情。他首先说出自己面临的困难，希望商人看在上帝的分儿上，捐助一些煤炭给贫困的居民使用。

商人似乎被他的诚心打动，说："我是商人，经商的目的就是为了赚钱，我不会白白地把东西送给你们，但是我可以半价卖给你50个车皮的煤炭。"

加利对商人半价卖给他煤炭，表示感谢，并要求对方先送25个车皮的煤炭。商人没有食言，25个车皮的煤炭很快运到了。加利收到这些煤炭后，告诉商人，由于犹太教区的人没人愿意付钱，剩余的25个车皮的煤炭就不要运过来了。

商人听他这么一说，非常气愤，当即给加利一份措辞严厉的催款书，并告诉加利，如果再不付款，就要起诉他。

加利也不生气，更不害怕，拿着商人的催款书回来了。加利给商人写了一封信，信中说："我们对您的催款书实在无法理解。您答应以减半的价格卖给我们50个车皮的煤炭，25个车皮的煤炭正好等于您减去的价格。这25个车皮的煤炭我们收下了，而那25个车皮的煤炭我们不要了……也不用给您付钱了。"

煤炭商人看到这封信后，才知道自己落入了加利设计好的"圈套"，但他却找不到理由挽回自己的损失，因为契约上写得清清楚楚："煤炭价格减半，50个车皮的煤炭，相当于25个车皮的煤炭是白送。"加利正是钻了这个空子，才让商人束手无策。

犹太人这样理解他们之间订立的契约：从逻辑的角度讲，这种理解是不能成立的。因为煤炭的一半价格并不等于一半煤炭的价格——二者仅仅在价格上没有区别，但是在事件本质上却有着根本的区别。由于这件事牵涉到"慈善"这样一个敏感问题，煤炭商人只好不了了之。

契约甚至高于逻辑，这就是犹太人做生意的特点。

对自己有利和不利都不反悔

契约形成后，就形成了约束力，不得有丝毫反悔。

——塔木德

世事多变，在做任何事的时候，都有可能遇到这样或那样的挫折。当一个合同签订完毕，因意外使你必须遭受损失的情况下，你该怎么办？是做损人利己的违约者，还是宁肯自己吃亏也要维护诚信？犹太人就对此做出了最好的诠释。

美国有一位犹太服装商接到一笔大生意——为欧洲一家公司生产1万套制服，但对方报出的价格非常低。犹太商人仔细算了一下账，海运运费比较低廉，如果通过海运还能赚到钱，于是就签下了合同。但是要想按时交货，必须提前1个月将货物从港口发出。由于犹太商人担心天有不测风云，怕一旦遇上风暴，轮船无法按时出海，耽误了交货时间，经对方同意，特意注明如遇不可抗拒的灾害时，可适当延期交货。至于延期多长时间，也可能是欧洲商人马虎，并没有注明。

事情果然如犹太商人所料，虽然这位犹太服装商提前1个月生产出了1万套制服，并及时运到码头的仓库里，但由于海上将连续两次发生飓风，船不能出海。显然，不能按期交货已是不争的事实。他本可以依据合同，给那家外国公司写一封言辞恳切的信表示歉意，再请求延期交货，但他觉得这种行为本身就违反了契约精神，不符合犹太商法，而且也是一种逃避责任的做法，即使对方通情达理地同意了，他也会受到自己良心的谴责。最后，犹太服装商决定自己单方出资包一架飞机，改为空运，最终1万套制服如期交货了。犹太服装商在这单生意中不仅没赚到钱，反而损失了1万美元。不过他并不后悔，因为他维护了自己的信誉，他认为这样做非常值得。

还有一个例子能充分表明犹太商人的契约精神：

有一次，一个犹太商人与一位日本人签立了一份合同，购买1万箱蘑菇罐头。合同里规定，货物要按每箱20罐的规格来包装，每个罐头的重量都为100克。可是，日本人虽然精明，也会有疏忽的时候。他把罐头做出来了，又千里迢迢运送到美国。那个犹太商人看到货物后，发现每个罐头的重量都是150克，竟多出50克，等于比原定的合同多出一半。犹太商人当即决定，跟对方取得联系，说你送来的货多了，不符合我们当初的约定，我拒绝接收你发来的货物。日本商人这才发现自己的失误，他急切之中算了一笔账：1万箱蘑菇，区区20吨货物，既然已经花钱运到了美国，要是再把它运回来，拆了包装重新装箱再运回去，那可是豆腐花掉肉价钱，不仅赚不到钱，还要倒赔。从这个方面而言，他不能跟犹太人较真，只好将计就计算了。日本人这么一想，便提出那就这么办吧，包装不符合要求是我的失误，多出的部分就算我奉送的，不收你的钱了。可是，犹太商人偏偏不买这个账，他说，多的部分我也不想要，问题是你没有按照合同给我发货，你违背了咱们之间签订的合同。按照商场上的规矩，你赔偿吧！日本人一听傻了眼：哪有这样不知好歹的人呢？可是，谁让自家造成错误了呢！只好打落门牙往肚里咽。最后，日本商人不得不按照"国际惯例"，赔付犹太人10万美元违约款。至于那10万箱的蘑菇罐头，日本商人自己想办法进行处理。

这个事件，在犹太人那里是很典型的，它为其他国家的人研究犹太商人的商业精神提供了一个案例。后来，确实有不少人对这个案例进行分析。有的人说，犹太商人之所以拒收那批货，是因为他事先做过市场调查，认为只有每罐100克重量的罐头被消费者认可更易于销售。也有的人说，在市场管制比较严格的国家，是要严格审查你的进口货物与报关单是否吻合，假如两者不合，那么就会被认为是有意逃避关税，就会被罚款甚至会被追究法律责任。如果贪图日本人"赠送"的那每罐50克的便宜而遭受处罚，岂不是因小失大。还有人说，犹太人就是这么精明，一旦抓住了你的把柄，就会紧抓不放，非得让你受点损失不可。在这个案例里，虽然犹太商人并没有给日本人设圈套，可日本人自己给自己套上了一根绳子。犹太人利用日本人的失误，白白得到10万美元的赔款，还免去销售罐头的过程和忙碌，何乐而不为。

但是，应当说，这些分析要是放在其他商人身上，恐怕都有些道理。但对犹太人而言，这样做只是他们的一个习惯，一个必须坚持、不可更改的原则。

签订契约，就要严格执行

> 履行契约，是每一个人必须遵守的义务。
>
> ——塔木德

许多人都知道，只要与犹太人签订了契约，就可以完全消除后顾之忧了，这是因为犹太人是一个非常注重诚信的民族，在他们心中，守约就是一种义务。

《塔木德》中记载有这样一个故事：

很久以前，有位犹太人用积攒了半辈子的钱买了一头牛，牛是他家里的全部财产。他非常珍惜这头牛，和它处得像朋友一样。有了牛后，他种庄稼时，再也不用一锹一锹地挖地了，因为牛可以帮他耕地，极大地提高了他的工作效率。就在他憧憬未来美好生活之际，不幸的事情发生了，孩子出了意外，需要大笔的医疗费。为了救活孩子，他含泪卖了与他朝夕相伴的耕牛。

牛的新主人不是犹太人，在他看来，牛就是他赚钱的工具，不值得同情和爱护。自从这头牛到了他家后，每天起早贪黑让它耕地，很少让它闲下来恢复体力。很快，安息日到了，当他把牛赶到地里，想继续耕地时，牛却卧在地里，拒绝耕地。新主人恼羞成怒，反复用鞭子抽打它，牛就是卧在原地一动不动，很快牛的背上出现一道道鞭痕，眼里也流出了泪水。

新主人非但没有怜悯之心，反而气冲冲地把卖给他牛的那个人叫来，并严厉指责他不守契约，说："当初我们签订契约时，清清楚楚地写着牛很听话，让它耕地它就耕地，可现在它却不听话了，不耕地了，这不是违反我们当初的契约吗？"

卖牛的人看到自己昔日的"朋友"遭到如此的摧残，抱着牛的脖子，眼泪哗哗地流了出来。一阵痛哭后，卖牛的人对着牛的耳朵轻声说道:"牛啊,牛啊,你和我生活在一起的时候,可以在安息日里休息;现在你的新主人不是犹太人,请你站起来,听新主人的话吧!如果你今天不听新主人的话,拒绝耕地,那么我就成为违背契约的人,今后别人就不相信我说的话了,我们全家的生存就更加困难了……"

牛听完昔日主人的话后,用舌头舔了舔昔日主人的手心,站立起来,顺从地去耕地了。

犹太人一旦签订了契约,不管有多大的困难,也一定会想方设法地去执行,这正是他们在商业上无往而不利的一个重要原因。

违约者必须遭到报复

> 违约的人会遭到报复,只有履行约定的人,才能过上幸福的生活。
>
> ——塔木德

《塔木德》中记载着这样一个故事:

许久以前,有位姑娘和父母一起旅行。途中,姑娘离开父母独自去散步,不知不觉她迷了路,看到道旁有一口井。

当时,她口干舌燥,看到一根绳子垂到井底,绳子的另一端拴在一棵大树的根部。姑娘顾不得多想,就攀着绳子,下到井底。等她喝完水后,才发现自己没有能力攀上去。姑娘在井底试了几次,均徒劳无益,有一次差点掉入水中。姑娘害怕了,在井底哭喊着向路过的人发出求救声。巧合的是,一个年轻男子路过这里,听到叫喊声后,就把她从井底救了上来。两个年轻人一见钟情。接着,在年轻男子的帮助下,姑娘找到了父母。

有一天,年轻男子不得不外出做生意。临行前,他去与她道别,两人来到当初见面的井边,许下约定。双方信誓旦旦,不管等待多长时间,必须同对方结婚。

两个年轻人订下婚约后,需找一个证人作证。就在这时,一只黄鼠狼向他们走来。姑娘灵机一动，对心上人说："黄鼠狼和那口井就是我们最好的证人，就让它们给我们的婚约作证吧！"年轻男子同意了姑娘的提议，这桩婚事就算定了。

两个人依依不舍，就此分别。许多年过去了，姑娘一直守着贞操，天天盼望着未婚夫归来。让姑娘没有想到的是，年轻男子将当初的婚约忘得一干二净，早已在遥远的他乡结了婚，生了孩子。

一天，他的孩子玩累了，躺在草地上不知不觉睡着了。就在孩子酣然入睡之际，从远处跑来一只黄鼠狼，张口咬住孩子的脖子，孩子就这样死了。孩子活泼可爱，是他生活的全部和未来的希望。没有了孩子后，他变得消沉起来，整天借酒消愁，生活过得一团糟。好在妻子明事理，在她的劝说下，他又重新振作起来。

第二年，他们的又一个孩子降生了，为了能让孩子安全成长，他几乎把所有心血全都倾注在孩子身上。孩子在他的精心呵护下，茁壮成长，转眼3年过去了，孩子一直平安健康，看着孩子天真无邪的笑脸，他的内心得到了莫大的安慰。

就在他稍不留神之际，不幸还是降临了。一天午后，他本来在家门前的树荫下逗孩子玩，因为临时有事，需要回到屋内拿东西。就在他拿着东西出来时，发现孩子不见了。他大惊失色，四处寻找，没有见到孩子的踪影。当他再次路过自家门前的井口时，发现井内漂着异物，仔细一看，正是自己的孩子。

就这样，他痛失两个孩子才醒悟过来，把自己以前和一位姑娘订婚的事情告诉了现在的妻子，当时的证婚者正是黄鼠狼和水井。妻子听完后，没有责怪他，答应了他离婚的要求。

离婚后，他回到姑娘居住的村庄，姑娘还在等他。两人结婚了，过上幸福而快乐的生活。

很明显，这是一个在神护佑之下，契约（婚约）得到履行的故事。值得注意的是，在这个故事中，对违约者的惩罚，不是直接降临到违约者本人身上，而是让孩子当替罪羊，这样做的目的，就是让他在心灵上受到煎熬和谴责。其实，故事的寓意在于无论任何理由或借口，都不能违背契约，一旦违约必然遭到惩罚。

故事毫不吝惜地让惩罚落在违约行为所带来的"赢利"上，即两个孩子身上。故事中的孩子仅仅是一种象征，象征着违约者所获得的成果。

这就从根本上击碎了违约行为得到的利益，使它成为一场破碎的梦或出力不讨好之举。违约的男子两次失去孩子，是对他违约的有力回击。如果他第一次失去孩子后，马上回到等待他的姑娘身边，就不会出现第二个悲剧，但是他没有及时警醒，便出现了第二个悲剧，如果他还不醒悟，就会出现第三个、第四个……直到他履行自己的契约（婚约）。

所以，犹太人非常重视契约的重要性，一旦签订了契约，就会去履行，哪怕是遇到再多的困难，也在所不辞。

我娶到了公主

> 契约的威严，任何人不得以任何借口和理由进行挑战。
>
> ——塔木德

古时候有位犹太国王，有一位貌如天仙的公主，可是这位公主得了一种奇怪的病，宫廷里的医生对此束手无策。国王看着自己心爱的女儿被病魔折磨得奄奄一息，就跟全国的百姓订立了一个契约——谁能治好公主的病，就把公主嫁给谁，并且把王位传给这个人。

布告一经张贴出来，全国的百姓都沸腾了，都想治好公主的病，都想坐上王位的宝座，那些民间医生们认为出人头地的机会来了，纷纷请求为公主治病，国王一一满足了他们的要求。这些医生乘兴而来，看到公主的病情后，一个个败兴而归。

国王张贴的布告被一位长有千里眼的人，在特别遥远的地方看见了。这个人马上和两位弟弟商量，决定一起去救公主。

兄弟3人中的二弟，有一块飞毯，飞得比骏马还要快；小弟手中有一个能治百病的苹果。兄弟3人一番商定之后,决定乘坐飞毯飞到王宫。很快他们便来到王宫,小弟把苹果献给公主,公主吃下苹果后,奇迹出现了——病痊愈了。举国上下听说公主的病好了,大家跟着国王一起庆贺,可是三兄弟却吵了起来。吵架的理由是:3个人都想娶公主为妻。

哥哥说:"我最有资格娶公主。如果我没有看到布告,我们就没有机会来给公主治病。"

二弟也不示弱,说:"我也有资格娶公主。如果没有我的飞毯,公主的病就不能得到及时的治疗。"

看到两个哥哥吵得不可开交,小弟低声地说:"按说我也有资格娶公主。为治疗公主的病,我的苹果没了。"

三兄弟说得都有道理,究竟谁有资格娶公主呢?难住了国王,他一屁股坐在王位上,陷入了沉思之中。在犹太律法中,一个女人绝对不可以同时嫁给3个男人。不仅如此,国王必须信守契约,必须将自己的女儿嫁给其中的一位。

怎样才能合理解决这件事呢?就在国王万分苦恼之际,公主出现了,她走到小弟面前,满面含羞地说:"你为了救我,失去了最宝贵的财产,你现在什么都没有了,我愿意嫁给你,成为你的妻子。"

两位哥哥听到后,大叫起来:"不行,绝对不行,这是对契约的践踏。"

国王听完女儿的表态后,顿时茅塞顿开,面对两位满心不服的哥哥,用威严的口吻高声宣布道:"我们的圣典《塔木德》中说:'最可贵的人是把一切都奉献出来的人。'在你们兄弟3人中,老大你依然拥有千里眼,老二你依然拥有自己的飞毯,而你们的三弟却失去了最宝贵的东西。我的女儿嫁给你三弟,合情合理,你们两个不要再争论了。举办完公主和三弟的婚礼后,你们就回家吧。"

献出一切很残酷,得到富足很幸福。这就是《塔木德》中看似冰冷的契约中的温情部分。

学着雅各折树枝

> 在契约面前,有时道德可以放到一边。
>
> ——塔木德

据说,犹太人的先祖雅各给岳父拉班放羊时,赚取了超过岳父预想的工钱。这个故事是这样的。

雅各是一位聪明的人,给岳父拉班放羊时,不要岳父给他支付相应的工资,但他的条件是,放羊期间出生的带有花纹和斑点的羔羊归自己所有。

从来没有见过刚出生就长有花纹和斑点的羊羔。拉班听到女婿的要求后,在心里盘算一下,觉得有利可图,便满心欢喜地答应了他的要求。

双方达成约定后,雅各开始了放羊的生涯。很快,羊就到了交配的季节。雅各随手折下一些树枝,剥下表层的树皮,露出布满花纹和斑点的枝干。接着,他把这些树枝放在水槽中进行浸泡,然后让膘肥体壮的羊喝下被树枝浸泡过的水再进行交配。就这样,几年下来,雅各拥有了近千只长有花纹和斑点的优良羊羔,而拉班所得到的羊羔一个个瘦骨嶙峋。

拉班看到后,懊悔不已,心里大呼上当,但他不敢提出任何异议。

故事中,拉班不是不想提出异议,而是他实在有苦衷——不能违背前期订立的契约。雅各的做法虽然不"道德",可是他没有违背契约。

拉班把羊交给雅各放养,实际上就是把一个项目交给他,母羊生下的羊崽实际上就是合作项目所产生的衍生资产,或者说是利润。

雅各折树枝,把优质的、大量的资产理直气壮地据为己有,把劣质的、极少的资产毫无愧色地分给了项目所有权人。这个看似充满了神话色彩的故事,道出了一个实实在在的赚钱妙法。

犹太金融家赫希男爵就是这方面的高手。

19世纪末，土耳其拟建一条2500多公里的铁路，把维也纳和君士坦丁堡连通起来。

预算中，平原地带造价为每公里4万美元，山区地带造价为每公里5万美元。

赫希和土耳其政府签订了合作建设这条铁路的协议。协议规定，由赫希出资，并确定了利益分配的条款。

工程开工两年后，维也纳至君士坦丁堡铁路易建的500公里干线完工，另外的800公里易建路段开始兴建。这时，整个线路中投资风险最大的1200公里的路段建设计划却被取消了。

原来，被取消的路段要经过俄国势力范围，赫希挑唆俄国政府对此进行了干涉。同时，赫希把200万美元"馈赠"给了土耳其铁路大臣。

土耳其政府只得让赫希轻轻松松赚去了大量的"羊羔"。

再后来，赫希干脆把自己修建的铁路卖给了土耳其政府，使自己在这次合作中赚了千万只羊——3200万美元。

现代商场中，有很多人学着雅各折树枝，纷纷积累了惊人的财富。

把该防范的问题都写在纸上

签订契约前，要把所有问题都考虑清楚。

——塔木德

犹太人之所以能成为世界上最会做生意的人，信誉与承诺是根基，做生意的目的就是赚取利润，任何地方的商人都不例外，有些商人自以为自己很聪明，在经商的过程中，钻空子、走歪道，给对方出难题，从而达到占便宜的目的。犹太人主张，签订契约时把所有该防范的问题都写在纸上，坚决堵住一切漏洞。

一天，一位叫尼尔的美国律师给日本的藤田先生打预约电话。当时，藤田非常忙碌，根本顾不上这样的预约电话，便回绝了对方。

藤田刚挂上电话，紧接着又响了，藤田拿起电话，"您今天无论如何也要给我抽出一点时间。"尼尔用近乎恳求的口吻说道。

"非常抱歉，我真的无法满足你的要求。"藤田再次婉言谢绝了，说完又把电话挂了。

紧接着，第三个电话打来了，还是尼尔，藤田有些生气。"我知道您很忙，这样好吗，我占用您一个小时的时间，愿意为此向您支付200美元作为酬金。"

在藤田眼里，200美元简直就不是钱，但他被尼尔的诚心打动了，便说："我只给你30分钟的时间，多一秒钟也没有。"

30分钟总比没机会见面好，尼尔答应了。双方在电话中约定好会谈的时间。尼尔是一家犹太人开的公司的法律顾问，该公司前不久与一家日本商社达成合作意向，急需一名监督人，负责监督日本商社是否守约，对此公司愿意每个月给监督人支付1000美金作为酬劳，尼尔预约藤田，就是想让藤田给他推荐一个合适的人选。

当尼尔准时到达藤田的公司后，藤田已经在办公室里等着他了。尼尔拿出公司老板写给藤田的信，上面写着："您不仅是我的朋友，也是犹太人的朋友，我们对您放心，希望您能给我推荐一个监督员，负责监督那家商社。"藤田看完后，尼尔又拿出该公司与日本商社即将签订的合作协议。藤田简单浏览一遍后，笑了起来。在美国人看来，这应该是一份很完美的合同；在日本人看来，则是一份漏洞百出、充满着暗算的合同。藤田的确是位责任感极强的成功商人，既然朋友相托，他便鼎力相助。于是，藤田不仅指出了合同中的种种漏洞，还介绍了一位可靠的监督员。

通过藤田的帮助，该公司挽回了巨大的损失，该公司的老板对尼尔的付出非常满意。

通过这个故事，揭示出一个事实：犹太人在正式签订合同时，对合同中的各项条款，都会仔细斟酌，如果不懂或不明白，就请熟悉合同的人对合同进行严格审核，绝对不允许出现漏洞或失误。商场如战场，一字之差，可能就会出现对自己不利的局面。签合同时，一定要向犹太人学习，学习他们对待合同的严谨态度，稍一疏忽，对方可能就会钻空子，自己就会蒙受不必要的损失。

巧妙利用规则的漏洞

> 利用规则的漏洞，不是错，而是智慧的表现。
>
> ——塔木德

犹太人无论从事哪种行业，无论在哪个国家做生意，都会遵守规则，绝不会触犯规则和当地的法律，但他们有时也会利用规则的漏洞从中赚钱。说犹太人善于守法，这里的"善于"指的是他们有能力在遵守法律或契约的前提下，实现自己的目的。

一天，一位穿着高档服装、手提奢侈品牌皮包的犹太人走进一家银行，他刚在办理业务的窗口坐下来，工作人员便很礼貌地问他："先生，我能为您做哪些服务？"

"我想借点钱。"

"没问题，打算借多少呢？"

"1美元。"犹太人回答道。

工作人员以为自己听错了，"只借1美元吗？"工作人员问道。

"没错，就借1美元，难道不可以吗？"

"当然可以，只要您能够提供担保，多借一点也没有关系。"工作人员说。

工作人员刚说完，犹太人从随身携带的皮包里取出一堆股票、国债等，递给工作人员，说："这里有50万美元做担保，可以吗？"

工作人员忙说："当然可以，当然可以。难道你真的就借1美元吗？"

"没错，就借1美元。期限为一年。"

业务很快就办理完了。这位犹太人与银行间的借贷关系，就等于签订了契约。

当工作人员把1美元递给犹太人时，说："只要您付出6％的利息，一年后，我们就把50万的担保金归还给您。"

"谢谢！"犹太人接过1美元，随手塞进口袋内。

在场的工作人员和在场办理业务的客户怎么也不明白，一个拥有50万美元的人，为什么要向银行借1美元。

正当犹太人准备离开银行时，一个人走了过来，说："先生，你的举动太让我不可思议了。你拥有50万美元的资产，为什么要向银行借1美元呢？如果你借30万～40万美元的话，才是情理之中的事儿。"

犹太人微微一笑，解释道："我的目的不是1美元，而是保险柜。"

他这么一说，问话者更糊涂了，忙说："我更不明白，希望能听到你圆满的解释。"

犹太人说："我手中的股票、国债等物品，需要一个安全的保险柜进行存放。我问过几家金库，他们的租金太昂贵。我以借钱的方式，把股票、国债等贵重物品抵押在这里，等于放在金库的保险柜中，而一年只需要支付6美分就可以了。"

犹太人就是这么精明，一般人恐怕是无法想得出这种办法的，他们不仅经商精明，在思路上也很精明。这位犹太商人成功地把自己的贵重物品存入银行中，就是钻了银行规定的漏洞。

通常情况下，人们抵押借贷，总希望少抵押多借款。银行为了保证放出的钱款不受到损失，不允许抵押额与借贷款等值，也就是说抵押额一定要高出借贷款，这样的话银行才不会受到损失。在这个故事中，犹太商人就是找到银行规定的一些细节上的漏洞，通过借贷的方式，把自己的贵重物品抵押给银行，借贷的利息就是向银行支付贵重物品的"保管费"。双方形成了借贷契约关系后，对犹太人而言，是赚取利润的一方，因为把股票、国债等贵重物品存入金库中，一年支付的费用要远远高于6美分；对于银行而言，他们稳赔不赚，1美元的利息，几乎可以忽略不计，如果仅为犹太人保管股票、国债等贵重物品，赚得的利润要远远高于6美分。

撤销交易的哈拉哈

> 签订契约的时候,就要想到种种可能。
>
> ——塔木德

撤销交易并不是毁约。在这里,它指的是交易结束,回到开端。

《塔木德》中提出了撤销交易的三条哈拉哈(法则)。

——如果收到的商品品质劣于订货时商定的商品品质,那么,买方可以提出撤销交易。

——如果发出的商品品质优于订货时商定的商品品质,那么,卖方可以提出撤销交易。

——如果订货商定的商品品名与送货的商品品名不一致,那么,买卖双方都可以提出撤销合同。

"撤销"在希伯来语中一般是指"返回原点,将商品、遗失物归还、退回"。所以,他们撤销交易并不是毁约的意思,而是指交易结束,回到开端,回到契约标示货物交接前的状态,履行原契约。

犹太人的确擅长经商,因为他们谨遵这三条法则,坚持诚实经商,心中牢牢确立了顾客至尊的观念。

市场行情是瞬息万变的。虽然商品价格涨涨跌跌,但是,商家只要与顾客就产品价格和质量等条件达成共识,那双方就都不要去反复思量是占了便宜还是吃了亏。

分析如上法则,我们可以发现——

第一条法则说的是,假如订货时10吨上等小麦值1000美元,到送货时因行情看涨而升到1100美元,那么,卖主不能只将10吨现值1000美元的劣等小麦送给买家。

犹太法典强调顾客至尊,并不是说顾客可以获取不合法的利益。第二条法则,为的就是保护卖方利益:如果订立了交易劣等品的合同,卖方因为疏忽而将优等品发给了买方，卖方可以用契约标示的劣等品去换回优等品，也可以要求买家按优等品的价格付款。

第三条规则说的是误送了与订货货物不符的另一种商品的情况。出现这种情况，买卖双方最好是一发现就声明退换，避免放置过久，使商品的品质发生改变，但买卖双方都接受了这种现实的情况例外。

顾客至尊和商家赚取合理利润是并行不悖的。

保护双方，才能保证商业活动的正常进行。

为了维护双方的权益，买卖双方都不可轻视对现货商品的再次确认，都要认真察验现货与契约标示物的差别。

现实情况是，买卖双方极易产生如下不可取的想法。

◆买方认为货款已经付过，货物会毫无问题地送到。

◆卖方认为货物发出后自己就不再承担责任。

在这里，再次提醒诸位：如上法则是从商的基本之道，是犹太的先知和贤人们怀着诚意从现实中总结出来的经验，它应当在运用中比教科书的刚性规定多出许多灵活性。如果你不想从商，那你也得让它烂熟于胸，因为你无法做到不成为一名买主。

遵守商业规则

规则能规范一个人的行为，经商的人更应该遵守。

——塔木德

《塔木德》中讲述了这样一个故事：

有两位拉比同时看上了一块地，都想买下来。拉比甲和卖地的主人刚谈好价格，拉比乙急匆匆地跑了过来，从口袋里拿出钱，当即就把地给买了下来。拉比甲听说后，摇摇头，叹了一口气。拉比乙因买到地，非常高兴，逢人便说，那块地对他的用处有多大。

一天，拉比乙正在给围观的人讲教义，有个人从人群中挤了出来，用疑惑的口吻说："尊敬的拉比，有一个问题一直萦绕在我心头，让我百思不得其解，希望您能帮我解答。"

"有什么疑惑，你就告诉我，我肯定会给你一个满意的答复。"拉比乙说。

那人说："有一个人进入糖果店，想买糖果。但他看到有人在检查糖果的质量，也就是说那个检查糖果的人有买下的意图，不过交易还没有完全发生。刚进来的人发现后，就抢先把糖果买了下来。尊敬的拉比，您认为抢先买糖果的人，该如何称呼他呢？"

"我还以为是什么深奥的问题呢，原来这么简单。告诉你吧，那个人当然可以称呼为'坏人'啦。"拉比乙自信地说。

他回答完后，那个人又说："我听说您最近买了一块土地，并且这块土地对您大有用处，是真的吗？"

拉比乙骄傲地说："的确像你说的那样，那块土地的确对我有很大用处，我会好好利用那块土地。"

"可是您购买土地行为，怎么像那个购买糖果的人呢？我听说，有人已经出了价格，并且正在交涉之中，你却后来居上，抢先把地买走了。尊敬的拉比，您如何解释您的行为呢？"那人问道。

听到这样的问话，拉比乙哑口无言，满面羞愧。那么，事情该如何解决呢？

回去后，拉比乙为与拉比甲抢买土地懊悔不已。如何处置这块土地呢？把新买的东西再卖出去，有些不吉利；送给拉比甲，他又不忍心。思前想后，他把那块土地无偿捐给了学校。

这个故事告诉我们，在经商过程中要遵守商业规则。"后来居上"是商业大忌，即便你再如何喜欢某个产品，只要有人先于你同产品主人交涉，你就不应该插足进去，如果你从中"打劫"，是一种不道德的行为，别人会瞧不起你。如果别人不买，你再去交涉或购买，是天经地义的事儿，这样做事才光明磊落，坦坦荡荡。因此，在经商的过程中，一定要尊重商业规则，做一位懂规矩的商人。

第四章
商道：缔造商业帝国的不二法宝

《塔木德》中说："对于商人而言，取悦顾客比取悦上帝更重要。"在犹太人的民族特性中，犹太人从小就会对孩子灌输经商的理念，这让每一个犹太人从小就形成了敏感的商业意识。在经营中，不忽视任何赚钱的机会，而冷静对待商业上的对手，是犹太人获得巨大财富的主要原因之一。

吃小亏占大便宜

没有不爱占便宜的，除非是圣人和傻子。

——塔木德

有一家农机公司刚刚创业时，只生产农用收割机这一类的农机具。公司开业的头几年，生意惨淡，总共才卖出7台收割机。经常连工人的工资都保证不了，更别谈发展企业了。最后连公司老板的父亲留给他的遗产都亏光了，还欠下了一大笔债务。

有一天夜里，这位老板怎么也睡不着，他反复思考问题究竟出在哪里。白天他和助手深入研究了自己的产品，认为无论从性能还是产品质量，自己的收割机并不比其他厂家的同类产品差，可以说是当时国内的一流产品，而且产品的价格也适中。最终他得出结论，问题就出在营销策略不当上，所以必须从营销方面着手，才能使公司走出困境。

经过再三的分析比较，他决定在推销技巧上动脑筋，并制定出一种全新的推销方法。

他的这种推销新法就是"保证赔偿法"。即购买他公司收割机的人在头两年的使用过程中，如果机器出了故障和毛病，而不是人为造成的，公司不仅会像其他厂家那样免费维修，而且因机器损坏耽误了收割进度所造成的经济损失，全部由公司负责赔偿。

这个决定刚一提出，就遭到公司内部高层人员的集体反对。他们认为，这样会给公司带来不堪设想的麻烦，因为一台收割机的损坏究竟是由于质量问题还是操作人员使用不当所致，厂家不在现场监督是很难分清的,调查起来也费时费力,不仅要投入时间和资金,也容易引起不必要的纠纷。至于因为收割机损坏而耽误收割的经济赔偿就更难办了,因为赔偿数额难以把握,风险太大了。大家一致劝老板放弃这个想法,另谋出路。

但公司老板却认为,要想挽救公司就必须敢于冒险,现在农机市场竞争越来越激烈,如果再不开拓出一条新路来,公司在市场上是很难有立足之地的,最终只能落得"破产"的下场。实行赔偿制度是一种全新的销售方法,是一种出奇制胜的新招数,虽然可能会有些损失,或许还会惹上一些麻烦,但这只是暂时的,等到打开市场、赢得信誉之后,这些损失就会加倍地补偿回来。大家听了老板的一番话,觉得也有道理,也就不再说什么了,因为公司目前的处境也真的是没有别的办法可想了。

实际上,公司老板这一新的营销策略并非建立在"赌一把"的出发点上,而是深思熟虑的结果。在实行赔偿方略的同时,他又发动公司上下献计献策,不断改进和提高产品质量,千方百计地防止自己的收割机出现质量事故,并对售出的收割机实行跟踪服务,还时常对用户进行问卷调查,倾听用户的意见。就这样,用户逐渐地对该公司的收割机有了信心,有了购买意向,而且经过使用后,发现他们的收割机果真是质量上乘。于是,订单像雪片般纷纷飞来,农机公司的生意开始兴隆起来,赔偿法刚实行时造成的损失不久就赚了回来。短短的几年之内,这家公司不断发展壮大,直至成为真正的国际性的大公司,产品远销到许多国家,成为市场的名牌产品!

《塔木德》中说:"暂时地放弃一些利益,是为了更多的利益。"吃亏与占便宜其实就像福与祸一样,是可以相互依存、相互转化的。当事业陷入危机时,要从长远利益出发,及时采取一些有效措施,即使是一些暂时对事业不利的策略,只要能带来长期的效益,便是可行的。不要以一时之失论成败,有时,吃亏就是占便宜!

1 加 1 大于 2

我们唯一的财富就是智慧,当别人说1加1等于2时,你应该想到大于2。

——塔木德

1946 年,一对犹太父子漂洋过海来到美国,在休斯顿从事铜器生意。20 年后,父亲离开人世,儿子独自经营铜器店。他始终牢记着《塔木德》中"1 加 1 大于 2"的理念。正是由于这种理念作为支撑,他的生意做得顺风顺水,无论做铜鼓、弹簧片还是奥运会奖牌,都是稳赚不赔。他曾经一度将一磅铜卖到 3500 美元,这在业内传为佳话。通过多年的打拼,当初和父亲开的铜器店已经成长为麦考尔公司,他本人也成了公司的董事长。然而,真正让他扬名的是纽约的一堆废旧垃圾。

1974 年,美国政府给自由女神像翻新后,留下了大批的废料,政府方面面向社会公开招标清理这些废料。几个月过去了,没人应标,因为在纽约处理垃圾废料是件很棘手的事情,稍有不慎,会遭到环保组织的起诉。所以,面对这堆"烫手的山芋",商人们没有一个敢去承接的。

当时,他正在法国旅行,听到这个消息后,马上停止休假,飞到纽约。经过认真考察后,他与政府部门签下协议,买走了自由女神像旁边堆积如山的废铜、木料和螺丝等建筑垃圾。

消息传开后,许多人都认为他疯了,不该买下这些垃圾,同时朋友们也不赞同他的做法,认为他在干一件出力不讨好的事,因为这些垃圾中,可回收利用的资源实在太少了。

正当人们等着看他的笑话时,他已经组织工人对垃圾进行分类。等到垃圾分类完成后,他首先让工人把废铜熔化,铸造成小的自由女神像,旧木料做成底座,废铝等金属做成纽约广场的钥匙。为了将废料最大利益化,他甚至把从自由女神像身上扫下的灰尘,经过包装出售给花店。

经过他这么一"折腾",昔日不值钱的废铜、边角料、木料、灰尘都以高出买入价格的数十倍卖了出去,特别是每磅铜的价格整整翻了1万倍。不到3个月的时间,他就把废料变成350万美金。

《塔木德》中说:"商业没有固定模式可言,当你抱怨生意难做的时候,有人正在气喘吁吁地数着钞票,因为这些人懂得1加1大于2的道理。"1加1大于2,其实就是把商品的利益最大化。对于商人而言,要想利益最大化,必须有绝妙的创意。故事中,这位犹太商人赚钱的方式就是创意,自由女神像翻新留下的废旧垃圾,如果当作垃圾处理,那就不值钱了;如果看到它的象征意义,废物自然也就成了宝贝。所以,他看到了废料潜在的价值,创造出1加1大于2的奇迹。

让顾客定价

> 对于商人而言,取悦顾客比取悦上帝更重要。
>
> ——塔木德

中国生意人有一句老话:和气生财。犹太商人也一向将此作为生意场上的"金科玉律",千方百计地满足顾客的要求,取悦顾客。因为精明的犹太商人算过一笔账:吸引一个新顾客的成本是维系一个老顾客成本的5倍。保持老顾客的关键是使顾客满意。

一个满意的顾客会带给企业巨大的好处:一是他不仅会再次或数次光顾,还会向其他人做有利于企业的宣传,因爱屋及乌转而又会去购买企业的其他产品;其二是老顾客对企业产品的价格变动不特别敏感;三是老顾客常常忽视其他竞争企业的产品和促销活动;四是老顾客会主动向自己喜欢的企业提出改进建议。由此犹太商人对老顾客普遍都有一种感恩的心态,绞尽脑汁地研究老顾客的心理,甚至用亲情来打动"上帝",千方百计地让光临自己店的"上帝"满意,有时甚至还请他们为一种新产品定价。

以色列有一家制鞋公司设计出了一款由松软小牛皮制成的便鞋，这种鞋穿在脚上会十分舒适，特别适合中老年人。鞋的设计完成之后，负责销售的部门经理召集手下员工开会商议这款鞋子的价格。销售部门的工作人员听到这个消息，感到非常诧异，因为一向都是公司定好价格，销售部按照价格销售就可以了。现在改由销售部门来制定价格，如果价格定得不合适，卖得不好，那责任就在销售部门了。因此，对于这一做法，大家感到非常头疼。

销售部经理对员工们说："公司初步打算将这款鞋的价格定在5美元上下，销售起来应该问题不大。"经理的话还没说完，底下就有人反驳道："经理，这个可不好说，现在这种松软的便鞋，价格两三美元到10美元的都有。咱们定5美元合适吗？""对啊，万一定5美元，卖不出去怎么办啊？""再说了，要是定成5美元，一旦市场上热销，咱们赚少了怎么办啊？"

大家对这个定价议论纷纷，但是到底怎么给这双鞋定价，谁都没有一个好主意。就这样议论了一天，也没拿出一个确定的方案。最后，销售经理说："这样吧，我们先拿100双鞋送给100个目标用户让他们去试穿。一周之后，我们去询问这些顾客，是否愿意花5美元把这双鞋买下来。如果不愿意，我们就把鞋收回来。这样我们就能知道5美元的价格是否合适了。"所有人都觉得这是个好主意，于是立刻去照办。一周的时间过去了，销售部门的所有人员全体出动，去回访这100个拿到免费试穿鞋的用户。

一天之后，所有人都回来了，经理询问销售的情况，秘书汇报说："经理，我们一共发出了100双鞋，听了价格，只有两位先生把鞋退回来了。"经理听完汇报，觉得有98个人认为5美元的价格合理，说明定的价格有点低了，于是又调整了定价，最后对外销售的价格是7.5美元。这款松软的小牛皮便鞋，价格就这样定下来了。没过多久，这款鞋就风靡了全国。

以往，商人与消费者一直是处于对立的关系：商家希望消费者越

"浪费"越好，这样他们才能更赚钱；而消费者则希望商家的产品能质量更好、更便宜些，至于商家如何生产，需要付出怎样的代价，以及是否会因此破产，则一概不在考虑之内。然而犹太商人使商家改变了营销理念，其中之一就是由顾客确定价格。他们认为，这种让顾客定价的做法，能使消费者产生一种当家做主的感觉，从心里觉得价格公道，从而成为一种产品的永久客户。

智取钱袋的故事

> 头脑多转几个圈，你会变得更聪明。
>
> ——塔木德

中国民间有一句话叫"冰雪聪明"，这是一句真正褒义的话。一个人如能像冰雪一般透彻明白，不致因为利欲熏心而丧失理智，这并不是一件容易做到的事。犹太人的聪明属于后一种，他们在商业场上过关斩将，却很少马失前蹄，这里面的奥妙的确值得深思。

很早的时候，有一个犹太商人来到一个市场里做生意，当他获悉几天后这里所有的商品都将要大甩卖时，就决定留下来等待。可是，他身上带了很多金币，当时还没有银行，把金币放在旅店里，又很不安全。

左思右想，他有了主意，于是带上铲子，晚上来到一个无人之处，在那里挖了个洞，将装有金币的钱袋放在洞里埋藏起来。等商品甩卖就要开始的时候，他跑到藏钱的地方去取钱，谁知钱袋竟然被偷了。

他反复回想当时的情景，认为自己记忆的地方没有错，于是就对周围的环境观察了起来，这一观察，他发现，在离藏钱处有一段距离的地方有一间很小的房屋。由于房屋被地形遮挡，时间又在夜晚，他竟然没有看见。情况很明显：一定是那天晚上他在挖洞的时候，被屋子里的人看了个正着。但是，分析、推理却没证据，他必须要有一个既能找回钱，又不致引起纠纷的办法。对于犹太人而言，这样的办法似乎并不很难。

他走近那座房子,恭敬地对屋里的主人说:"您住在城市里,是个城里人,您的头脑一定很聪明。我来自外地,有件事情想请教您,让您给出出主意,不知道可不可以?"

见对方这么客气,对自己又如此恭维,屋子的主人心里很高兴,连忙说:"可以,可以。"

犹太商人开始讲出他预先设计好的计谋:"我从外地来到这里,打算和这里的人做生意。我身上带来了两个钱袋,一个里面装了500个金币,另一个装了800个金币。前些天,我把那个小些的钱袋埋藏到一个无人知晓的洞里去了,现在身上还剩这个大点的钱袋。我不知道是该把这个钱袋交给一个值得信任的人保管呢,还是把它同先前那个钱袋藏到一起呢?"

屋子的主人连忙说:"你一个外地人,头一次到我们这个城市来,当然不能随便相信任何人。我建议,你还是把这个钱袋和先前那个藏在一起为好!"

犹太商人说:"谢谢您的指教,我明天就按照您说的去做。"

接下来发生的事情就在预料之中了,那个贪心的"城里人"马上把偷来的钱悄悄藏回到洞里,企图等待着收获另一袋金币,结果可想而知,他当然是竹篮打水一场空了。

有一个人起初也想挤进淘金者的队伍,可是等他来到西部的时候,这里早已挤得无立足之地了。其他人来这里,脑子里只有金子,但是他想的不仅是金子,更是机会。他看见那些淘金的人整天钻沙漠、下矿井,身上的衣服又脏又破。于是就想,假如有一件结实耐磨,不容易损坏的衣服穿在身上,那可以省去很多麻烦,厚而结实的牛仔服装就这样发明了,它不但在西部开发时大露风采,而且竟然引领服装潮流一个多世纪,其魅力至今不衰。这个人名叫列瓦伊·施特劳斯。

第二次世界大战以后,美国重新掀起了建设热潮。建筑业的复兴,使得砖瓦工人的工资看涨,许多失业的人纷纷涌到城市里面找砖瓦活干。可是,想干砖瓦活的人多,真正掌握了技术的却不多。在建筑工地上,要想拿到活,特别是想拿到工资相对高的活,有熟练的技术显然比没有技术要好得多。从外地来到芝加哥的迈克刚开始一贫如洗,但他却有着比别人更高一等的眼光。他没有像别人那样挤到招工的队伍中去,而是在报纸上刊登了一则广告:

让你成为瓦工的办法!

结果,迈克赚到了远比别人多得多的钱。

没有免费的午餐

聪明的人不会特意到大路上去拾金子。

——塔木德

拉斐尔·杜德拉是委内瑞拉的石油及航运业巨子,在不到20年的时间内,他仅凭赤手空拳便建立起资产达10亿美元的庞大公司。杜德拉颇具传奇色彩的发家史,就是凭自己的智慧创造出来的。

20世纪60年代中期,杜德拉在委内瑞拉首都卡拉卡斯本来拥有一家玻璃制造公司,但他对行业并不是十分感兴趣。由于他所学的专业是石油工程,因此他很想在石油行业中大展宏图。可是,他虽有满腔抱负,但一无背景,二无资金,如何能在强手如林、竞争激烈的石油业中立足呢?他所能做的,只有时时关注石油界的信息,暗中做好准备,等待时机。

俗话说:不怕做不到,就怕想不到。机会终于来了。有一次,杜德拉从一个商业上的朋友处获悉,阿根廷打算从国际市场上购买价值2000万美元的丁烷气,于是,他立即动身前往阿根廷,看看自己是不是有可能争取到这笔合同。到了阿根廷之后,杜德拉才发现自己的机会微乎其微。首先,他有两个强大到可怕的竞争对手——英国石油公司和壳牌石油公司,它们都财大气粗,是国际石油界数一数二的大公司;其次,对他这样忽然冒出来的新面孔,阿根廷政府根本就不信任;最后,他觉得自己没有那么大的胃口，吞不下这笔生意，于是就想放弃了。

事有凑巧，就在这时，杜德拉无意中在报纸上发现了这样一则消息：阿根廷牛肉严重过剩，该国政府正不惜一切代价想要将积压的牛肉卖掉，以尽量减少损失。头脑灵活的杜德拉立刻想到，可以利用这一机会，将其变为自己的一个优势，来同那两大石油公司抗衡。于是，他找到阿根廷政府，说："如果你们向我购买2000万美元的丁烷气，我就向你们购买2000万美元的牛肉。也就是说，你们不用花一分钱，就可得到2000万美元的丁烷气，而且牛肉的积压问题也解决了。"这正是阿根廷政府求之不得的，于是，当即与杜德拉签订了购买丁烷气的合同。

拿到合同后，杜德拉立即乘飞机来到西班牙，他知道该国有一家国有控股的造船厂，因长期接不到订单，已濒临倒闭，是该国政府在政治上面临的一个既棘手又敏感的问题。杜德拉对西班牙政府说："如果贵国向我购买2000万美元的牛肉，我就在那家造船厂订购一艘造价2000万美元的巨型油轮。"西班牙政府喜出望外，因为这不仅帮助他们解决了一个令他们头痛的政治问题，而且西班牙也正需要牛肉，双方一拍即合，当即签下协议。于是西班牙政府立即通过该国驻阿根廷大使将消息传递给阿根廷政府，让他们将杜德拉所订的牛肉发往西班牙。

牛肉有了买主，那么油轮的钱又从哪儿出呢？离开西班牙后，杜德拉返回美国，去了费城的太阳石油公司，对他们说："如果你们租用我正在西班牙建造的巨型油轮，我就向你们购买2000万美元的丁烷气。"太阳石油公司离不了海运，也正需要添置油轮，便一口答应，双方签订了一份意向书。

在杜德拉的辗转迂回下，阿根廷、西班牙和太阳石油公司都得到了自己需要的东西，又售出了自己亟待售出的产品，可谓各得其所。而获益最大的自然当属杜德拉，他一分钱也没花，就做成了3笔生意，获得巨额利润——白白得到一艘油轮，这艘油轮的造价实质上是以租船的费用顶替的。有了油轮，杜德拉便有了进军石油业的资本，迈出了事业腾达的第一步，并最终如愿以偿地大做起石油生意，建立起了自己的事业王国。

商场上绝没有免费的午餐,那些看似不费吹灰之力就取得的成功,其实背后都蕴含着巨大的付出。

商战中的杠杆原理

> 当个人的财力无法完成某件事,可以向别人借钱,通过别人的力量来成就自己,但一定要在规定的时间内把钱偿还给对方。
>
> ——塔木德

杠杆原理是人类借力的一种发明,即用小的力量举起重的物体。今天,一个人坐在起重机的坐椅上,就可以支撑起几百吨的钢架、货柜。

在人类的所有活动中,任何一项成功的事业,都在运用杠杆原理,借助别的力量使自己的能力得到最大程度的发挥。一个人或一个团体,凡是善于借助别人的力量,大都可以事半功倍,可以更容易更快捷地达到目的。商界或科技界的成功犹太人,普遍都具有善于借助别人力量的才能。

美国前国务卿基辛格,抛开其外交上的政治手腕,单在处理白宫内务上,就是一位典型的巧借别人智慧的能手。他有一个惯例,凡是下级呈报来的工作方案或议案,从不先看,压上三五天后,把提出方案或议案的人叫来,问他:"这是你最完美的方案吗?"对方思考一下,一般不敢给予肯定的回答,只好答:"也许还有不足之处。"基辛格就会叫他拿回去再思考并修改加以完善。过了一些时间后,提案者再次送来修改过的方案或议案,此时基辛格翻阅后又问对方:"这是你最好的方案吗?还有没有比这更好的办法?"这又使提案者陷入更深层次的思考,于是把方案拿回去重新研究。就这样用尽他人最佳的智慧,达到自己所需。

许多大企业都有一个共同特点,就是有一种识人的慧眼,能够抓住别人的优点,把每一个员工都分配到十分恰当的职位,使每个员工都能最大限度地发挥自己的力量和智慧。钢铁大王卡内基曾预先写下这样的墓志铭："睡在这里的是善于访求比他更聪明的人。"的确，卡耐基能够从一个铁道工人变成一个钢铁大王，是因为他能够挖掘许多优秀人才为他工作，使他的工作效力增倍。

除了从内部借力来促进自身的发展，犹太商人还善于借助外部的力量来达到自己的目的。石油大王洛克菲勒就曾经巧借第三者力量，击败了自己的对手。

当时，洛克菲勒公司的事业蒸蒸日上，但毕竟是白手起家，财力单薄，在和一些对手竞争时处于劣势。这样，他梦想垄断炼油和销售的计划只能暂时中断。

经过慎重分析，洛克菲勒认为，原料产地的石油公司对待铁路公司是需要的时候就用，不需要的时候就置之不理，使得铁路部门经常无生意可做，运费收入也极不稳定。这样，一旦公司与铁路公司订下一个保证日运油量的合约，对铁路方面就如荒漠遇到了甘泉，那样铁路公司在运费方面必定会大打折扣。这打折扣的秘密只有自己和铁路公司清楚，这样的话，别的公司在这场运价抗争中必败无疑。之后，洛克菲勒在两大铁路巨头顾尔德和凡德毕尔特之间反复权衡，选择了贪得无厌的铁路霸主凡德毕尔特为谈判对象，双方最终达成协议：洛克菲勒每天保证运输60车皮的石油，但铁路必须出让20%的折扣。

这样不仅减弱了铁路的垄断权，而且大大降低了石油的成本，低廉的价格为洛克菲勒带来了广阔的市场，使洛克菲勒向控制世界石油市场的目标大步迈进。

洛克菲勒在竞争者中身为弱者，如果和对手直接竞争，不一定能够获胜。但他巧妙地借用第三者铁路霸主的力量，靠低廉的价格挤垮了同行，实现了小鱼吃大鱼的愿望。

现代企业家们更是将这套杠杆原理运用到登峰造极的地步，借力的方法层出不穷，效果也更为明显。有的人善于"借外脑"，即聘请专业人员为企业量身谋定发展战略，或为鼓励员工提供合理化建议；还有人提出了"借梯上楼"一说,也就是站在巨人的肩膀上,与知名企业联手,借鉴他人的先进技术。条条大路通罗马,如果你想获得成功,借力发展的确是实际而有效的选择。

盯住女人的口袋

> 要想赚钱,就必须瞄准女人。
>
> ——塔木德

男人赚钱,女人花钱是世界通理,因为绝大多数男人的精力根本不放在保管与使用金钱上,而是放在赚钱上;保管与使用钱都是女人的事。现实生活确实如此,采购钻石、珠宝、金银、服装等饰品是女性的最大嗜好,家庭食品、用品也大多由女性操持。所以关注女性市场,为女性服务,是犹太商人在营销中一向看重的。

因为他们早就发现,凡节假日举家上街,通常都是男人与小孩在择地嬉戏,而女人却不厌其烦地在挑选产品,一直挑到小孩或男人实在坚持不下去了,全家才恋恋不舍地离开。而女人如果是自己或是与女伴一道,则会一家商场又一家商场地挑选产品,往往一逛就是半天甚至是一天,然后才心满意足地打道回府。

犹太商人的独具慧眼,的确也为自己带来了滚滚财源。为此,他们不断地探索女性市场的特点,了解女性的消费动向,获取与女性消费有关的最新信息,等等。

重大足球赛事,通常是人们普遍关注的焦点,特别是男人们。尽管女球迷正在不断增加,但在数量上仍远远低于男性。仅从法国的民意测验中就可看出,绝大多数女性对于世界杯之类的赛事持漠不关心的态度,大约有一半女性不知道长达一个月的赛事共有多少场比赛,几乎没有人能说全法国队球员的名字。接受调查的女人们都说,她们不屑于看球赛。

这一结果,其实精明的商人们早已知晓,并已经行动在先。

例如在看电视方面，如果妻子想看别的，而丈夫却把住家里唯一的一台电视看球，该怎么办？精明的犹太商人便看准了这一商机。在足球世界杯期间，一家家电公司在法国推出了家电租借业务；在意大利，他们推出包括一台小型便携式电视机和一台大屏幕电视机的特价"套装"；在英国则采取了另一种办法，鉴于英国人对赌博的嗜好，他们表示如果英格兰队夺得世界杯，将退回期间所购高级电视机的全款。

男人都在看球，没有男人陪伴的女人怎么办？于是一些精明的商人又看中了这一商机。如法国的一家大型百货公司就决定取消原本计划好的减价促销活动，因为他们深知，到时不喜欢足球的女人们自然会以购物的方式打发时间。而一家集餐饮和旅店为一体的集团更是别出心裁，宣布世界杯期间在下属的 100 多个连锁高档餐厅内，只要 4 位女性一起用餐，其中一位女性的费用就可全免。还有一些商家做出一副同情女人的样子，对女人此时的处境表示声援，如有一家百货商店便贴出大幅海报推销电视，电视旁的口号是："电视？女人最大的情敌！"的确，此时的电视正在扮演情敌的角色，把男人们从女人身边拉开。

聪明的犹太商人们的确更懂女人们的心。

相信自己的判断

要相信自己的判断，任何人的意见都不十分可靠。

——塔木德

19 世纪中叶，当发现金矿的消息从美国加利福尼亚州传出之后，许多人认为这是个千载难逢的发财机会，便纷纷涌向那里，从而引发了一股淘金热潮。一个名叫亚默尔的犹太青年也成为这支庞大的淘金队伍中的一员。他本是个一贫如洗的农夫，风闻淘金能够发财，便也想去那里碰碰运气。当时，他穷得连车票也买不起，只得跋山涉水、风餐露宿地徒步赶往目的地。

越来越多怀着发财梦的人来到加州，一时间，加州遍地都是淘金者，但实际情形并没有人们传说的那样美好，这里并没有那么多的金子来圆所有人的梦想，只有极少数幸运者找到金块发了财，其余的人仍挣扎在贫困的生死线上。后来，不但金子越来越难淘，生活也越来越艰苦，因为当地气候干燥，水源奇缺，而且淘金是个非常辛苦的行当，需要在野地里作业，吃不好，睡不好，致使许多人不但没能实现致富梦想，反而葬身异乡。亚默尔也和大多数人一样，往往劳累一天之后，不但一无所获，甚至连口清水都喝不上，常常被饥渴折磨得半死。

有一天，疲累已极的亚默尔好不容易弄到一点清水来解渴，他的同伴们都羡慕不已，不禁发起牢骚来："要是有人能给我一罐清水，我愿意给他一个金币！"听着这些议论，亚默尔忽然产生了一个想法。他想：找到金矿的希望现在看来已经太渺茫了，与其徒劳地辛苦淘金，还不如设法弄一些清水来卖呢，肯定能挣到钱！

于是，亚默尔毅然放弃了淘金的梦想，转而致力于寻找水源。不久，他用手中挖金的工具挖了一条水渠，从远方将河水引入一个水池中，然后用细沙过滤后，变成清凉可口的饮用水再装进桶里，挑到山谷中卖给淘金者。

当亚默尔刚开始这样做的时候，许多人对此很不理解，认为他胸无大志，并嘲笑他说："真是个傻瓜！千辛万苦地来到加州，不去找金子发大财，却做这种蝇头小利的买卖，这种生意在哪儿不能干，何必跑到这里来？真是太可笑了！"但亚默尔对这些话毫不在意，依然卖他的水。他卖的水当然不会一罐一个金币那么贵，但由于需要清水的人很多，而且这种买卖又几乎没有成本，因此，尽管利很小，他依然在很短的时间里就赚到了几千美元，这在当时来说，可是一笔不小的财富了。

在犹太人眼里，几乎到处都是"金矿"，因为他们对财富有着一种特殊的直觉，这种直觉能让他们牢牢地抓住机会。其实在现实生活中，许多人也都有过机遇，但有的人却让机遇与自己"擦肩而过"，最终一事无成；有的人则能紧紧地抓住机遇的"翅膀"，让自己腾飞起来，关键在于面对机遇所采取的态度。一般来说，机遇常常是伴随着挑战而来，在机遇面前，有人常常因为意识不到挑战而缺乏应对之策，使机遇丧失；而在挑战面前又因想不到内含机遇而变得心灰意冷错失了机遇。

摔不破的罐子

在仔细权衡利弊得失之前，不要采取盲目的行动。

——塔木德

从前，有一个技艺非常高超的陶工，他所制作的陶器远近闻名。然而，他对自己制作的精美陶器仍不满意，因为陶器非常容易破碎。他想，如果自己制作的陶器能够打不破，名气就会更大，生意当然也就更好了。

于是，陶工苦苦地向上帝祈求，希望上帝能满足他的愿望，让他能够制作出不会破碎的陶器。有一天夜里，他梦见上帝对他说："看在你一向虔诚的分儿上，如果你肯定自己不会后悔，我就使你梦想成真。"

陶工再三向上帝保证自己绝不会后悔。

第二天早晨，陶工醒来之后做的第一件事，就是确定一下上帝说话是否算话。他很快用黏土做了一个罐子，然后把它放在太阳下晾晒。等到晒干之后，他拿起罐子来，用力向地上摔去。罐子没有摔破！看来上帝果然满足了自己的愿望。陶工不禁喜出望外。

陶工制作的罐子摔不破这件事很快就尽人皆知。各地的人们蜂拥而至，都来购买他的陶器，他因此变得非常富有。

然而，好景不长，不久之后，他的生意就一落千丈了。因为虽然所有人都对他制作的陶器赞不绝口，但由于这些陶器永远都打不破，所以任何人买过一个之后，就不必再买了。随着生意的每况愈下，陶工的经济状况也日趋拮据。于是，他又开始不停地向上帝祈祷，只不过这次他是希望上帝能使他的陶器恢复原样。

一天夜里，他又梦见了上帝。他泪流满面地祈求上帝原谅他的愚昧无知。

上帝说："既然你认识到了自己的错误,我就原谅你,并且满足你现在的愿望。"

从此以后,陶工制作的陶器又恢复到一摔就破的原样,人们对陶器的需求也再次增加。

现实生活中就有许多像陶工那样的人,为快速致富,他们会采取一些不正当的、极端的手段,虽然短期内生意火爆,但由于市场饱和,没有了需求,也就失去了客源,这是典型的因小失大。《塔木德》提醒我们,做生意时,要注重长远利益,他们开始对一项事业进行投入时,都会先制订出长期的发展计划,决不会为贪图一时的利益而毁掉未来的发展。

无中生有的电话

仅仅知道等待和忍耐,并不是真正的聪明。

——塔木德

有一个名叫莫里斯的犹太人在美国亚特兰大市经营一个农场,他与妻子、儿子一家三口原本过着衣食无忧、其乐融融的幸福生活。然而,天有不测风云,有一天,一场大火改变了一切——妻子不幸葬身火海,儿子的腿被烧坏,落下了终生残疾,农场也没了。莫里斯带着抢救出来的仅余的一点家产,与儿子在城里租了一间房子,做点小买卖,二人过着相依为命的日子。

他们的生活表面上看起来很平静,但有一件事却令父子二人都很苦恼——儿子的残疾使得他的大小便要在莫里斯的帮助下才能完成,每次都弄得两人满头大汗,不但莫里斯感到心力交瘁,儿子也非常痛苦。

莫里斯认为长此以往也不是办法,弄不好两个人都会焦头烂额的,于是他决定研制一种能解决残疾人方便问题的专用便器。经过几年的用心钻研和反复试验,他终于研制成功了。

他研制这种专用便器的初衷，只是为了解除儿子的痛苦，但研制成功后，他想到社会上还有许多残疾人，他们在生活中也有可能会遇到像儿子所遇到的那样的困难，给自己和家人带来诸多苦恼；如果能将这种便器推广出去，不仅可以给残疾人带来便利，自己也能从中获得一些利润。

于是，他为这种便器申请了专利，并将自己这几年所积攒的全部积蓄都用来投入生产。可是，没想到在推销的时候却遇到了困难。

当莫里斯信心满怀地带着自己所研制的这种便器到亚特兰大市的各大商场去推销时，商场的经理们由于不知道这种专用便器是否会有销路，而且认为在橱窗里陈列便器也有碍观瞻，便没有同意进货。

莫里斯的儿子是个非常聪明的孩子，听了父亲所遇到的挫折之后，他眼珠一转，小脑袋瓜儿里顿时有了一个绝妙的主意。

从第二天开始，亚特兰大的许多家商场都接到了这样的订货电话："请问，你们那里有专供残疾人使用的便器吗？"回答当然是没有。

在多次接到这样的电话之后，终于引起了商场的重视。各大商场都决定马上进货来满足"顾客们"的需要，但到哪里去进货呢？后来，他们终于想起一个叫莫里斯的犹太人曾来推销过这种便器，但当时被他们一口回绝了，现在看来，这个决策是非常不智的。于是，他们主动找到了莫里斯，从他那里进了大批的残疾人专用便器。

由于这种便器迎合了许多残疾人的需求，因此，一上市便成了热销商品，供不应求，莫里斯自然也从中赚取了巨额利润，很快成了当地有名的富商，而这一切，都应归功于他聪明的儿子。原来，所有那些订货电话，都是莫里斯听从儿子的计策，雇人去打的，正是这些"无中生有"的电话，才使各大商场的态度由拒绝进货变成了上门求货。

《塔木德》中说："环境永远不会十全十美，消极的人受环境控制，积极的人却控制环境。"美国前总统林肯说过："我们关心的，不是你是否失败了，而是你对失败能否无怨。"英国海军上将佩恩说："没有播种，何来收获？没有辛劳，何来成功？没有磨难，何来荣耀？没有挫折，何来辉煌？"

办法总比困难多

办法总比困难多，任何事情都有解决的窍门。

——塔木德

以销售中国食品发家的美国食品大王吉诺·鲍洛奇，从小就显露出他在商业推销方面的天才。

鲍洛奇在15岁时，因为家境贫困，没钱读书，便去给一个水果商人打工，看摊卖水果。

有一天，水果商储存水果的库房发生了一场意外的火灾。虽然消防人员及时赶到将火扑灭，但存放在库房里面的100余箱香蕉已经全部被大火烤成了黄褐色，甚至表皮上还出现许多黑色斑块。

水果商就把这些香蕉送到鲍洛奇的摊位上，让他降价处理出去。当时，香蕉的市价是每磅4美分，水果商让鲍洛奇以每磅2美分的价格出售，并且交代，如果卖不动，价格还可以再降，只要不砸在手里就行。

鲍洛奇知道这些香蕉即使降价，也一定不好卖，但这是老板交给的任务又必须完成，于是他只好硬着头皮将香蕉摆到了摊上，拼命地吆喝。正如他所预料的一样，被他的吆喝声吸引来的人们当看到他摊位上那些香蕉的模样时，都是扭头就走，到别家水果摊上去了，任凭鲍洛奇使出浑身解数来推销也无济于事。就这样，一天下来，鲍洛奇把嗓子都喊哑了，却连一磅都没卖出去。

晚上收摊后，又累又沮丧的鲍洛奇呆呆地盯着这些香蕉，不知道怎样才能把它们卖出去。苦思片刻无果之后，他心烦地随手掰下一根香蕉，把皮剥开，下意识地咬了一口。这时他发现，虽然表皮变色，但这些香蕉一点儿都没变味，而且，由于火烤的缘故，尝起来反而比一般香蕉更加美味可口。于是，他灵机一动，想到了一个办法。

第二天一早，鲍洛奇把香蕉摆到摊上之后，就开始大声叫卖道：

"最新进口的阿根廷香蕉，风味独特，全城独此一家，数量有限，快来买啊！"

听到这个新奇的名字，许多人不由自主地走过来，很快，鲍洛奇的水果摊前就围了一大群人。

看到吸引了这么多人，鲍洛奇感到非常兴奋，他解释说，这些样子古怪的香蕉可是最新品种，产自阿根廷，异常美味，是第一次销到美国。

人们看着这些其貌不扬的香蕉，有些犹豫不决。这时，鲍洛奇注意到人群中有一位衣着体面的年轻女士，她好奇地盯着这些香蕉很久了，看起来很想买，只是还没有最后拿定主意。

鲍洛奇决定就从她的身上打开突破口，便问道："小姐，请问您以前吃过这种阿根廷香蕉吗？"

年轻女士说："哦，从来没有吃过。真像你说的那样风味独特吗？"

鲍洛奇不失时机地立刻剥开一根递到年轻女士手里，请她品尝。年轻女士接过香蕉尝了一口后便点头说："嗯，味道确实与众不同。给我来8磅。"

鲍洛奇趁热打铁地大声吆喝起来："美味的阿根廷香蕉，优惠酬宾，只卖10美分一磅，数量有限，欲购从速，莫失良机啊！"

在年轻女士的肯定下，再加上鲍洛奇的鼓动，大家不再犹豫，纷纷掏出钱来，你3磅他5磅，争先恐后地购买起来。结果，不到一小时，前一天还无人问津的"过火"香蕉，就以高出市价一倍多的价格销售一空，许多来晚了没有买到的顾客还失望不已。

犹太商人有一个赚钱秘诀，那就是：利用人们的好奇心，就能让顾客迷上你。在经商中设置悬念，勾起顾客的好奇心，这是一种行之有效的推销方法，只要人们对你所卖的东西感到好奇，就意味着你已经拥有了一半的成功机会，再加上适当的宣传，很容易达到促销的目的。

试想一下，在这个事例中，如果鲍洛奇一直用第一天的叫卖方式降价销售，很可能等到香蕉全部烂掉也无人问津，但结果他却以高于正常市场香蕉的价格，使这些有缺陷的香蕉供不应求，其根本原因就在于他开动了脑筋，找到了窍门。掌握了正确的方法，一切困难就会迎刃而解，财源也自然会滚滚而来。

眼光盯着未来

> 最昂贵的钻石总是埋在隐秘的地方。
>
> ——塔木德

在美国弗吉尼亚州的一个小山村里，有一个非常聪明的犹太年轻人，名叫拉瓦。当地有许多石山，村里人都上山开采石头，拉瓦也不例外。但当别人把石块砸成石子，按重量卖给城里建筑房屋的人时，拉瓦却专门挑选那些奇形怪状的石头，卖给一些花鸟商人，因为他觉得把山上那些造型好的石头挑出来论块卖，能赚更多的钱。就这样，3年以后，拉瓦成了村里第一个住上漂亮砖瓦房的人。

后来政府颁布法令，这里不许开山了。于是，许多人开始改种葡萄，因为当地土壤肥沃，而且水质好，出产的葡萄皮薄汁多，香甜可口。每到秋天，来自四面八方的水果商和葡萄酒生产商都会云集到这里。堆积如山的葡萄被整车整车地运往全国各地，村民们都因此而富裕起来。这时，拉瓦却卖掉自己的葡萄园，开始种柳树。因为他发现，来到这里的商人都遇到一个难题：买到好葡萄容易，但却很难买到装葡萄的筐。于是，5年后，拉瓦成了村里第一个在城里买房的人。

再后来，一条新修的铁路从村边经过，小山村的经济得到了更加快速的发展。村民们由单一的种葡萄、卖葡萄起步，逐渐发展起果品加工和市场开发。然而，就在村民们开始集资办厂时，拉瓦却在自己的地头砌了一道3米高、百米长的墙。这道墙面朝铁路，背依柳林，两旁则是一望无际的葡萄园。凡坐火车从这里经过的人，在欣赏美景的同时，都能看到那面墙上几个醒目的大字：可口可乐。据说这是方圆几百英里内唯一的一个广告。凭着这面墙，拉瓦每年的收入便又增加了几万美元。

20世纪90年代末,一家国际著名大企业的老板听说了犹太青年拉瓦的事迹,特地前来对他进行考察。此时的拉瓦已经在城里拥有了自己的服装店。那位老板来到城里的时候,恰好亲眼看见了拉瓦与他对面的一家服装店的店主之间的一场竞争。原来,拉瓦将新进的一种服装定价为80美元一件,而对面店就把同样的服装定价为75美元;拉瓦将价格改为75美元一件,对面就标价为70美元。一个月下来,拉瓦仅仅卖出了8件服装,而对面的顾客却越来越多,总共卖出了500多件。

那位老板看到这种情形,感到非常失望,认为人们对拉瓦的评价有些言过其实了。但等他弄清了真相后,不禁惊喜万分,当即决定以百万美元的年薪聘请拉瓦。原来,对面那家服装店也是拉瓦开的,他雇了一个人当店长,来与自己进行竞争,以此来吸引人们的注意力,从而刺激了服装的销量。

犹太人之所以能纵横商海,无往不利,很大一部分要归功于他们锐利的眼光,他们往往能在别人没有留意到的地方发现商机。另外一个重要原因就是他们从不安于现状,故步自封,而是不断求新求变,在变化中寻找机遇,甚至是自己创造机遇。在当今这个瞬息万变的商业社会里,发财的机会可谓遍地都是,但却并不是所有人都能牢牢地将财富抓在手中,而是只有少数人能做到这一点。究其原因,并不是这些人有多么聪明,而是他们往往能比别人看得远一些,多走一步路。其实,那些富翁也并不是天生就拥有发现商机的眼光,也是通过自己的努力、长期的经验积累,再加上勤于思考的头脑,才成就了令人艳羡的事业。只要将自己的智慧和所学的知识充分运用到实践中去,用心寻找商机,每个人都可以在商场上拥有一片属于自己的天地。

人无我有,人有我优

在最便宜的地方买,到最贵的地方卖。

——塔木德

有一个犹太人一直在海边以捕鱼为生。在他们那里，每天都会有人到岸上来收购海产品。在天气好的时候，因为渔民们都出海捕鱼，所以海产的收购价就很便宜。天气不好时，只有少数人才会冒险出海捕鱼，因此收购价也就贵。虽然人人都想致富，但大多数渔民的想法只是希望能天天捕鱼，赚到足够的钱之后买一条大船，甚至是买两条船，这样就可以打更多的鱼换更多的钱了。

这个犹太人的想法则与众不同。他想：既然好天气和坏天气的海产收购价有很大的差别，那为什么不在好天气时收购海产并储藏起来，然后在坏天气时出售呢？

正是通过这种做法，使他在短短半年时间内，就成了远近闻名的富翁。人无我有，人有我优，这是犹太人通常采用的一种经商策略。就像人们所说：第一个做的人是天才，第二个做的人是庸才，第三个做的人是蠢材。

在美国伊利诺斯州的哈佛镇，有一群孩子经常利用课余时间到经过这里的火车上卖爆米花。一个10岁的小男孩儿，也加入了这一行列。为了卖得更好，他开始尝试在爆米花里掺入奶油和盐，这样一来，他的爆米花味道更加可口，自然卖得也比其他小孩儿都好。

当大雪封堵了满载乘客的列车时，这个小孩儿便赶制了许多三明治拿到火车上去卖。虽然他的三明治做得并不怎么样，但还是被饥饿的乘客们抢购一空。就因为抢占了先机，使他赚到很多钱。

当夏季来临的时候，这个小孩儿又设计出一种肩上能挎的半月形的箱子，并在边上刻出一些小洞，刚好能堆放蛋卷，在中部的小空间里再放上冰淇淋。结果，他这种新鲜的蛋卷冰淇淋深受乘客的欢迎，使他的生意火爆一时。

当火车站上的生意红火起来后，参与的孩子们越来越多，这个小孩儿意识到好景不长了，于是便在赚了一笔钱后果断地退出了竞争。

果真，孩子们的生意越来越难做了，不久车站又对这些小商小贩进行了清理，而那个孩子却因及早退出而没有受到任何损失。这个小男孩儿就是后来摩托罗拉公司的创始人保罗·高尔文。

犹太人一向以善于抓住商机著称，这也正是他们在商场上屡屡创造奇迹的原因所在。

把自己当作竞争对手

不要害怕保持与其他人不同的立场。

——塔木德

一个人成就的多少、才能的高低，都是有具体的标准的。但关键不在于和他人去比较，而在于和自己竞争。在这个意义上，每个人最大的敌人不是别人而是自己，只有战胜自己，才能超越自己。

犹太商人阿伯特在城里的居民区里开了一家杂货店，由于不是在繁华地段，因此生意清淡，门可罗雀。阿伯特想过许多办法，但生意仍不见起色，无奈之下，他只好每天坐在店里，以看书来打发无聊的日子。

有一天，他看了一本关于第二次世界大战的书。书中对一场战斗的描写引起了他的兴趣，其内容大致是盟军一支部队为掩护大部队撤退，担当阻击敌军的任务。由于兵力单薄，这支部队便依靠地形，占据各有利地点来控制局面，最终成功地完成了任务。阿伯特对战争没有兴趣，但这段描写却给了他很大的启发。他想：自己无法扩大生意，只因缺乏资金，这不正与盟军的那支部队兵力单薄的情况相似吗？我何不也效仿那支部队的做法，以占据有利地点的方式来控制局面呢？

为了实施自己的计划，阿伯特筹集了一笔钱。这时，有些朋友便建议他用这笔钱先将店面装潢一下，他们觉得店面醒目才能吸引顾客，生意才会兴旺起来。可是阿伯特并没有将这笔钱用在装潢门面上，而是在居民区的其他两个地方开了两家同样的杂货店。

朋友们认为：这不是自己给自己树立对手吗？生意如此不景气的店，再多开几家又有什么用呢？因此都极力反对他这样做。

但阿伯特却有自己的道理：首先，3家店连成一个连锁店，无疑垄断了整个居民区，能将附近的客源全部网罗于其中；其次，3家店可以互相调剂，从而能保证货源不断档；再次，3家店一起进货，量可增大，进价可以得到更大优惠。此外，给其中任何一家店做广告，就等于给3家店同时做了广告，在广告费上又可以节省一笔钱。

事实证明，阿伯特的做法是正确的。他的生意越做越大，不仅很快就归还了借款，还积累了进一步发展事业的资金。不久之后，阿伯特又以同样的方式，在其他城市也建立起了连锁店，并逐渐使他的商店遍及全国各地。短短的几年间，他的连锁店就发展到了上百家，成了知名的大企业。

还有一个给自己树立对手的故事：居住在美国西部的戴维是犹太人后裔，大学毕业后在一家公司干了3年，攒下了一笔积蓄，还赢得了一位开服装店的女孩儿的芳心。当女孩儿告诉他，自己开的服装店经营惨淡时，他辞谢了老板的挽留，准备帮助女孩儿把店开红火起来，让自己心爱的人开心快乐。

经过一番调研，他发现服装店之所以不景气，是因为资金匮乏、进货品种少，加上竞争激烈造成的。于是他冥思苦想了几天后，便来到中国的服装集散地——石狮。通过熟人，他联系到一家颇有实力的制衣厂在美国一个州府的独家代理权。

当以"跳楼价"处理完原来积压的货物后，女朋友的"精致服装店"开张了。因为是品牌服装，质量又上乘，虽然价格略高些，但每天都有顾客上门，天天都有几百元的利润可赚。可他并没有小富即安，经常考虑怎样扩大店的规模。

两个月后，在"精致服装店"对面，新开了一家规模更大的"服装专卖店"，经营的服装和他的店一模一样，但价格却比他的店普遍低两成。同样的商品，价格一下便宜了两成左右，人们相互转告着，纷纷拥来争购。很快，他的店就变得"门可罗雀"了，而对面的店却蒸蒸日上。

半年后，他的店被对面的店兼并。这时，他的脸上才有了笑容，因为，对面的店也是他开的。

一位哲人说：超越自己，才是真正的超越。事实上的确如此，有时只有坚持走自己的路，并能创造出自己的风格和个性，才会拥有独特、精彩的人生。

不以小事而不为

节约本钱就等于增加利润。

——塔木德

有一天，一个信徒问拉比："我听说勤俭是穷人的美德，那么富人是否也是如此呢？"

拉比回答说："当然。也许你听完我给你讲的故事体会能更深些。

"有一位富人叫穆勒，因为吝啬到了极点，被人称作'铁公鸡'。然而，也正因为这样，他的生意才能蒸蒸日上，做到现在的规模。

"这个人从小就把钱看得很重。由于父亲常年在外经商，他当时虽然还只是个孩子，但由于是家里的长子，他不得不挑起全家的生活重担。但穆勒不但很有心计，还有商人的精明头脑，他每天都把自己所干的活儿折合成小时，然后按当地的雇佣价格计算工资，并记在自己的小本子上，准备等父亲回来后跟他结账。

"3年以后，他父亲从外地回来了，穆勒就掏出自己的小本子，一五一十地和父亲算起了账，最后他从父亲那里得到了5个金币。父亲问他准备用这些钱干什么？穆勒说他准备把这5个金币贷给附近的农民，然后收取利息。对此，父亲很是惊讶，因为当时他只有13岁。

"穆勒长大开始自己做生意后，无论何时，他都注意让钱发挥出它应有的作用。他认为平时每一笔小钱儿的积累，最终才能汇集成一笔大财富，而且那些小钱往往就花在那些不起眼儿的小事中，因此小事并非可管可不管。于是他事无巨细，大事小情从不放过，处处精打细算。例如穆勒发财买下了林地后，像伐木、锯木类的活儿，全都由自己操作。

他觉得这样做不但可以减少成本，而且从中又可创造其他副业，这也是他与别的有钱人不同之处。

"当穆勒成为远近闻名的巨富后，他仍一如既往地保持着谨慎和节俭的习惯。他经常会出现在年轻的伙计面前，熟练地翻阅他们经管的分类账目，并及时而又准确地提出意见或建议。有时，当他突然想起一些细小的节约之道时，他会马上掏出笔记本把它们记录下来，交给工人们传看。在家里，穆勒也同样注意节约每一分钱。每天回去，他总要到处转一转，有时甚至连厨房的柴火他都要操心，以免浪费。

"有一次，他无意中捡到了一个铜币，便反复地说：'它可是一个金币整整一年的利息啊！'当有人谈到他的这些节约方法时，穆勒总是得意地说：'我的钱可都是这样一点点省下来的，汇到一起那可是一笔大钱！'"

讲到这里，拉比对那个信徒说，只有知道什么时候该花钱，什么时候该节约，就不必整天忙忙碌碌，贫困就会永远离你而去。对于那些挣了钱却不知道节约的人来说，只能劳累终生。拉比的故事让那个信徒觉得很有道理。

中国有句名言："不积跬步，无以至千里；不积细流，无以成江海。"几乎所有犹太富翁，都有一个原始积累的过程。

把每一次都当作第一次

要把每次生意都当作一次独立的生意，把每一次接触的商业伙伴都当作第一次合作的伙伴。

——塔木德

一位法国商人与一位犹太画家是好友。有一次，犹太画家到法国举办画展，在此期间，他专程前去看望法国商人朋友，商人非常高兴，与妻子一起请画家到一家高档餐厅吃饭。

在订好的位子上坐下之后，由于上菜还要等一些时候，画家便想利用这段时间来练练笔。于是，他就给坐在对面的商人妻子画起像来。

不一会儿，一张速写便画好了，画家把画送给了商人妻子。果然不愧是名家，画得惟妙惟肖，画上的商人妻子形神兼备，栩栩如生。

商人看了之后连声称赞："画得太棒了！简直妙不可言！"听到商人的夸奖，画家便稍微侧了侧身，面对着商人，开始在纸上勾画起来，并不时地伸出左手的大拇指比量一下。对绘画稍有了解的人都知道，画家在估计各部位的比例时，通常使用这种简易的方法。

商人一看画家的这个架势，知道这回一定是给他画了，便连忙正襟危坐地摆好姿势让画家画。商人一动不动地坐在那里，看着画家时而在纸上勾画几笔，时而向着他竖起拇指，就这样，足足过了10分钟，才看到画家停下笔说："好了，画完了！"

商人迫不及待地俯过身去看，结果不禁大吃一惊：原来画家画的根本不是法国商人，而是他自己的左手大拇指。商人又羞又恼地说："我特意摆好姿势，你却捉弄人……"

画家却笑着对他说："我听说你做生意很精明，因此想考察你一下。你看我第一次画了别人，也不问问我，就以为第二次画的一定是你，还摆好了姿势。要知道，我们犹太人是把每件事都当作一件独立的事来做的，不会因为第一次这样做了，就以为第二次还是一样。从这一点来看，你同犹太商人相比，还差得远呢。"

商人听后不禁连连点头，并感谢画家朋友提醒了他，这对他今后的事业一定大有帮助。

《塔木德》提醒我们，一次成功的合作，并不能表明每次都能如此。因此，哪怕是同再熟悉的人做生意，他们也不会因为上次的成功合作，而放松对这次生意合同中的各项条款的要求和警惕。"每次都是初交"是犹太人从无数次商业活动中总结出来的真理，是他们生意经中的重要一条，也是他们经商时的座右铭。在生意场上，只有小心谨慎，才能避免因对方失信而使自己蒙受巨额损失。

第五章
成功：戴在胸前的一枚闪亮勋章

《塔木德》中说："在前进的道路上，每走一步，都会遇到种种困难，把困难踩在脚下的人，是真正的英雄。"我们无论是在学业上，还是在事业上，都要这样做。尽管每个人的天赋有差别，然而后天的努力和坚持也非常重要，因为持之以恒的力量是无穷无尽的。

向着目标前进才不会走弯路

有目标的人，上帝也会出手帮助。

——塔木德

困境当头，有的人持有信心，并采取行动突破困境，有的人畏缩不前，对前景忧心忡忡。到最后，哪一种人能屹立时代潮头，成为众人瞩目的焦点呢？答案当然是前一种人。

每一个成功的人都有这样的认识，获取成功并不是一件简单的事情，它需要不断地付出艰辛的努力。只要能够坚持，只要不屈不挠，距离成功就只有一步之遥了。成功的路上，需要坚定的目标来支持自己，人生的道路是很漫长的，总会出现意外的事情，扰乱我们前进的脚步，但重要的是我们要有一个自己的目标。只要心中铭记自己的目标，并且坚持不懈地去实践它，就没有穿不过的风雨、涉不过的险途。

沙漠里气候干旱，风沙是常有的事情，很多人都被无情地埋葬在这里。

一位犹太探险者行至沙漠时，遭遇了一场突如其来的风暴。非常大的风，吹得他什么也看不见，一阵狂沙吹过之后，他已认不得正确的方向，而且他那装有干粮和水的背包也被卷走了，这个人难免有些沮丧。

"哦，我还有一个标本！"探险者惊喜地喊道。原来在他上衣的口袋里还有一个蝴蝶标本，那是他答应给女儿带回去的礼物。于是，他就拿着这个标本，坚强地走在沙漠里。整整一个昼夜过去了，探险者仍未走出空旷的大漠。

饥饿、干渴、疲惫、失望等一起涌上心头，望着茫茫无际的沙海，有好几次探险者都觉得自己快要支撑不住了。可是看一眼手里的标本，他想起了女儿期盼的目光，陡然间又增添了些许力量。

顶着炎炎烈日，探险者又继续艰难地跋涉。已数不清摔了多少跟头，只是每一次他都挣扎着爬起来，踉跄着一点点地往前挪，他心中不停地默念着："我要活下去，我还要把蝴蝶标本送给女儿……"

3天以后，探险者终于走出了大漠。那个蝴蝶标本依然完好地拿在他手里，他双手轻轻地把标本举了起来，看上去像是举着一个宝贝。他哭着说："若是我没有这个标本，或许我现在已经命丧沙漠了。"

人的一生又何尝不是如此？犹太人认为，在生命的旅途中，常常会遭遇各种挫折和失败，就像行走在茫茫无际的荒漠中。这时候，只要心里有一个永不熄灭的坚定目标，始终毫不动摇地向着目标前进，总是可以渡过一个个难关的。相反，如果一个人心中没有目标，一旦风云四起、变幻莫测之时，就容易东一榔头西一棒子，整天忙忙碌碌、晕头转向，却没有一点成就。而一个心中有目标的人，自会高瞻远瞩，未雨绸缪，从容不迫，任尔雨打风吹，总会勇往直前，最终抵达成功的彼岸。

没有远大的志向，成功和财富就会远离你

有远大志向的人，会想办法实现自己的梦想。

——塔木德

石油大亨洛克菲勒曾经说过："在进行一些投资之前，我不仅会关注投资市场的运行情况，还会为自己打气，并立下志向尽可能多地获取财富，可以说，立志一直在我的投资生涯中伴随我。"

也许有些人会不屑地说："立志与财富之间根本没有什么联系，起码我在生活中没有看到它们之间有什么联系。"暂且不去争论两者之间存在的联系，或许你可以通过以下这个关于立志与财富之间关系的哲理

故事来找到答案。

所罗门王国有一对兄弟，他们靠贩卖酒养家糊口。不过，兄弟俩的性格完全不一样，老大是个急性子，办事没有头绪，也缺少远大的抱负，他只是希望自己的生活能过得安稳一些；而老二是个心思缜密的人，他并不满足以贩卖酒来维生，而是希望有一天能让所罗门国王喝到自己酿造的酒。

在卖酒的时候，兄弟两人也表现出很大的差异：老大习惯于站立在街边吆喝，每天能卖出不少酒；而老二却不按常理出牌，他会拿出一部分酒免费送给过往的行人，并在酒瓶上印上自己的名字。老二虽然损失了一部分酒，但是他的客源却不断在增加。

随着兄弟两个卖酒销售数量的不断提高，他们的酒在当地出了名。但在此时，老大认为，酒的销售数量不断提高是因为顾客对自己酒的认可，这样的话顾客会一直购买自己的酒。于是他在错误思想的误导下，接连出现错误的行为。首先，他不再像以前那样早起酿酒，最关键的是他对酿造工艺的标准也降低了，顾客们发现老大的酒无论在颜色上还是味道上都与以前的酒有很大不同。老二听到这个消息以后，以为大哥生病了才会酿造出这样的酒，于是他找到老大问道："你的酒怎么会酿成这样？"

"我没用心去酿造。"老大漫不经心地说。

"你可要明白，酒酿得不好会砸了自己的招牌。"

"我才不在乎呢，反正我的钱已经挣够了，也不在乎酒酿得是好是坏了。"老大骄傲地说。

"如果你不卖酒了，你去干什么？"老二关切地问。

"什么都不干了，我要开始享受生活了。"

老二非常无奈，因为他知道大哥是个没有志向的人，如果再劝下去也会自讨没趣，于是他走开了。

老二回到家以后，认真思考了许久。他想，现在挣的钱比大哥还要多，如果像大哥一样放弃卖酒而去享福，自己的人生就这样平淡地过下去,更实现不了让所罗门国王喝上自己酿造的酒的愿望。

从那以后,老二每天起得比以前更早,还特意拜访了酿酒的前辈们,向他们认真学习酿酒的知识。在不懈的努力下,他的酒被所罗门王国的达官贵人看中了,他们喝完以后都对老二酿造的酒赞不绝口。于是在这些达官贵人的引荐下,老二将酒献给了所罗门王国的国王。

所罗门国王对他说道:"如果你当场能够酿造出我喜欢的酒,我将重重赏赐你。"

老二从容地开始酿起酒来,时间一分一秒过去,所有人的目光都集中在老二身上。两个小时过去了,老二举起一杯酒递到国王面前,国王品尝了一口大加赞赏,当即赐给了老二许多钱,并指定以后就喝老二酿的酒。

可以看出,兄弟两个虽然都是以卖酒为生,但是两个人的命运却完全不一样。老大由于没有志向,安于现状而放弃了酿酒生意,财富自然远离他;老二立志要让所罗门国王喝到自己酿造的酒,经过努力他不仅实现了人生的理想,还收获了财富。所以,是否立志不仅关系到成败,也是能否获取财富最重要的因素之一。

《塔木德》提醒我们,一个人在追求成功的道路上要想得到更多的收获,就必须做到先立志,这样才能获取财富。不然,财富不仅会从你身边溜走,还会"鄙视"你。

毛姆的征婚启事

成功没有捷径可走,但有多条路径供你选择。

——塔木德

英国著名小说家毛姆在成名前生活十分清苦,而且他的作品始终没有产生多大影响。有一次,他又写了一部小说,但出版后依然无人问津。平心而论,这部小说,包括毛姆的前几部小说,都非常精彩,但无论出版商怎样包装、推销，都无济于事，他的书就是卖不动。

面对如此窘境，已经快山穷水尽的毛姆突然灵机一动，想到了一个绝妙的主意。他拿出了自己仅余的钱，又厚着脸皮赊了一部分账，在各大报纸上刊登了一则引人注目的征婚启事，内容是这样的："本人年轻、英俊，家财万贯，是个有教养的绅士，喜欢音乐和运动，欲觅一位像毛姆小说中的女主角一样的女性为伴。"

这则征婚启事刊登之后，立即引发了一阵购书狂潮，人们纷纷奔向书店，抢购毛姆刚出版的那本小说，想了解书中那位女主人公到底是个什么样的人。伦敦大街上的书店前排起了长龙，仅一个下午的时间，毛姆的小说便告售罄；曼彻斯特的人们则冒雨排队购买毛姆的书，而且很快也抢购一空。面对来晚的购书者，书店的售货员只得抱歉地让大家过几天再来，说出版社正在赶印。的确，这本书后来一版再版，仍然供不应求，毛姆和出版商数钱数得手都累了。

毛姆可谓一夜成名，从那之后，他的书便一直稳居英国的畅销书之列。这完全要归功于那则别出心裁、令人拍案叫绝的征婚启事，究其原因，女性读者们购买毛姆的书，是想知道自己像不像小说里的女主角，而男性读者们则是想了解一下自己的妻子或女友的心理世界，以便对症下药，及时采取措施，防止她们变心。可以说，毛姆是充分利用了人性的弱点：一是贪欲（想嫁入豪门、成为阔太太），二是好奇心（想知道年轻的富豪为什么要娶毛姆小说的女主角那样的人），三是窥私欲（都想知道毛姆小说中的女主角究竟什么样），四是防范之心（怕自己女人变心的男人）。这许多因素加在一起，就促成了毛姆这次非常成功的促销行为。

毛姆写过《人性的枷锁》、《月亮和六便士》等世界名著，但他一生最成功的杰作当数这则征婚启事。

《塔木德》提醒我们，在通往成功的道路上遇到阻路巨石的时候，有的人会不自量力地妄图从上面翻越过去或将其移走；有的人则在困难面前垂头丧气，就此止步不前；当然，也有人最终成功地到达了终点，他们所用的方法其实很简单：从巨石的旁边绕过去。

唯有持之以恒，才能向目标靠近

想把某件事情做好，必须具备不向困难低头的勇气。

——塔木德

假如一个人无论做什么，都很成功，这不是因为上天眷顾他，而是因为他本人自我精神的沉淀。幸运、成功总是愿意和辛勤劳动的人为伍，和懂得持之以恒的人相伴，和坚持到底的人共处。

希拉斯·菲尔德先生在有生之年攒了一大笔钱，然而，退休后的一天，"铺设一条连接欧洲和美国的电缆"这个想法突然闪过脑际，紧接着他又想到电缆必须横穿大西洋。于是就开始为实现这项事业而做准备，并且全身心地投入其中。然而，要建造一条长 1600 千米、连接欧美两大洲的电报线路并非易事。该线路需从纽约跨入波涛汹涌的大西洋一直延伸到纽芬兰。纽芬兰 650 千米长的电报线路需要穿过森林，这些森林地区人烟稀少，所以，要完成这项工作需要先建设同样长度的公路，再建电报线路。此外，该线路还要穿越布雷顿角的岛屿，路线长达 700 千米，整个工程十分浩大，难度空前。

为了得到英国政府的资助，菲尔德使尽浑身解数，终于成功了。议会上，许多人强烈反对他的议案，菲尔德只获得一票支持。但这并没有阻挡菲尔德前进的脚步——铺设工作开始了。电缆一头搭在英国旗舰"阿伽门农"号上——这艘旗舰停靠在塞巴斯托波尔海港；另一头放在美军护卫舰"尼亚加拉"号上，这艘豪华护卫舰是新造不久的。但是，就在修建到中途时，电缆突然断了。

菲尔德不肯善罢甘休，更不愿意放弃，于是进行了第二次试验。当修了 320 千米时，电源不知何故突然中断，船上的施工人员非常着急，不知如何是好。就在菲尔德先生即将下令割断电缆的一刹那，电流却又出现了。晚上，船继续向前航行，时速达 6 千米，也就是说电缆的铺设也以 6 千米的时速进行着。这时，轮船忽然剧烈振动，并出现严重的倾斜，制动器紧急制动，无巧不成书，电缆又一次断了。

但菲尔德不是在困难面前轻易放弃的人。他毅然决然地又订购了 1130 千米的电缆，还出高薪聘请铺设电缆方面的专家为他设计机器，这样可以更快地完成任务。终于，两艘有历史意义的军舰抵达大西洋并顺利会和，电缆也成功接好；随后，一艘朝爱尔兰驶去，另一艘朝纽芬兰驶去。但是电缆在两船分开不到 5 千米时又断开了，接上后两船继续前进。两艘军舰相离 14 千米时电流又一次消失。第三次接上电缆后，铺设了 320 千米的线路，在距离"阿伽门农"号 5 米处又断开了，两艘船最后只好返回爱尔兰海岸休整。

大家都很失望，公众舆论也开始质疑其成功的可能性，更致命的是投资者受到了一次次的打击后，也对这一项目失去了信心，不愿意再投入人力物力。只有菲尔德还在坚持，如果不是他百折不挠的精神、不是他天才雄辩的说服力，电缆可能永远修不好。菲尔德不放弃，继续为了理想而忙前跑后，甚至到了废寝忘食的地步，他绝不甘心失败。

这样，又开始了第三次尝试，成功之神开始被菲尔德感动了，这次总算进展顺利，电缆全线贯通，没出现任何故障，这条海底电缆还成功地传送了几条消息，事情似乎就要圆满成功了，但不知何故，电流又断了。

此时此刻，想要坚持下去的人只剩下菲尔德和他的一两个朋友了，其他很多人都彻底失望了。但菲尔德仍然不放弃，他到处寻找资金，准备进行第 4 次尝试。这次他们购买了质量更好的电缆。这次执行铺设任务的是"大东方"号，它缓缓驶向大洋，一路顺利地把电缆铺设下去，最后，在纽芬兰铺设横跨 970 千米的电缆线路时，意外又一次发生了，电缆又断了，没入了海底。几次打捞都没有收获。这项工作就因此而被耽搁了下来。

但是菲尔德还是坚持不懈，任何困难都不能阻止他。他又出资组建新的公司，接着完成他的愿望。他们潜心研究，终于制造出了一种性能更好的新型电缆。1866年7月13日，远航的风帆再一次扬起。这次非常成功，第一份横跨大西洋的电报在菲尔德的不懈努力中问世了！电报内容是："7月27日。我们晚上9点到达目的地，一切顺利。感谢上帝！这次的电缆运行完全正常。希拉斯·菲尔德。"不久以后，之前那条掉入海底的电缆被捞上来连接到纽芬兰。

菲尔德漫长的成功之路证明了只要持之以恒，永不气馁，总会有意外收获。天道酬勤。凡事只要坚持不懈、尽心尽力，困难总会过去，只要你勤勤恳恳、奋勇向前、坚持不懈，那么你就离成功不远了。

《塔木德》中说："在前进的道路上，每走一步，都会遇到种种困难，把困难踩在脚下的人，是真正的英雄。"我们无论是在学业上，还是在事业上，都要这样做。尽管每个人的天赋有差别，然而后天的努力和坚持也非常重要。持之以恒的力量是无穷无尽的。美国钢铁大王安德鲁·卡内基在为柯里商学院的毕业生做演讲时，曾经这样告诫学生，他说："我的位置在最高处。"有很多成功的果实是高高地挂在枝头上的，你必须要跳起来摘下果实，而不要等它落下来。

不好吃的甜饼

付出异常艰苦的努力，才能品尝到醉人的美酒。

——塔木德

有位犹太穷人在街上路过一家餐馆的时候，看到城里最富有的人正在那里吃晚餐，吃的是甜饼。那诱人的香味使他忍不住停下脚步，用力嗅了老半天，馋得口水直流。

回到家后，穷人对妻子说："我刚刚看到城里的那个富翁在餐馆里吃甜饼，真是太香了，那些甜饼一定非常好吃，因为富人吃的东西一定都是好东西！"然后他又叹了口气，不胜向往地说："唉，我真希望自己也能吃到那样的甜饼。"

他的妻子说:"你要真是想吃,我可以给你做,我也会做。"

穷人惊喜地说:"真的吗?那太好了,你现在就做吧,我真的非常想吃。"

他的妻子说:"可是做甜饼是要放鸡蛋的呀!我们没有鸡蛋,你去买一些吧。"

穷人摸了摸空空的口袋说:"那就做不放鸡蛋的甜饼吧!"

"我还需要奶油。"

"也可以不放奶油。"

"可是我们也没有白糖啊!"

"那就不放白糖吧。"

于是,他的妻子开始做起"甜"饼来,只是里面没有放鸡蛋、奶油和白糖。做好之后,穷人满心期待地品尝起来,他慢慢地咀嚼了一会儿,然后一脸疑惑地说:"真奇怪,这甜饼的味道也不怎么样嘛,为什么那些有钱人却喜欢吃这种东西呢?"

《塔木德》提醒我们,成功是人人都渴望的,成功者也是令人羡慕的,但许多人往往只看到成功者在登上顶峰时的辉煌,却没想过他们也是越过了重重障碍,一步一步艰难地攀登上来的。其实,许多人也懂得"创业艰辛"、"万事开头难"一类的道理,也想要通过自己的努力获得成功,但却只是站在成功的山脚下观望,根本不去付诸行动。对这样的人来说,成功当然永远都是遥不可及的。这就像下边这个偶尔捡了一枚鸡蛋,于是就此异想天开的懒汉一样。

从前有个好吃懒做的二流子,有一天,他偶然间在路旁的草堆中捡到一枚鸡蛋,于是他捧着这枚捡来的鸡蛋,欢天喜地地回家了。刚一进门,他便大呼小叫地对妻子说:"老婆子!我捡了一个鸡蛋,这下我们可要发大财了!"妻子不解地问:"看你高兴的样子,一个鸡蛋怎么就能让你发大财?"这个人不屑一顾地说:"真是女人家,就是头发长见识短!听我给你算一笔账:我们可以用这只蛋孵出一只母鸡来,这只母鸡长大后可以下几十只蛋,再用这些蛋孵小鸡,那么如此鸡生蛋蛋生鸡的,用不了几年,我们的鸡就多得数不清了……"就在这个人专心致志地做着他的发财梦时,没留神脚下有一块小石头将他绊了一跤,结果鸡蛋掉在地上摔了个粉碎。

摆脱定势思维,解放内心

当生活形成模式,很难有所创新。

——塔木德

在现实生活中,很多人会机械地按照程式思考,形成定势思维。定势思维对人们的影响非常大。一旦人们形成了这种思维模式,就会习惯性地顺着固有的思维路线去思考问题。这样长此以往下去,人们就会失去多角度思考问题的能力,进而陷入一个愚顽、平庸的境地中去。

《塔木德》提醒我们,在人生的旅途中,如果一个人总是按照这种既定的模式和轨迹去思考问题,而不去尝试走新的道路,久而久之,他就会对生活感到厌倦、感到乏味,失去锐气和进取心。需要注意的是,如果一个人的思维进入了一定的惯性模式中,是很难被改变过来的。

在课堂上,老师问自己的学生:"如果有一个聋哑人想要去买一柄锤子,他要怎么跟器具店的老板说呢?"很快,同学们就回答说:"这个聋哑人可以比画啊,只要攥着拳头做出一副钉钉子的模样就可以了。"

老师非常满意,接着又问:"那,如果是一个盲人,想要去买一支笔,他又要怎么表达给店主呢?"这次同学们几乎是毫不犹豫地说道:"他可以比画出写字的样子,这样就可以了。"谁知道这次老师摇了摇头,说:"错!盲人不需要比画,他是会说话的,告诉店主自己想要买支笔就可以了。"

事实上,有很多人都会像故事中的这些学生们一样,受这种惯性思维的束缚。一个思维封闭的人等于是将自己逼入一个死胡同中,这样的人在解决问题时，非常容易钻牛角尖，而且容易变得非常偏激。因为他不懂得将自己的思维解放，所以他无法运用开放式的认识和思想去解决问题，面对障碍时自然也就难以跨越。

想要改善这种情况，我们必须要有勇气去打破心理上的束缚，让思维保持开放。只有这样，我们才能更好更快地吸收外界的知识和信息，突破成功的阻碍。也只有这样，才能发挥出自己的真正才能，不断提升自己。

我们不妨去看一看哥伦布，当所有人都好奇鸡蛋如何能够立在桌子上时，哥伦布在众目睽睽之下磕破鸡蛋的底部，将鸡蛋竖了起来。这就是打破思维的束缚，这就是开放性思维。在那一刻，宴会上的所有贵族都傻眼了，只有哥伦布成了整个宴会的焦点和谈论的话题。而事实也证明，哥伦布敢于打破思维束缚的举动是正确的，在所有海员都觉得大西洋无法跨越的时候，哥伦布成功地穿越了大西洋，到达帕里亚海湾，发现了美洲大陆。

《塔木德》中说："世界上有很多事情都非常简单，如果我们只会墨守成规，用惯性思维去做事的话，只能得到一个失败的结果。"反之，如果能够摆脱这种定势思维的束缚，对固有的僵化思维方式做出一些改动和创新，就能够有所成功。

所以说，一个人想要解决问题、取得成功，最好的办法并不是拼命地循规蹈矩做事。我们想要摆脱平庸，给他人留下深刻的印象，靠的也不是遵守"常规"的条框。我们要的是走出僵化的定势思维，只有这样，我们才能创造出属于自己的影响力。

一位犹太心理学家曾经说过："人的思维过程，其实就是不断束缚自己的过程，当有一天人们将自己完全地束缚到圈套里的时候，人们就已经将自己的思想禁锢到一个思维定式中去了。想要摆脱这种局面，我们一定要解开绳索，让自己的思想重获自由才行。"的确，人们在对待事情时，总是会被自己的习惯性思维给缠住，让自己的思想钻入一个死胡同中，怎样都转不出来。但只要跳出这个固定的思维模式，我们立刻就会变得豁然开朗。

《塔木德》中说:"封闭着自己的思想,就无法吸收更多新鲜的信息和知识。"犹太人认为,要让自己的思维和头脑保持灵活,不要僵化封闭。不管做什么事情,都要打开自己的思维,并且不断调整自己的思想进行开放性思考。在面对困难时,只有摆脱狭隘思维,大胆尝试,才能摆脱困境,走向成功。

小铁锤晃动大铁球

成功就是将简单的事情重复做。

——塔木德

有"原子弹之父"之称的犹太著名物理学家奥本海默退休时,应社会各界的邀请,在纽约曼哈顿的时代广场将进行一场演讲。

演讲之日,会场座无虚席,人们都在期盼着能从大师的演讲中有所收获。大幕徐徐拉开,只见舞台中央搭起了一个高大的铁架子,上面吊着一个巨大的铁球。在人们热烈的掌声中,奥本海默穿着一身红色的运动服和一双白色胶鞋从后台走出来,站在铁架的一边,两位工作人员抬来一个大铁锤,放在他的面前。

人们惊奇地望着奥本海默,不知他要干什么。这时,主持人邀请两位身强力壮的年轻人到台上来。很快就有两个小伙子跑到了台上。奥本海默让他们用这柄大铁锤去敲击那个大铁球,直到使它荡起来为止。一个小伙子抢着拿起铁锤,用力向铁球砸去。在震耳欲聋的响声中,铁球纹丝不动。小伙子又抡起锤子不断地向铁球砸去,小伙子很快就累得气喘吁吁了,但铁球还是稳如泰山。另一个年轻人接过铁锤,也把铁球敲得叮当山响,但铁球依旧一动不动。两个小伙子只好垂头丧气地走下台去。接着又有几个壮汉依次上台试过,但均告失败,这使许多原本跃跃欲试的人也都打消了念头。此时人们都认为,要想使那个铁球荡起来,根本是件不可能的事。

就在人们议论纷纷的时候,只见奥本海默从上衣口袋里掏出一个小锤,在大铁球上轻轻敲了一下,停顿片刻之后,又敲了一下,然后就这样有节奏地不停地敲击着。人们先是感到奇怪,都静静地看着,但随着时间的推移,10分钟过去了,20分钟过去了,会场上的人开始不耐烦起来,他们用各种声音和动作发泄着不满的情绪,有人甚至喝起了倒彩——他们认为看这种拙劣的表演简直是浪费时间,许多人开始愤然离场,会场上出现了一块块的空位。但奥本海默似乎对这一切无所察觉,仍然一锤一锤不紧不慢地敲击着。

在奥本海默的敲击进行到快40分钟的时候,坐在前排的一个妇女突然惊叫了一声:"球动了!"喧闹的会场立时变得鸦雀无声,人们聚精会神地看着台上,发现那个大铁球果然以极小的幅度开始缓缓摆动起来,不仔细看很难察觉。

小锤的敲击继续进行着,铁球也逐渐越荡越高,拉得铁架子发出"哐、哐"的声响,巨大的威力强烈地震撼着每个人的心灵——那些身强力壮的年轻人用大铁锤都没能敲动的大铁球,竟然在年迈的奥本海默一小锤一小锤的连续敲打中剧烈地摆动起来,这简直是个不可思议的奇迹。会场上终于爆发出阵阵热烈的掌声和欢呼声。

等到会场逐渐安静下来之后,奥本海默缓缓转过身来,把小锤揣进了衣袋里。他只说了一句话:"在成功的道路上,如果你没有耐心去等待成功的到来,那么,你就只好用一生的耐心去面对失败。"

唤醒内心的正能量

不要低估你的潜在能力,它能爆发出惊人的力量。

——塔木德

如果将人分为两种,那么一种是成功者,另一种是失败者。成功者之所以成功，并不是因为他们天赋异秉，而是因为他们心中有一股力量，这股力量使他们觉得自己天生就是做伟人的料；失败者之所以失败，就是因为他们忽视这种力量的存在，稍微遇到些困难就暗示自己"你办不到"。

这股力量就是能引导我们挑战困境、积极生活的正能量。那么，同在一片蓝天下，你是选择成为成功者还是失败者？

其实，我们每个人都有资本去快乐、去自信、去勇敢地挑战生活，因为我们的内心都有一股积极向上的正能量。可很多时候，我们却视而不见、充耳不闻，这究竟是为什么呢？因为我们缺乏去唤醒这种正能量的自信。面对一点点挫折或失败，我们宁愿躺在角落里卑微地等待宰割，也不愿意挺起胸膛，高声大喊："我能！"

实际上，这种正能量是无法用语言表达清楚的，它是潜在的，也许早已在不知不觉间帮助过你很多次。比如在我们的成长过程中，当你勇敢跨出第一步时，就是正能量在发挥作用，它告诉你不要怕，相信自己就会走下去。因为我们首先相信了自己，所以就能很好地去追求目标。反之，如果我们根本不相信自己，那我们就不会去行动，许多机会便是这样从身边悄悄溜走的。如果我们能唤醒这股能量，自信地去面对问题，生活也会步入崭新的境界。

犹太人保罗在一所高等学校任教务主任之前，曾经有过一段非常艰苦的日子。那时，他曾做过两年的杂货店生意，不仅赔光了所有的积蓄，还借了一大笔债，光还债就还了7年。

杂货店关门后，他准备找工矿银行借点儿钱，然后到堪萨斯城找份工作。当时的他像个斗败的公鸡一样垂头丧气地走在大街上。正在他感到万分沮丧的时候，迎面"走"来一个没腿的人，他坐在一个小木头平台上，平台下面是从轮滑鞋上拆下来的轮子，他两只手各抓着一小片儿木头，就这样撑着地让自己滑行着。

保罗被这样的场景震惊了。当他回过神来的时候，那人已经滑过了街，正准备滑向几英寸高的人行道。当那个残疾人准备把这辆小车子翘起来时，保罗和他的目光相遇了。没想到，那人对着保罗笑了一笑，说道："早啊，先生，这几天天气不错，不是吗？"他看起来相当快乐。保罗就这样看着他，根本就忘了报以一笑，突然间，他觉得自己好富有。

保罗想道："至少我还四肢健全，能走能跑，不用过个马路还如此费力。"保罗忽然为自己的自怨自艾感到羞耻，"瞧那个残疾人，他没了腿还活得这么开心、这么快乐，我有两条腿当然能活得更好。"保罗突然觉得自信又回到了身上。

就这样，本来只想向工矿银行借50块钱的保罗，现在打算借200块了；本想到堪萨斯城试试看能不能找到一份工作的他，现在敢大声地对别人说，他一定要到堪萨斯城找一份工作。

结果，他借到了200块，也找到了一份不错的工作。

保罗后来将这个故事告诉所有对生活对自己失去信心的人。他说，当你跟同伴迷失在毫无希望的太平洋上时，你唯独能学到的一件事就是：只要还有足够的新鲜水可以喝，有足够的食物可以吃，你就没有资格去抱怨。

《塔木德》中说："当你一无所有时，不要以为自己什么都没有了，只要激发出身体内在的力量，你就能战胜一切，重新站起来。"正能量是一种能带给我们信心、带给我们积极向上的勇气的能量，它将我们从痛苦沉重的自卑情绪中拯救出来。其实，每个人都应该做自己人生的导航员，主宰自己的命运。要知道，没有人能比你自己更好地决定你自己的命运了。你唤醒自己，拥有正能量，那么正能量就存在，并且可以帮你披荆斩棘，到达成功的彼岸。

怎样看待自己

如果我们不为自己努力，我们靠谁？

——塔木德

一个犹太青年向拉比求教："尊敬的拉比，我现在感到非常彷徨。有人称赞我是天才，说我将来必会大有一番作为；但还有一些人骂我是笨蛋，说我一辈子也不会有出头之日。依您看呢？"

"那你是如何看待自己的呢？"拉比问。

年轻人一脸茫然地摇了摇头。

"我给你举个例子，"拉比说，"就好比同样的一块木头，用不同的眼光去看，它的价值就会大不一样。在农妇眼中，它不过可以劈开来当柴火，最多值1元钱；在木匠眼中，它可以用来做件小家具，能卖3元钱；在印刷商眼中，它可以用来制版，值10元钱；在艺术家看来，可以用它做成木雕，当作艺术品出售，能卖几十甚至上百元钱。不过，木头还是那块木头。"年轻人似略有所悟，拉比看了看他，接着说道："同样道理，有人将你捧得很高，有人将你贬得很低，但你仍然是你。你究竟能有多大作为，关键还是要看你怎样看待自己。"年轻人茅塞顿开，向拉比道过谢后，充满自信地离去了。

有些人之所以总在成功的大门外徘徊，无法叩门而入，最大的原因就是太在意别人的看法，而不相信自己。他们丢弃了自己的信念，总是活在别人的标准里，在别人的评判里寻找自我的价值，他人的一句话，就能抵消自己所有的信心。但丁有一句名言："走自己的路，让别人说去吧！"这是每个人在生活中都应该遵循的一条原则。为别人的看法而怀疑自己的能力，是一件非常愚蠢的事，没有自信的人怎么能取得骄人的成绩呢？因此，只有坚持自己的信念，不为别人的观点而违背自己的意愿，做自己认准了的事，才能把握住机遇，踏上成功之路。

换个角度看问题

问题的存在，自然有其合理性，角度不同对待问题的看法也有所不同。

——塔木德

中国有一句俗话叫作"不撞南墙不回头"。在我们的周围，总有一些人会犯这样的错误——在同一面墙上撞来撞去。因为这样的人不懂得变通，所以最后直到头破血流的时候他们还不知道问题出在哪里。其实，在这样的时候，我们只要换一个角度思考，或许问题就可以轻易解决了。

葛迪思曾经是古希腊佛里吉亚的国王，他曾在自己的战车上打了好几个结，而且说："谁能顺利打开这些结，这个世界就是他的。"但是由于绳结的确是太复杂了，经过了很久都没有一个人能够打开，直到公元前334年亚历山大站在了绳结前面。

这一年，亚历山大大帝率军攻下了佛里吉亚，他早就听说葛迪思绳结非常难解，因此特地前来，证明自己就是那个能够得到世界的人。但是无往不胜的亚历山大在这里却碰到了钉子，他苦思冥想都找不到解开绳结的诀窍。当他郁闷地看到自己的佩剑时，突然灵光一闪：为什么不砍掉这些烦人的绳结呢？我一直不都是崇尚武力解决问题吗？于是，亚历山大挥剑砍断了绳结，这个难题由此被解开。不久，亚历山大就建立了一个万世瞩目的大帝国。

葛迪思在设下绳结的时候，并没有限制那么多条件，但是后来的人们都自我设限，认为不能够毁坏绳结。亚历山大舍弃了传统的思维，拔剑砍断了绳索，这是开放的思考力的体现。

《塔木德》提醒我们，在对待事情方面，一定要注意多个角度看问题。如果总是一条道走到黑，用旧的经验去解决新的问题，那只能落得个"头破血流"的下场。虽然说，这样的人看起来似乎非常中规中矩，但实际上，这种过于依赖过去经验而不懂多角度看问题的人只会给人一种"死脑筋"的感觉。

其实，每一件事情发生之后，都会有一个相应的解决办法。就像是每一把锁都会配置一把钥匙一样。我们在遇到解决不了的问题时，不妨换一个角度去思考，也许多试几次，就会找到解决问题的这枚"钥匙"。同时，多角度地思考问题也更容易培养一个人的创新能力和个性魅力。反之，如果一个人在遇到问题，或者是遇到阻碍时死钻牛角尖，认准一条路就一直往里走的话，他的思维就会越来越僵化，做事也会越来越死板。

因此，我们一定要学会从多个角度思考问题，保持开放思维，灵活做事。

一种非常常用的转换角度的方式就是"逆向思维"，逆向思维也叫作"求异思维"，它是对司空见惯的事物或观点反过来思考的一种思维方式。中国有一句俗话，叫作"反其道而行"，说的就是让自己的思维向事物的对立面方向发展，从问题的反面角度进行分析的一种思考方式。

在现实生活中，人们习惯沿着事物发展的正方向去思考问题并寻求解决办法。很显然，这也是最稳妥的解决问题的方法。但对于某些问题，特别是一些特殊的问题，反过来思考往往会使问题更加容易解决。有很多人经常都会被某个问题纠缠得疲惫不堪，可以说是用尽了他能想到的一切办法还是无法改变现状。在这种情况下，我们不妨试一试逆向思维，将事情反过来思考也许就会产生一种"豁然开朗"的感觉，问题也会随之顺利圆满地解决。

作为一种超越常规的思维方式，逆向思维很容易就可以避免这个问题的发生。所以当我们陷入思维的死角中无法自拔的时候，不妨打破自己的思维定式，试一试用逆向思维来思考，也许就会得到一个充满惊喜的结果。比起常规性思维，逆向思维更容易给人一种耳目一新的感觉，这种解决问题的方法经常会取得意想不到的效果。

当然，我们并不是说正常的解决问题方法是不好的。但循规蹈矩的思维方式和传统的解决问题的方法非常容易让人们的思路变得僵化、刻板，摆脱不掉习惯的束缚。这样得出的结论往往也是平庸的、千篇一律的、不具有个人代表性的。也就是说，如果一个人总是习惯运用传统的方式来解决问题，那么他是平庸无奇的，没有什么创新。

实际上，世界上的任何事物都具有多方面属性。但由于受以往经验的影响，人们经常会只看到事情熟悉的一面，而忽略了事情的另外一面。按照传统的那种循规蹈矩的思维方式去解决问题，我们只能像是鹦鹉学舌一样，始终跟在他人的背后亦步亦趋。最终也许就会陷入思维的死角中去。要想解开死角，就要学会全面观察，多面思考。正面解决不行，就从侧面入手；直接无法解决，就"曲线救国"；按部就班不行，就打破规则试试。总之，多想想，发散思维，总会有解决问题的办法出现的。

用积极的态度看问题

积极的人看到的是希望，消极的人看到的是悲观。

——塔木德

两个推销员来到非洲，他们是同一个公司的，公司主要生产皮鞋。这两个推销员一个出生在英国，一个是犹太人。他们发现，非洲本地人根本不穿鞋子，他们光着脚在沙地上健步如飞。其中英国推销员一下子泄气了，说："这边完全没有皮鞋市场，非洲人不需要鞋子，我肯定卖不出去。"于是，在浪费了一大笔路费之后，他失望地回到了英国。

犹太推销员则不这样认为，他看到当地人都不穿鞋子之后，大喜过望，给自己的同事打电话说自己发现了宝藏，让公司做好加大生产量的准备。然后，犹太推销员拿着鞋子去推销，他向非洲人介绍了穿鞋子的好处，并免费赠送了一部分，让当地人体验。很快，赤脚的非洲人发现了穿皮鞋的妙处，他们还觉得穿上鞋子更有身份，纷纷要求购买。这时候，大批量的鞋子源源不断地运往非洲，犹太推销员因此赚了一大笔钱，成为公司的非洲区总经理。

同一个公司的推销员，到达了同一个地区，看到了同样的情景，为什么汇报内容却截然不同呢？为什么最终一个赚了大钱，一个毫无收获呢？

这是由于两人心理不同造成的，认为没有商机的推销员是以消极被动的心理对待自己的工作，当隐藏的机遇到来的时候，他看不到；另一个推销员则是以积极主动的心理对待工作，他一直在主动寻找机遇，因此，只要有商机，他就不会错过。

《塔木德》告诫我们，对于积极主动的人来说，人生充满挑战和机遇，每天醒来就是为了不断迎接挑战，超越自我。正是由于不断地主动迎接挑战，不断地磨炼自己，他们就像是身经百战的雄狮一样，双目炯炯有神，时刻准备投入到竞争中，这也是他们能够取得优胜的原因。

在竞争日益激烈的现代社会，积极主动是我们把握机遇、赢得成功的最有效的方法。天上不会掉馅饼，机遇只留给有准备的人，主动出击的人能够掌控场面，消极等待只能面对失败。卡耐基说："有两种人将会永远一事无成。一种是绝对不主动去做事，除非别人逼着他们做的人；另一种是即使别人逼着他们去做，也做不好事情的人。那些不需要别人催促就主动做事，并且绝不半途而废的人，一定会取得成功。"

《塔木德》告诫我们，一个人可以缺少知识，可以没有经验，可以没有金钱，这都不可怕，可怕的是没有了激情，不愿意积极主动做事，这样的人，迟早会被淘汰，而积极主动的人，才会赢得别人的欣赏，在事业上才会取得成功。

机遇面前敢于冒险

在别人不敢去的地方，才能找到最昂贵的钻石。

——塔木德

在机遇和风险并存的情况下，许多人通常会选择止步不前来规避风险；而一些胆识过人者则敢于冒险，勇往直前，结果风险变成了机遇，最终取得令人艳羡的成功。在把握机会、冒险致富方面，犹太人可谓是当仁不让的个中高手，例如美国石油大王哈默就是以他一次次的冒险获得了成功，从而创造了具有传奇色彩的一生，成为成功者中最杰出的代表。

哈默的祖上是俄国犹太人，后移居美国。他的父亲是个医生，兼做医药生意，哈默子承父业，后来在父亲曾就读过的哥伦比亚医学院取得了医学博士学位。但与父亲不同的是，他后来并没有行医，而是走上了经商的道路，并最终成为美国商业巨子。其实，哈默在16岁时就已经显露出了他在商业上的天才。

那一年，他看到报纸上刊登了一则启事，有家拍卖行准备拍卖一辆旧式的双座敞篷车，标价为185美元。这笔钱对当时年纪尚小的哈默来说，简直是天文数字，但眼光独到的他还是毅然拿出自己的全部积蓄，又向在药店售货的哥哥借了一部分钱，果断地买下了这辆车，然后开始用这辆车给一家商店运送糖果。结果，仅用了两周时间，哈默不仅如数还清了哥哥的钱，还小赚了一笔，而且从此他成为那辆车唯一的主人了。这笔交易使哈默对自己的经商能力有了清晰的认识，并为他以后的辉煌事业打下了坚实的基础。

1921年，刚刚经历了内战与灾荒的苏联物资奇缺，而外国的军事干涉和经济封锁更是火上浇油。由于粮食和医药的匮乏，使得霍乱、斑疹、伤寒等传染病和饥荒严重地威胁着人们的生命。面对种种困境，列宁领导的苏维埃政权果断采取新经济政策，积极吸引外资，以重振当时苏联的经济。但在当时，很多西方人士对苏联充满了偏见和仇视，把苏维埃政权看作是可怕的"怪物"，而把到苏联经商、投资办企业等行为称作是"到月球去探险"。

然而，刚刚从苏联考察归来的哈默却从中看到了无限商机，他知道这样做会有很大的风险，但他也知道，风险与利润是成正比的，这个险值得冒。此外，身为俄国犹太人后裔的哈默，对苏联有着深厚的感情，他想尽自己的一份力，解救苏联人民于水深火热之中。

先前，哈默在随代表团对乌拉尔地区进行考察时，发现当地物产丰富，蕴藏着巨大的宝藏，白金、宝石、毛皮等贵重物品几乎应有尽有，但生活必需品却极度匮乏，当地的人民处于饥寒交迫之中。恰好当时美国粮食大丰收，粮价已跌至每蒲式耳1美元。于是，在苏联政府的授权下，哈默在美国紧急收购了100万蒲式耳小麦，海运到彼得格勒，卸下粮食后，他又将价值 100 万美元的毛皮等货物运回美国。结果，乌拉尔地区的饥民们度过了灾荒，哈默也从中赚取了巨额利润。

哈默就这样成功地架起了美苏之间的贸易桥梁，并与列宁结下了深厚的友谊。后来，列宁给了哈默更大的特权，让他成为苏联对美贸易的代理商；而哈默也开始大展拳脚，组织起美国联合公司，他自己成为包括美国福特汽车公司、美国橡胶公司在内的 30 多家公司在苏联的贸易代表。他的生意越做越大，财富也越来越多。

回到美国之后的哈默继续扩大经营范围，而他在自己所涉足的领域中几乎都取得了成功，无论是艺术品拍卖、无线电广播事业、黄金买卖，还是威士忌酒业和种牛生意，他都做得游刃有余，就像一名点石成金的万能魔术师。然而，哈默一生最大的成就，却是来自晚年在石油业上的成功投资。

当时，世界石油业几乎全部操纵在号称"七姊妹"的西方七大石油公司手中，其他中小型石油公司很难与其竞争。但眼光独到、敢于冒险的哈默却知难而进，在激烈的竞争中脱颖而出，得到了利比亚的两块租借地。

这两块地原本是其他石油公司耗巨资后一无所获而放弃的，但哈默却凭着自己的直觉和信心，顶住来自各方面的压力，在经历了几次失败之后，终于成功地打出了几口出产优质原油的油井。接着，哈默在连续吞并了几家大石油公司后，他的西方石油公司已成为紧随"七姊妹"之后的世界第八大石油公司。

犹太人致富的秘诀就在于敢冒险。当然，他们的冒险绝不等于鲁莽出击和无的放矢，而是先将风险充分评估后再行事。做任何事都有成功和失败两种可能，当失败的可能性大于成功的可能性，或判断不出失败的可能性大小时，都可谓是在冒险；但在商场中，往往是冒险越大，收获也就越大，高风险就意味着高回报，在很多情况下，成功者之所以成功，就是因为他们敢冒他人所不敢冒的风险。当机会到来时，不敢冒险的人，只能永远平庸；只有凭着过人的胆识和丰富的经验，迎着风险逆流而上的人，才能赢得人生的辉煌。

冷静是成功的试金石

遇事沉着冷静，才能把事情办理好。

——塔木德

　　山雨欲来风满楼。我们的人生也常常出现风雨飘摇的时候。生活中的阳光突然被困难的乌云遮掩，原本幸福的花园也在风雨中一片狼藉。这样的时候，我们常常慌乱起来，也很容易陷入抑郁和彷徨的泥淖。

　　要想挺过人生中的风雨，就要有面对风雨不动摇、不慌张、不疑惑的沉稳态度，要以山峰般的沉着和冷静从容对待。山雨欲来我们不能阻止，但我们依然可以潜心稳坐钓鱼台。就是以这样的姿态，才能在困境中闯出一片天地，才能在蛰伏过后一飞冲天。

　　很多成功人士都有一个共同点，就是他们具备冷静思考的能力，做到宠辱不惊。不管面前是鲜花掌声，还是艰难险阻，他们都能保持镇静。正因为有这样的特质，他们才能看清自己要走的路，坚定不移地向前。

　　没有人生来就是理智的，冷静是我们随着成长而被赋予的一种技能。当然，是否能够掌握，还在自己。有很多人面对困境时都会慌乱不已，原地打转，最终只能绝望。

　　杰克是一个非常开朗的大男孩，他血气方刚，行动力很强，但这也成了他的一个弱点，因为他做事容易感情占上风，易冲动。

　　他是计算机专业的学生，在大学毕业之后，他和同学一起到一个公司去应聘，之后两个人分到了同一个部门当中。他们主要负责公司网络的安全维护工作，以免公司的商业机密泄露。对于杰克来说，这是一份极具挑战性的工作，他喜欢这种感觉。

　　一开始，他们的工作还算顺利。可是过了一段时间，杰克有点觉得无聊，因为每天的工作并不多。他觉得这样的工作一点前途都没有，每天都是日复一日，他恨不得能够一鸣惊人，但机会一直没上门。

有一天，正在他和同学准备下班的时候，电脑的警报响了，原来有黑客侵入了公司的系统当中。这下机会可来了，但是来得又有些突然，杰克一时不知道怎么办才好，他制作的安全系统明明很好，发生这样的事情完全在他的意料之外，如果公司的资料泄露了，那自己的麻烦可就大了。就在他不知所措的时候，他的同学及时冷静了下来，迅速找到了相应的对策，还查出了泄露资料的职员。

第二天，他的同学就因为心理素质过硬、处事冷静而被领导提拔，升职了。

《塔木德》中说："遇事冷静才有担当重大责任的资格，遇事不冷静很难担当重任。"故事中的杰克，好不容易遇到了他期待已久的展现自己能力的机会，却因为不够冷静而错失了。一个人无法控制慌乱中的自己，更加无法掌控大局。或许杰克的专业技能比他的同学更强，但是在需要用到技能的时候他却无法冷静应对，这样他的技能根本没有用武之地。

犹太人认为，想要成功，就要经历命运无数次的考验，直到你通过它所有的测验，才有资格一睹成功的风采。而冷静，是成功之路上必不可少的武器，同时，也是一种沉稳气质的体现。当然，遇事冷静不仅仅是在磨难面前，有时鲜花和掌声更容易让我们失去该有的冷静。在鲜花和掌声当中如果你还能够保持冷静，那么你才能真正通过成功的考验。

向成功的人学习做成功的事

想要变得富有、成功，你就必须向成功的人学。即使你只是站在成功的人边上，你也能闻到他们身上散发的财富气息。

——塔木德

成功者与失败者的差距不是学历的高低和身份背景的卑微或显赫，

而是是否具有成功的能力和思维——关键还要看你是不是跟着一个优秀的人。很多失败者会犯这样的错误，认为是自己没有能力，自己不够优秀，才会总是失败，他们把自己持续失败的原因归根于社会的不公、时代的残酷，他们从不觉得这和自己有什么关系，因此他们总是习惯于为自己的失败找借口，而不是去想方法。

失败者要想改变自己的现状，像成功者一样优秀，那么首先要学会多与那些成功人士接触，在与成功者的交往中学习到他们的致富能力。

有一个人，他在一个百万富翁家里修理花草。他很崇拜这个富翁，对他富有而舒适的生活非常向往。一天晚上，上帝来到了他的梦中。他向上帝祈求："上帝，请让我脱离贫困吧！"

上帝说："贫困要靠自己去脱离。"

这个人说："可是，我已经很努力工作了，每个月还只是拿那么一点钱。"

上帝说："你每天都在一个富人家里工作，难道就没有学会他赚钱的头脑？"

这个人说："那我应该怎么做？"

上帝说："你只要做到一点就行了，向富人学习。"

第二天，这个人离开了百万富翁的家，来到了一个千万富翁的家里，对富人说："我愿意在您身边工作3年，这3年您只需要供我吃住就行，不用支付一分钱的薪水。"

千万富翁觉得这是一件不错的事，不花一分钱就请到一个用人，何乐而不为呢？于是就留下了他。3年之中，这个人跟在千万富翁的身边，看他如何与别人交往、如何投资，虚心向富人学习。3年之后，这个人离开了千万富翁的家。10年后的某一天，这个千万富翁应邀参加一场酒会。在酒会上，主人向他介绍一个亿万富翁，他特别高兴，向刚刚结识的亿万富翁说："我愿意出10万美金，买下你成为亿万富翁的秘诀。"

亿万富翁听后竟然哈哈大笑，千万富翁以为他嫌自己出的钱太少，于是说："那20万美金呢？"

亿万富翁忍住了笑声，说："我笑并不是嫌钱少，而是我的赚钱经验本来就是从你那儿学来的，如今你却要花这么多钱，来买你本来就拥有的经验，真是好玩啊！"

千万富翁一下子愣住了，他仔细看了亿万富翁一会儿，才突然想起来，他竟然是当初那个不要一分钱薪水的人。原来，那个昔日的穷人用了3年的时间，学到了富人赚钱的秘诀和经验。然后，他经过10年的努力，赚到了很多钱，成了一个比千万富翁还要有钱的亿万富翁。

故事中的穷人采用的方法是，想尽办法与富人接触，走进富人的世界，学习他们的财富观、投资观和思维模式，让自己拥有赚取大量财富的本领。

《塔木德》提醒我们，向成功的人学习他们的经验和思维模式，不仅能让自己变得优秀，还能使自己早日成功。做优秀者所做的事，并不是经历他们无数次失败的经历，而是要直接学习他们的成功经验，进入他们的思维世界中，吸收他们的优秀理念和品质，并运用、实践到自己的创业路上，相信你一定会有所成就。

正确看待优势和劣势

每一个人身上都有优势和劣势，聪明的人会发挥自己的优势。

——塔木德

现实生活中，每个人都有自己的优势，也有不足之处，这是非常正常的事情。但人们总是希望能够改变自己的劣势，所以有很多人总是把视角放在自己的缺点上面，斤斤计较。为了能弥补自己的短处，人们花费了大量的时间、精力和金钱，但结果无疑是令人非常的不满意。更有甚者，在弥补自身缺点的过程中，自己本来已经有的那些优势也都变得荡然无存了。其实一个人想要自己变得更优秀一些，并不是拼命地掩盖自己的缺点，而是要学会扬长避短，只有这样我们才能发挥出自己的优势。

我们不要过分拘泥自己的劣势，而是要学会发挥自己的优势。同样是花费大量的时间和精力，不断地找办法去弥补自己的劣势只能让你看到自己更多的缺点，你的心气也就逐渐减弱；而如果我们将时间用在发挥自己的优势上，我们就会发现，学会利用自己的优势做起事情来意外地顺畅，积极的心态也会逐渐地增强。

巴菲特出生于美国内布拉斯加州的奥马哈市。在很小的时候，巴菲特的投资意识就已经非常强了。他对于股票和数字的热爱度远远超过了家族中其他人。可以说，巴菲特满脑子都是挣钱的想法。

5岁那年，年幼的巴菲特在自己家门口支起了一个小小的地摊，靠兜售口香糖赚零花钱。而稍微成长了些之后，巴菲特就跑到高尔夫球场，捡废旧的高尔夫球杆倒卖了赚钱。在上中学时，巴菲特除利用课余做报童外，还与人合伙买了一台游戏机。他们将游戏机租给理发店，给等待理发的人玩。11岁时，巴菲特已经开始购买股票。

很快，巴菲特发现，他在投资和理财方面很有天赋，他决定发展自己这方面的优势。于是，巴菲特利用课余的时间阅读关于投资方面的书籍，增强自己的投资知识。

后来巴菲特进了宾夕法尼亚大学，学习财务和商业管理知识。此后还拜在了当时的投资理论家本杰明·格雷厄姆门下学习投资和股票知识。

毕业后，巴菲特将自己的精力全都用在了美国的股市中。他用心地分析当前股市的行情，然后在股票下跌时大量买进那些他认为有些潜力的股票。几经周转，到1967年，巴菲特已经掌握了6500万美元的巨额资产，被人们称为"股神"。

由于巴菲特清楚自己的优势，并且能够将它发挥到极致，所以他成了全世界最会炒股的人。如果把巴菲特和比尔·盖茨对调过来，让巴菲特去做软件，而比尔·盖茨去做股票投资的话，可能二人并不会取得多大成功，甚至还有可能赔光自己的资产。在现实生活中，有很多人都是这样，在自己不擅长的领域费尽心力。结果呢？他的优势全都被束缚了，相应地，他的缺点也会暴露无遗。

《塔木德》提醒我们，人都是有缺点和不足的，甚至有些缺陷是人类自身始终都无法弥补的，过多地在意这些只能让我们变得消极，只会浪费我们的心力。我们要做的就是扬长避短，最大化地发挥自己的优势。因为只有这样，才能够令他人只看到我们的优点而忽略我们自身的缺陷。也只有将自身优势发挥到极致，我们才能够稳固和发展。

你在为谁工作

人离不开工作，对待工作一定要兢兢业业，马马虎虎的人不会有饭吃。

——塔木德

用心去工作，其实就是敬业。不要把敬业当作是你对于公司的恩惠，不要觉得敬业的人不够精明，敬业是社会和企业崇尚的一种高贵品质，是你的内在精神，是一种发自内心的对于工作的热爱和负责。所以说，任何人都是在为自己工作。

《塔木德》中说："用真正的态度对待自己的工作，并不是给别人看的，而是为自己建造成功的基石。"敬业，就是无论业绩是否与薪水挂钩，无论老板是不是在旁边看着，无论做出来的东西是不是自己的，无论你心情好与不好，无论刮风下雨，天晴或是天阴，都能够保持兴奋，能够全力以赴，激情满满，以最好的状态把自己的分内工作做得无可挑剔。

杰森和麦克是同一家公司的经理助理，但是他俩的月薪却差别很大，杰森的工资差不多比麦克高了一倍。终于有一天，麦克憋不住了，他向经理说明了心事。经理耐心地听着，最后他对麦克说："你和杰森确实有些不同，我让你看一看你们之间的不同之处。现在请你马上到集市上去，看看市场上正卖什么。"

麦克很快从集市上回来说,只有一个农民拉了一车土豆在卖。"一车大约有多少袋?"总经理问。麦克又跑去,回来后说有30袋。"每千克多少钱?"麦克再次跑到集上。总经理望着跑得气喘吁吁的麦克说:"你先休息一会儿,看看杰森是怎么做的。"说完叫来杰森对他说:"杰森,您马上到集市上去,看看市场上正卖什么。"

杰森很快从集市上回来了,说:"附近的这个集市中只有一个农民在卖土豆,他一共有35袋,每袋25千克左右,价格比较低,质量很好,我带了两个土豆回来。"说着就给经理看。

在一旁的麦克脸红了,经理让杰森先出去,然后对麦克说:"你看到杰森是怎么做的了吧?这就是你们俩同时进公司,但工资却不同的原因。"

事实上,这两个助理的才能差别并不大,最大的不同之处就在于对于工作的认识上。杰森接到工作任务的时候,会分析自己要做的事情对于公司而言,有什么意义,从而能够将任务做得更加全面,一切为公司利益着想;麦克则只是机械地完成了自己的任务,完全不去想怎样能够使自己做得更好。

现代社会所需要的,就是像杰森一样积极负责的工作态度,将自己要做的事情做到最好,做到最全面。这样的工作态度能让我们在工作中激情迸发,能够让我们变得更好,赢得尊重。敬业的人无论从事什么行业,都会全心全意、尽职尽责地工作。他们获得的不仅是物质上的回报和社会的承认,更是内心的满足,这样的成功,才是真正的成功。

抛弃身旁的拐杖

不要总想着让别人来帮助,让自己独立起来。

——塔木德

所有事情都要依赖他人,所有事情都按照别人的观点和意见去思考、计划和工作，这样当然会很轻松，很省力，然而，独立自主的人还是会断然地拒绝去依赖身边的亲人或者朋友，独立思考，自主行动，成为一个真正独立的人。他们觉得：“身体健康，身强体壮，人高马大的年轻人两手背朝后，自己不去谋划出路，一味地依赖他人的帮助，毋庸置疑是最没有骨气的行为。”

看着别人在健身房里挥汗如雨地练习，自己坐在那里妄想增加自己肌肉的力量，这简直是在做梦；越俎代庖地为孩子们设计人生，让他们免受艰难困苦的打击，这与培养孩子的独立人格使其成为一个真正的成功者背道而驰。

松下幸之助是日本著名企业家，他这样警示后人：“母狮子把小狮子推下山谷，是为了锤炼它坚强的意志，这是理性的母爱的表现。也许在常人看来，母狮子过于残忍，然而，只有在这种严酷的考验之下，小狮子在以后的生命历程中才能勇敢坚强，成为森林之王。一次次地跌落山涧，一次次地坚强勇敢地爬起来。它依靠自己坚定的意志力站起来时，才能真实感受到'不依靠别人，靠自己的力量前进'的优越性。这就逐步养成了狮子雄壮的特性。”

美国石油家族的老洛克菲勒和小孙子玩耍，可当小孙子在爬楼梯爬到中间的地方（不高不矮不至于摔伤的高度）时，他突然松开扶着孙子的双手，小孩掉了下来。这并非老洛克菲勒的失手，而是要让小孩的心中从小就建立起这样的意识：不管做什么事情都要依赖自己，即使是至亲至爱也不能完全依赖。此举意味深长啊。

《塔木德》中说：“人是拥有独立意识的个体，必须靠自己活着，凡事都要靠自己的双手。”扔开拐杖，走自己的路，每个成功的人都是这样发掘自己的才能的。实际上，当一个人意识到自己所有的外援都被切断之后，他定会使出浑身解数，以不屈的毅力作战，到最后他会意外地发现：主宰自己命运沉浮的不是别人，而是自己！

犹太人认为，只有自己独立起来，才能激发自身的潜能，断绝一切外援的处境是最有意义的处境，它可以激发出一个人内在的最大潜力，让人不惜一切代价去获得成功，比如，在危急关头，一场地震，或者一次洪灾，就会激发出当事人的巨大潜力，这是当事人自己也无法预知的。在千钧一发的危急时刻，不知从哪里冒出来的力量会让他继续走下去，刹那间觉得自己是个巨人，如果没有这场危机，他永远不知道自己还具备这么强大的力量。当他正处于极其危险的环境时，当他后面有猛兽追赶，危在旦夕的时候，他必须智勇双全，沉着稳定，敢于行动，敢于力挽狂澜。

当他完全不依赖他人，并且习惯于独立的时候，他就离成功非常接近了。只要一个人毅然放弃所有外来的帮助，他就会爆发出无穷的力量。假如我们事事凭借自己的能力，独立自主，就一定会获得成功。

劳动是金

> 劳动是最伟大的，因为它给人带来荣誉。
>
> ——塔木德

从前，山村里住着一对父子，父亲有一个果园，他每天都要到园中去侍弄果树。而儿子却是个游手好闲的人，整天在外吃喝玩乐，每天总想着天上会掉下"馅饼"来。由于父亲身体强壮，他们一直过着平静的生活。

忽然有一天，父亲生了重病，再也不能到果园里去劳作了，于是就让儿子继续帮他管理果园。儿子听后，回答父亲说："放心吧，我会照您的吩咐好好做的！"尽管他嘴里这样说，但实际上依然像往常一样吃喝玩乐，很少去照顾园子。

日子一天一天过去，转眼间春天到了，果园渐渐荒芜了；父亲的病情也一天比一天加重，生命终于危在旦夕了。他见儿子如此不可教，就想出了一个办法，于是立即把儿子叫到他床前，对儿子说："儿啊，父亲快要走了，现在要告诉你一个秘密，很多年前我在园中埋了几块金子，你赶快去挖吧。"话音刚落，父亲便去世了。儿子虽然悲伤了一个晚上，但第二天一早就开始翻地寻金了。

他挖啊挖，从上午挖到了黄昏，把园子几乎翻了一个遍，却始终一无所获。儿子特别失望。他想：奇怪，父亲说的金子怎么找不到了呢？既然把土翻了一个遍，那我干脆就种些水果吧！想着，他就开始播撒种子。

到了秋天，想不到果园里的草莓、西瓜之类的水果大丰收了。儿子高兴得一蹦三尺高，不禁自言自语地说："原来父亲说的金子是用劳动创造出来的啊！"

犹太人认为，一个没有经过艰苦劳动磨炼的人，是难以懂得生活真谛的，特别是孩子。因此，家长通常都教育子女从小就要养成爱劳动的习惯。

一个富有的贵族在自己的领地上巡视时，遇到了一个正在叉干草的农民。农民的手臂和肩膀那流畅的动作，干草叉从空中挥过时形成的美丽弧线——贵族深深地为这一景象所陶醉。于是，他与农民签订了一份协议：农民到他的住所来展示叉干草的技艺，每天可以得到1枚金币的酬劳。

第二天，农民依约来到贵族的家中，他几乎掩饰不住这份新"工作"给自己带来的喜悦。在拿着空无一物的干草叉挥动了一个小时之后，农民得到了他的金币——这比他平时一个星期的劳动所得还要高出好几倍。然而到了第三天，农民的热情就已经有所减退。还没到一星期，他就决定不干了。

贵族感到迷惑不解："我不明白，为什么你宁愿冒着严寒酷暑在户外辛苦地劳作，却不愿意舒舒服服地在我家中表演，毫不费力地去赚比平时多几倍的酬劳呢？"

农民说："主人，我不想什么都不做。"

高尔基说：我们世界上最美好的东西，都是由劳动、由人的勤劳的双手创造出来的。只有人的劳动才是神圣的。拉·乔乃尼奥里说："劳动是产生一切力量、一切道德和一切幸福的威力无比的源泉。"威廉·配第说："劳动是财富之父，土地是财富之母。"

第六章
诚信：必须守住的道德底线

《塔木德》中说："诚实的人，有时可能会吃亏，但会是最终的赢家。"如果说生命是一颗种子，那么诚信就是浇灌种子的水，拥有了诚信之水，种子才会生根、发芽、开花……认真办事，公正无私，这是我们对工作的一种诚信；精诚所至，金石为开，这是我们为人处世的一种诚信。

用生命保护的货物

> 信守诺言的束缚，重视集体的力量，永远怀有必胜的信念，都有助于一个人获得成功。
>
> ——塔木德

16世纪末，有一个荷兰商人兼船长，名叫巴伦支，为了在激烈的海上贸易竞争中占有优势，他打算从荷兰往北开辟出一条通往中国和东印度群岛的新航线，于是便带领17名水手准备出航。当时，由于许多荷兰商人都想与中国进行贸易，得到这个消息后，他们纷纷请求带上自己的货物，因此巴伦支的船上装满了不同商家准备卖出或交换的商品。

当他们的船到达北冰洋时，夏季已经结束。有一天，在经过三文雅岛（俄罗斯的一个岛屿，地处北极圈内）时，他们突然发现船正航行在海面上的浮冰群中。等他们意识到船随时有被冻结在冰层中的危险时，已经为时太晚。虽然经过一番不懈的努力，最后他们仍然不得不放弃返航的打算，将船停在了岛旁。

众所周知，北极圈是世界上最寒冷的地区之一，那里的冬季漫长、气候非常恶劣。狂风整天呼啸着带来北极地区的严寒，而且没有任何可以阻挡它的山峦。暴风雪经常铺天盖地而来，岛上的积雪常常可厚达3.0～3.7米，并且在-40℃～-50℃的严寒下，很快会冻得像花岗岩一样坚硬。

巴伦支船长和17名荷兰水手，必须在这种孤立无援、异常艰苦的情况下，度过8个月漫长而又寒冷的冬季，等待春天的到来。于是他们靠从船上拆下的甲板在岛上修建木屋并作为燃料来祛寒，御寒的衣服和食物则要靠打猎来获取，这也仅能维持生存而已。在缺衣少食、没有药物的恶劣环境中，8 名船员先后死去。然而，即使如此，哪怕在濒临绝望的时刻，巴伦支船长和剩下的 9 名水手仍然坚持着一个信念，一定要保证货物完好无损。他们原本可以凭船上的那批货物而确保衣食无忧，因为那里面就有可以挽救他们生命的衣物和药品，但他们却从来没有想过动用那些东西。

冬去春来，海面的冰层终于逐渐开化了。但由于船长期受冰块挤压，又加上不断从上面拆木板取暖，船的破损已经非常严重。他们只得站在齐腰深的冰水中进行维修。好不容易将船修好后，从死神手里挣扎逃出的巴伦支和水手们，立即带着商人们托付的货物向荷兰返航。

在回程途中，他们在茫茫的海上虽然继续遭受着饥寒的煎熬，但依然没有人去动那些货物。

一年多过去了，历尽艰险的巴伦支和水手们终于回到了荷兰，并将几乎完好无损的货物送回到委托人手中。这件事在当时轰动了整个欧洲，巴伦支的诚信行为也给荷兰带来了巨大的利益——赢得了海运贸易的世界市场。

犹太人极为重视承诺，他们认为，许下的诺言，不管有天大的困难，哪怕付出生命的代价，也一定要实现。巴伦支船长和他的 17 名水手正是以生命为代价，保护了这批货物，他们以自己的行为诠释了"诚信比生命更重要"这一经商法则。其实讲诚信的人通常都有好的回报，由于他们在逆境中用良知捍卫着自己的诚信，感动了许许多多人，最终帮助自己走出了困境。

20 世纪初，美国纽约市的佛兰普科斯·罗迪成立了一家小银行。1915 年圣诞节前夕的一天，这家银行的出纳员外出吃午餐，只有罗迪一个人在屋子里。就在这时，3 个蒙面歹徒冲进来，把罗迪关进厕所，然后将银行里的 2.2 万美元席卷一空。储户们听到这一消息后，都蜂拥前来提款。虽然罗迪尽了最大努力兑付，但仍然不支，最后被迫清盘宣告破产。250个储户共损失了1.8万美元。

一位银行家对罗迪说,银行遭遇抢劫,这是天灾,既然已经宣布破产,你就没有任何责任了,客户的存款也不必还了。罗迪说,法律上也许是这样的,不过我个人是要认账的,这是信誉上的债务,我一定要归还的。

从此,罗迪为了还债开始了个人的奋斗。他白天杀猪,晚上为人补鞋。当罗迪听说一位储户患了重病,生活困难时,他就通过邮局把那位储户十几年前存的177美元寄给了他。以后,罗迪和他的家人只要攒一点钱,总是先还给最困难的储户。

由于时间太长,有的储户记不清了,罗迪就在保险公司、教堂、开发商甚至在当地报纸上刊登广告,寻找存款人。从一篇新闻报道中,他发现加利福尼亚有3位储户,便把存款分别寄给了他们。

1946年圣诞节前夕,也就是银行被抢的31年后,罗迪终于还清了250位储户的1.8万美元存款。之后,他决定继续重操旧业,再次经营银行业。随后,罗迪的儿子便给过去所有的储户或他们的孩子寄去了一张贺卡,并随贺卡附上这样几句话:"家父佛兰普科斯·罗迪曾经营一家储蓄所,1915年遭劫后被迫停业,但当时家父曾向各位储户保证,日后一定要将存款归还。经过多年的奋斗,我们兑现了承诺,现在还清了全部存款和利息,欢迎你们再次到罗迪银行来存款,祝大家圣诞快乐。"

接下来,这些散居美国各地的罗迪的老储户们不管距离有多远,都特地来到纽约把钱存到罗迪银行里,同时还把自己的亲戚和朋友也介绍到这里来。罗迪的故事在报纸上登出后,感动了许多美国人,他们都争相把钱存到讲信誉的罗迪银行。就这样,罗迪银行不断地发展壮大,并很快在美国银行界占有了一席之地。

信誉是最好的资本

如果你失去他人对你的信任,你将会一无所有。

——塔木德

"言必信，行必果。"人生最大的一笔资本就是信誉，如果一个人失掉信誉，他将会变成"穷光蛋"，人生也将变得毫无意义。任何流传千古的成功者，都是以良好的信誉为自己埋下成功的种子，生根、发芽最终获得丰厚的收获。

犹太人乔治白手起家，刚开始时只是做房屋的销售工作，并没有拥有自己的房地产公司。

一次，他销售的房子是一个老屋，房屋架构都还不错，就是年头太长了，如果买下后当年就得翻修。第一次看房的是一对年轻人，他们的钱很有限，想找一处能直接入住的房子。乔治带着两人看完房子后，他们对房子的位置及结构都很满意。乔治很想做成这单生意，但如果要告知他们需要修缮后才能入住的话，那么他们肯定会改变主意。乔治思考了一下，还是坦诚地对他们说："这栋房子需要花5000美元重修屋顶。"

当乔治的话说出后，这对年轻人果然放弃了，几天后，他们通过别的销售人员花钱买了另一栋类似的房子。老板对乔治的做法很不满意，他把乔治叫到办公室，发了火："你在干什么？同样的房子为什么你没卖出去！"

乔治低着头把那天的情况叙述了一遍，老板的火更大了："他们问你房子修缮问题没有？"

"没有。"

"那你就没有必要告诉人家要翻修呀！太蠢了！你的这种行为太蠢了，收拾你的东西，请离开吧，你不适合做这份工作！"老板摆摆手，让乔治离开。

乔治收拾东西离开了公司，他因为一句真话而失去了一份工作，但乔治并没有觉得自己哪儿做错了。他认为作为一个人做生意应该把诚信放在第一位，不能以欺骗或者隐瞒的手段来获得成功。

乔治的父亲曾经对他说："与别人一握手合同就敲定了，所以你说话办事必须要讲诚信，不能只看眼前的利益。如果要想长久地发展下去，你必须给人家讲诚信。"乔治深深地记住了父亲的话，他不想为了获取暂时的成功而丢掉自己做人的原则，信用比多少金钱都贵重。

之后，乔治向一些亲朋好友借了一笔钱，开了自己的第一家房地产交易所。几年后，人人都知道乔治最讲诚信，很多人要买卖、出租房屋时都找乔治来办理，人们相信乔治不会有欺诈行为，靠得住。因此，乔治的生意逐渐扩大，赢得了良好的声誉，之后迅速扩展到了全国各地。

乔治因为诚信而丢了工作，却得到了自己良好的信誉，因此才能靠诚信创业，取得了最终的成功。如果当时他只看到眼前的利益，而丢掉诚信的话，那么他的名声也就会跟着滑落，最后只能穷困潦倒地终其一生。也许生活、学习中，会有各种各样的利益要靠出卖名誉而得到，那时你一定要三思而后行，从长远角度来看，眼前的利益或者损失都是一时的，而靠诚实建立起来的信誉、树立的名声才是永久的。

《塔木德》告诫我们，当拥有了良好的信誉，会骄傲地发现内心无比踏实、安全，你会结识更多的朋友，机遇也会随之而来，让你取得意想不到的成就。

不为利诱所惑

一双手干净的程度，与这双手拥有财富的多少成正比。

——塔木德

有一天，一位顾客走进一家汽车维修店，自称是某运输公司的司机。维修完汽车之后，这个人要求维修店的店主在账单上多写一些零件的费用，并承诺回公司报销后，给店主一份好处。然而，店主却拒绝了他的要求。这个人不肯就此放弃，又对店主说："我的运输活儿很多，以后会常来，你肯定能赚很多钱。"无论他怎样承诺，店主却怎么也不肯做这样的事。最后，这个人气急败坏地嚷道："这种事现在多的是，有钱都不赚，我看你真是太傻了。"店主也生气了，他让这个人马上离开，到别家店去干这种事。出人意料的是，这个人并没有拂袖而去，而是面露微笑并满怀敬意地握住店主的手说:"其实我就是那家运输公司的老板,我一直在寻找一个固定的、信得过的维修店,现在我终于找到了!"

生意人没有不想赚钱的,犹太人认为一定要赚得光明正大、心安理得,决不能为了贪图一时的利益而毁掉自己的声誉,那将是得不偿失的。《塔木德》提醒我们,一个没有信用的人,或许能一时得利,但终究会一败涂地;而一个讲诚信的人,无论在任何时候、任何地方,都会因"重信守约"的好名声而赢得人们的尊重和信任,这样,无形中就为自己积累了一笔财富。

由于银行职员操作失误,使得纽约商人马修先生的账户上意外多出1.7万美元的存款。没想到,此举竟为他赢来了45万美元的银行贷款。

马修是纽约专做复印机生意的商人。2007年5月29日,马修在纽约某银行办理银行卡存款业务,由于柜台工作人员操作失误,误将1.7万美元现金存入到马修的银行卡上。当时,马修并不知情。

事情发生后,该银行工作人员立即联系到马修,告知了事情的原委。马修当即就说:"这不是我的钱,我不要!"次日,在马修的配合下,银行顺利地将该笔错账调整过来。

这一举动让银行的老板深受感动,于是亲自登门道谢。交谈中,当银行得知马修因为做生意需要资金时,立即承诺将给予45万美元的贷款支持。马修很是意外,因为个人向银行办贷款非常不容易,而且条件相当苛刻、手续烦琐。银行方则认为,从马修果断退还钱的这件小事中,可以看出他是一个很有诚信的人,因此才放心将款贷给他。

厚道乃诚信之本

厚道的人是心地善良的人,上帝也会眷顾这样的人。

——塔木德

犹太人长期在商场中历练,根据自己的切身体会,对诚信的认识更为深刻,他们认为诚信的人拥有着一张名为"厚道"的名片,如果一个人满口谎言,说话不算数,或者处处算计别人,即使他的能力再突出,在人际交往中也不会顺畅,因为人们在能力和品质之间做选择时,往往会把品质放在第一位。

艾德琳是一位虚荣心极强的人,身为销售人员的她最大的爱好就是在别人面前炫耀她的人脉关系,称自己与哪个老板很熟识,跟哪位官员有业务往来。但是了解她的人都知道,艾德琳认识的人的确多,但没有一个真正的朋友,她的人缘差到了极点。

很多人最初认识艾德琳,都觉得她为人热情大方,人品极好,哪怕是对最初相识的人,她也常常拉着人家的手问长问短,甚是关心。但是,时间一长,人们就发现了艾德琳的本质,她常常给人开一些空头支票,自己说的话转眼就忘,许下的承诺也很少兑现。

一次,艾德琳的几位朋友打算去外地玩,因为节假日外出的人非常多,大家担心订不到机票,于是计划通过服务公司买高价票。艾德琳知道这件事后,夸下了海口,说:"你们也真是,订什么高价票呀,这种小事我一个人就办啦!我同学是机场地勤,我一个电话就搞定了,你们要留几张?"

朋友听到艾德琳的话,非常高兴,就让艾德琳给同学打电话,艾德琳却拿起了架子说:"不过,这种时候机票也很紧张,所以打不打折我可不能保证哦!"

"不用打折。"朋友忙说,"我们能按原价买到就不错啦!回来以后我们一定好好谢谢你!"艾德琳拍着胸脯做了保证。假期马上就要到了,朋友向艾德琳提起票的事儿,艾德琳一听,马上紧张起来,因为那天她只是随口说说,根本没有打算要办那件事儿!

"那个,那个,我同学说了,上级查得严,留不了票,你们想办法自己买吧!"艾德琳忙着推责任。朋友听到这句话后气极了,现在已经接近假期,别说普通票,就是买高价票的机会也没有了。

之后,事情传开了。艾德琳每次处理事儿的时候几乎都这样,所以人们再也不相信艾德琳，艾德琳虽然有一张巧舌如簧的嘴，却被孤立起来了。

艾德琳之所以人缘差，主要是因为她的不厚道而造成的。谎言在真实面前永远站不住脚，如果不能做到，就不要给人许愿，如果能做到，承诺后就要马上行动，不要等到机会错失再想着挽回。俗话说："做人要厚道。"厚道是一个人立于世间的最基本的原则，是建立良好人际关系的保障。

《塔木德》提醒我们，说话不算话，做事斤斤计较的人都是不厚道的人，在别人眼中这样的人就是没有诚信的伪君子。诚信的外在表现就是为人厚道，以诚为本，诚实守信的人才能得到别人的认可，为人厚道才能赢得好的人品。

信守诺言的约束

诺言一旦形成，必须严格执行，如果当成儿戏，就会被诚信抛弃，这样的人没有资格推开成功之门。

——塔木德

在犹太人中流传这样一个故事，这个故事让他们受益一生。

有4个男人在森林里走着，他们衣衫褴褛，举步维艰，模样似乎好像刚刚从监狱逃出的囚犯。走在前面的两个人扛着一个沉重的木箱，紧跟在后面的两个人手中拄着拐杖。他们本来相互不认识，是探险家马格拉夫把他们召集到一起参与原始森林探险活动。不幸的是，就在前不久，组织者——马格拉夫患痢疾而丧命，目前只剩下他们4个人了。

马格拉夫对于探险的激情，他们根本无法理解（假如是为了寻找宝藏，可以另当别论）。要不是马格拉夫生前许诺他们高昂的酬金，他们绝对不会跟随这位狂热的探险者深入到森林腹地。面对艰苦的条件，马格拉夫的脸上总是充满热情洋溢的笑容，并说："科学家发现的东西，比金子的价值还要珍贵。"这4个人不明白这句话的含义,但他们认为,马格拉夫做的事一定很有意义。

现在,马格拉夫死了,他们的探险活动不得不终止。可是,事情远远没有结束。马格拉夫临终前用神秘的口吻告诉他们:"一定要把这个箱子送出去,你们4个人必须团结合作,分两组轮流抬它。"并且特意嘱咐道:"你们要向我保证,把它带到目的地,中途绝不可把它扔掉。地址就写在箱盖上。你们把它送到目的地后,我的好友麦克唐纳收到后,你们每个人都会得到无价之宝。他就住在森林外的海边。答应我最后的要求,好吗?"

这4个人向他郑重地做出了承诺,马格拉夫听后,脸上带着微笑,离开了这个世界。他们分别是爱尔兰厨师麦克里迪、大学生巴里、约翰逊和水手赛克斯。

水手赛克斯口袋里装有一张地图,每次他们停下来休息的时候,他总会把它掏出来,在地图上仔细辨认当时所行走的地理位置,然后指着它说:"伙计们,我们现在就在这里休息,我们的目的地在这里。"从地图上看,并不遥远,可是在森林里走,可不是一件容易的事情。

越向前走,树木越来越密,恐惧和危险时刻威胁着他们。此刻,他们非常想念马格拉夫,要是他还活着,这些事儿就不用他们操心,他们只负责跟着马格拉夫走就行了。现在,马格拉夫已经不在了,什么事情都需要他们4个人商量着来完成。刚开始时,他们一边走还一边相互交流。但他们很快就感觉到,交谈似乎只会增加箱子的重量,于是他们变得沉默起来。让他们始料未及的是,比沉默更糟糕的东西接踵而来:在他们彼此的心中,出现对家庭、亲人和朋友的想念,更可怕的是对同伴的猜忌以及对死亡的恐惧。唯一能把这4个人聚到一起的是马格拉夫生前留下的箱子。如果没有这口箱子,如果没有对马格拉夫做出承诺,他们4个人早已各奔东西了。

这口箱子里到底装着什么神秘的宝贝呢?4个人都展开想象力,想象箱子里宝贝的模样。不过,他们有一个共识:马格拉夫是一位高尚的人，不会欺骗他们。为了不让某个人占有箱子中的宝贝，4个人彼此间心存戒心，相互监督。其实，他们的戒心是多余的，马格拉夫曾亲口告诉他们，必须4个人齐心协力，才可以把这口沉重的箱子抬出去。

经过艰难险阻以及各种痛苦的煎熬，他们终于见到了麦克唐纳先生。麦克唐纳是一位老头，身穿的白大褂上油迹斑斑，看上去不像有钱人。麦克唐纳热情地接待了4位死里逃生的人。他们狼吞虎咽，饱餐一顿后，约翰逊打着饱嗝，有点不好意思地提起马格拉夫生前许诺的报酬。

老头听完，显出一副爱莫能助的样子，摊开手说："我常年生活在这里，你们也看到了，我几乎一无所有。马格拉夫是我的好朋友，你们实现了他生前的诺言，我非常感谢你们，但我无力给各位付报酬。"

约翰逊听麦克唐纳这么说，指了指一旁的箱子，说："我们的报酬应该在这里面。"

赛克斯也在一旁附和道："是啊，是啊，报酬就在箱子里。"

"我们按照马格拉夫的要求，把它交给你，请你打开它吧。"4个人说道。

未等麦克唐纳说话，他们开始动手拆箱子。箱子打开了，里面一层一层摆满木头。约翰逊有种被欺骗的感觉，说："这到底是开什么玩笑呀？"

可是赛克斯却说："我刚才听到里面有'咔嚓'声，大家快过来。"4个人重新围拢过来，他们把最后一层木头取出来，发现里面是一块普通的石头。

他们彻底失望了，麦克里迪说："我早就觉得马格拉夫有点不正常，说箱子里的宝贝比金子还珍贵，简直是狗屁话。"

"不。你说错了，的确比金子还宝贵。"巴里说，"我记得马格拉夫当时的原话是这样的：如果你们能够安全地把它送到我的好友麦克唐纳手里，你们将会得到无价之宝。"

麦克里迪生气地说道："我们冒着生命危险，送来的却是一堆木头和一块石头。他这样说，对得起我们吗？"

巴里把自己的同伴逐一打量一番，脑海中浮现出种种可怕的场面，路旁的堆堆白骨、吞噬生命的沼泽地、可怕的毒蛇猛兽……此外，他还想起前人的告诫：不要独自闯入森林，没有一个人能够活着走出来的。

想到这里，他终于明白马格拉夫当初的用意了，他用感激的目光看着箱子，说："朋友们，难道你们还不清楚吗？马格拉夫让我们得到的无价之宝就是我们的生命啊！如果没有这个箱子，没有诺言的约束力，我们绝对不可能活着走出森林。我们应该感激马格拉夫，是他给了我们生命啊！"

另外3个人听巴里这么一说，顿时恍然大悟，他们为指责马格拉夫而懊悔不已。的确，在生死攸关的时刻，马格拉夫承诺的无价之宝，他们得到了。同时，他们为遵守对马格拉夫许下的承诺而感到骄傲。如果诺言没有约束力，他们中途打开箱子，4个人就等于打开死亡的盒子，谁也不会活着走出森林。

通过这个故事，犹太人深知，做出承诺就必须约束自己的行为。一旦约束力起不到作用，那就失信于人，就没有诚信可言，就会在残酷的商业竞争中一败涂地。

第5块貂皮

真正的清白和真正的诚实可以从一个人对待金钱的态度上看出来，只有在金钱问题上可靠的人，才可以被看作清白、诚实的。

——塔木德

一个能在金钱的诱惑面前把持得住的人，是一个真正的道德高尚的人，也是一个值得信任的人。

一个犹太商人在美国俄克拉荷马州的印第安人聚居地开了一家店铺。开张那天，一群印第安人来到了店铺里，但只是随便看看，什么也没有买。后来，当地的印第安酋长也来了，他看了许多货物之后，对犹太商人说:"我想给自己买一条毯子,给我的妻子买一块印花布。你看看这些东西需要多少钱,我会以貂皮来支付货款的。"犹太商人算了一下,说:"毯子需要付3块貂皮,印花布需要付1块貂皮。"印第安酋长认为很合理,说:"好的,我明天带貂皮来给你。"

第二天,酋长提着一个装满了貂皮的大包来了。"我给你付账来了。"说着,他从包里抽出4块貂皮,放在了柜台上。犹豫了片刻之后,他又抽出了第5块,这是一块非常珍贵、稀有的貂皮,他把这块貂皮也放在了柜台上。"已经够了。"犹太商人把第5块貂皮推了回去,"你只应付我4块貂皮,我只收下我应得的。"他们相互推让了半天,最后,酋长的脸上露出了满意的神情。他把第5块貂皮放回到包袱里,看了一眼犹太商人,然后走出门去,对店外的印第安人喊道:"来吧!在这家店里放心地买东西吧,他不会欺骗我们印第安人的!他不是个贪心的人!"

然后,酋长又走进店里,对犹太商人说:"如果你刚才收下了第5块貂皮,我就会告诉我的族人,叫他们不要跟你做买卖,而且我们还会赶走其他顾客。但现在,你已经是印第安人的朋友了。"

当天,这家店铺的柜台内就堆满了各种毛皮,犹太商人的口袋里也塞满了钞票。

犹太人从不否认对财富的欲望,他们也正是凭此成为世界上最富有的民族的,但他们追求财富的前提,是要靠自己的头脑和双手光明正大地赚取。在犹太人眼中,觊觎不义之财是会受到神的惩罚的。

诚信的方向

不要担心明天会看不到太阳,诚信会帮助你指明方向。

——塔木德

犹太人特别重视个人的诚信,对他们而言诚信就像是一面风向标,每当面临人生的岔路口时,它会指引出正确的方向。他们认为,在错综复杂的社会中,诚信就是斩断乱麻的快刀;在纷繁的琐事中,诚信就是解开疙瘩的巧手。诚信决定了一个人的命运,坚持诚信原则的人,会赢得良好的声誉,得到众人的帮助;而丧失诚信原则的人,人们会渐渐疏远他,即使再出色,也无法在社会上立足。

把诚信作为人生之根本的话,那么即使在一无所有的情况下,只要诚信还在,它就会让你找到"出头"的方向,指引你走向下一个成功。

美国环球广告代理公司雅利安公司是年轻人梦寐以求的公司之一。因业务拓展,他们公司准备招聘4名高级职员,分别担任业务部、发展部主任助理,待遇自然很优厚。

竞争是激烈的,凭着良好的资历和优秀的考试成绩,安东尼荣幸地成为10名复试者中的一员。雅利安公司的人事部主任戴维先生告诉安东尼,复试将由全球著名的大企业家贝克先生主持。

贝克先生只有40岁左右,听说他从一个报童到美国最大的广告代理公司董事长、总经理,充满了传奇色彩。安东尼对此很紧张,一直琢磨着怎样把自己推销出去。终于迎来了复试中的单独面试,安东尼来到一个小会客厅,他看到对面的沙发上坐着一个考官,那就是传说中的贝克先生。

正当安东尼局促不安时,贝克先生突然快步走上前,说:"哦,安东尼!是你……是你呀!"说话的声音很激动,他握住了安东尼的手,继续说:"我找了你很长时间了,原来是你!啊,太好了!"

贝克先生说完,转身对另几名考官介绍说:"先生们,他是,他就是救我女儿的人!"

安东尼被贝克的热情吓住了,心脏"怦怦"地跳个不停,一时语顿。

贝克还是那么激动,他一把把安东尼拉到沙发上,拍着安东尼的肩说:"你说,我的驾船技术怎么那么差呢,如果那天没有遇到你,我的女儿就永远离开我们了。"他对另几名考官解释说,"那天,我的女儿掉进了密西西比河中,就是他,安东尼,救了我的宝贝。对不起呀,安东尼，当初我只忙着照顾女儿了，连声谢谢都没说。现在好了，你来这里了，我相信你，你被录取了！"

安东尼终于听明白了，他压了压心跳，说："贝克先生，很对不起！我从来没有见过您，更别说救您女儿了。"

贝克先生瞪了一下眼，提示说："你忘记了吗？去年，4月份，怎么不是你呢？我都记得你脸上的痣！绝对错不了！"

安东尼很坚决地站起来，认真地说："贝克先生，我深知您找救您女儿的人心切，但您真的弄错了，我从来就没有去过密西西比河，而且我也不会游泳。"

贝克先生被安东尼的举动震了一下，忽然他大声拍着手说："很好，年轻人，你可以免试了，你的诚信足以进我们公司了！"

就这样，安东尼顺利地进入了雅利安公司，几天后，他和一位公司职员闲聊时，说到了贝克，问："那位救贝克先生女儿的年轻人找到了吗？"

同事大笑起来，对安东尼说："贝克先生的女儿吗？对，他根本没有女儿，不过，在你之前有很多人被他的女儿淘汰了！"

安东尼的诚信让他在复试中赢得了良好的声誉，如果在贝克先生的描述中安东尼耍小聪明顺势而为的话，他可能也是被淘汰者中的一员了！

《塔木德》中说："一个好的声誉需要诺言来实现，说出去的话像泼出去的水，它是无法收回的。"做人处世，信誉不仅给你带来巨大的财富，也是你人品的展现。在岔路口，请以诚信为风向标指引你前进的方向，你将会有一个更加美好的前程。

绝不做一锤子买卖

一个人死后进入天国前，上帝会问，你生前做买卖时是否是诚实的？如果欺骗别人，会被打入地狱的。

——塔木德

《塔木德》记载了许多关于诚实经商的实例，培养了犹太人诚实的商业原则。"唯有诚实正直的经商之道才是生存处世的最高法则。"这是犹太人从违反与上帝的契约而遭受的痛苦中深切体会到的一点。

在犹太商人作为"世界第一商人"的商旅生涯中，犹太民族与其他民族打交道最多。作为一个弱小的民族，在2000多年的流浪中，没有被其他民族同化或湮灭，并且还能不断地从他们的腰包中大把大把地赚钱，其中一个重要的原因就在于他们诚信经商、坦诚为人、尊重他人、彼此宽容的道德操守。因为严于律己，重信守约，犹太商人才赢得了"世界第一商人"的口碑；而诚信经商，更使得犹太商人得到了世人的信任和尊敬，这在商业社会无疑是一笔最重要、最宝贵的无形资产。

《塔木德》中说："一个人死后进入天国前，上帝会问，你生前做买卖时是否是诚实的？如果欺骗别人，会被打入地狱的。"它所记述的许多诚实经商的典型事例，让犹太商人相信，诚信守约的经商之道才是获利的最高原则，这便是犹太人在违反与上帝之约后的真切体会。

犹太人相信说谎的人死后要遭受炼狱的痛苦。无论是书面协议，还是口头承诺，他们都不折不扣地履行。

在农业社会，犹太人就已遵从简单的商业道德，体现犹太人重视公平和讲道理的交易标准。犹太人认为：买者的权利，即使没有明文规定所有保证，买者仍然有权要求他买的东西必须是品质优良，毫无缺陷。即使卖者打出"货物出门，概不退换"的招牌，买方若事后发现东西有瑕疵，也有权要求退换。但是，卖方若事先声明货物有缺陷，而买者愿买，买后便不可退换。这是契约，双方必须要遵守。自愿吃亏与上当受骗是两回事。《塔木德》坚持的原则是保护买方利益。买方可在购买到东西一天到一星期之内，拿着所买东西去请教别人，因为买主不一定对所买东西很内行，由懂行者做判断，然后决定是否退换，这都是允许的。在那时，犹太人就有监督买卖度量的官员，夏天和冬天丈量土地的绳子不一样长，天气变化，绳子伸缩有度。出卖液体瓮底的残渣，便被视为不公平，官员有权过问。

《塔木德》成书的漫长时代中，商品没有统一价格。价钱由卖方张口要，倘若买主付出超过一般行情的1/6时，这次交易可以被视作无效。货、款各退回本人手中。这是《塔木德》所定的规矩，它不光保护买方利益，同时也保护卖方利益。当买方没有购买诚意时，就不可以进行商谈；如有人表示愿意购买某商品，他人就不可争购。可以这样说，犹太商人是最具职业道德的买卖人，犹太人之所以能够摘取"世界第一商人"的桂冠，与此是分不开的。

　　在犹太人看来，诚实是支撑世界的三大支柱之一，另外两个是和平与公正。2000多年的流浪生涯中，犹太人遭受歧视和压迫，更遭受了无数的欺诈和恶意的诽谤，他们饱尝了美丽的谎言背后的凶险和恶毒。因此，他们对说谎者极为反感，对欺诈深恶痛绝，他们绝不允许自己撒谎骗人，也不允许别人欺骗他们。但是，与众不同的是，对说谎者他们不会鄙视，也不会有置之于死地而后快的报复心理，他们想到的往往是宽容与救赎；他们会抱以可怜与同情之心，因为他们认为撒谎者失去了人性中最为宝贵的东西，而且死后还要受炼狱之苦，这太可怜了。可见，犹太人可真是宽人严己、仁慈悲悯的大化之民。

　　在商业社会，人类制定了纷繁的法律和规章制度，目的就是要消除人性中恶的因素。

将真相公布于众

　　企图隐瞒事实真相的人，等于自掘坟墓，迟早会被无情埋葬。

——塔木德

　　诚信是经商的基本原则，更是人类自有商业活动以来便奉行的一个颠扑不破的真理，虽然实行起来可能会遇到一些困难，但一旦真正做到了，将会获得巨大的收获。

　　有一天，美国亨利食品公司的老板亨利·霍金斯在翻看产品化验鉴定报告单时，无意中发现，他们公司生产的起保鲜作用的防腐添加剂有毒。尽管毒性轻微，但如长期食用，也会对身体健康有害。当时的亨利面临两个艰难的选择：一是如果将食品配方中除去添加剂成分，势必会影响食品的新鲜度；二是如果将这一发现公布于众，一定会引起同行们的强烈反对。左思右想之后，亨利还是毅然决然地对这两个问题都给予了肯定的答案。不久，他在电视上做了一则广告，向社会公布：防腐剂有毒，对身体有害。接着他还决定，自己的公司不再生产有毒的防腐添加剂，公司生产的食品中也不再加一点添加剂。

亨利这种"自揭短处"的做法在社会上立即掀起了轩然大波。广大顾客对此非常赞赏，但他的同行们却非常恼火，因为几乎所有的食品公司都在使用防腐剂来对食品进行保鲜处理，亨利的行为给其他食品公司带来了极为不利的影响。于是，他们联合起来，对亨利进行激烈攻击，大肆诋毁，指责他是在哗众取宠，别有用心，是借打击别人来抬高自己，甚至还进一步地对亨利公司的产品进行抵制。

尽管面对重重压力，亨利仍坚持自己的做法，一方面继续宣传防腐剂对人体有害的观念，另一方面公司坚决不生产含防腐添加剂的食品。

这场争论一直持续了4年之久。尽管亨利坚信自己的做法是正确的，但毕竟双拳难敌四手，在其他食品公司的排挤下，亨利公司的产品在市场上所占份额越来越小，公司一时陷入困境，还一度濒临倒闭。

在这场争论战中，尽管亨利公司的生意一落千丈，但亨利的名声却家喻户晓，从而树立起诚信企业家的形象。因为他所说的一切毕竟是事实，食品防腐剂中确实含有微量的毒素，对人体的确有害。于是，就在亨利公司几近破产时，政府的权威部门在舆论上给予了他大力的支持，政府对该公司的产品采取了种种保护措施，银行在贷款方面给予了他特别的照顾。而消费者在彻底了解了事实真相后，也纷纷转而购买亨利公司的食品，他们的产品成了人们放心的畅销货。不久之后，亨利公司便恢复了元气。他又借机扩大了生产规模，使亨利公司在短短几年中便发展成为美国食品加工业的第一巨头。

犹太人认为，在销售产品时，应充分尊重顾客的知情权，要做到不隐瞒，不伪饰。经商者不能唯利是图，而应处处为顾客着想，主动披露产品中存在的问题，开诚布公，以心换心。只有这样，才能树立起诚实的形象，赢得消费者的信任。

对竞争对手要以诚相待

商场上的竞争十分残酷，即便对手失败了，也要让他败得有尊严。

——塔木德

在犹太商人看来，生意就是市场上一种激烈的竞争，竞争的方式方法有很多，而在这么多的方式方法中就有很大一部分使人防不胜防。但是，不管怎样，谈生意还是要以诚相待。谈生意这一过程绝不是胁迫对方的过程，而是充分展现自己智慧的过程。谈生意的协议是靠生意双方的信用来保证的，谈生意者要同时兼顾自己与对方的利益。

美国前国务卿基辛格就说过："在外行人眼里，外交家是狡诈的。而明智的外交家相当清楚，决不能愚弄对方。从长远的观点看，可靠和公平是一笔重要的资产。"

其实做生意又何尝不是这样呢？单从实用主义角度出发，坦诚对于生意人来说是绝对重要的。如果你的生意对手从心底里不信任你，那么你不会从他那里得到任何有用的信息。相反，当对方认为你可信时，不仅在生意桌上，甚至在一些私下的时间里，他也会告诉你一些无从得到的东西，这些东西对你来说往往是很重要的。

有段看似平常的对话可能会成为你走向成功的台阶。

甲：瞧，我知道我们的出价是低了点，不过，我们确实对贵公司的产品很感兴趣。

乙：可是，你们在价格上的态度让人感到一点余地也没有。

甲：我知道这个。可是，如果贵公司稍做让步，我们的价码还会变化。

为什么会出现以上情况？这并不是因为你用阴谋诡计控制了对方，而是因为你得到了对方的信赖。只有当对方觉得你的人品非常好时，才会将秘密的关键材料透露给你。一旦你被对方认为是值得信赖的合作伙伴，你就要尽力维护这一形象，这至少对你与对方下次谈生意有用处。要知道，在谈生意过程中经过接触和了解，相互尊敬和体谅，会形成一种良好的工作关系，从而使每次谈生意变得顺利而有效。在每次生意中，你要把对手看成是解决问题的伙伴，想方设法用坦诚的态度和诚恳的语言感化对方，把对手拉向共同解决问题的轨道。千万不要为了一点蝇头小利而和对手争得面红耳赤，以免影响以后的合作。犹太商人在与别人谈生意的时候，总是彬彬有礼，殷勤谦恭，但他们内心却隐藏着一定要赢的战略。犹太商人经常说说笑笑地讨价还价。为了与对方建立信任关系，犹太商人首先会向对方表示好感，然后进行一些有人情味的闲谈，以便建立起相互之间的亲密关系。他们或是聊各自的家庭关系，或是谈双方共同感兴趣的话题，以及"坦诚"地表示对将来合作的渴望，这使对方的戒备逐渐放松，为其讨价还价奠定了基础。

《塔木德》告诫每一位生意人，谈生意时，并不是每一个人都与你的看法一致，不能根据自己的道德标准衡量对方。如果你碰到特别精明的对手，他很可能会利用你在某些方面上的坦诚击倒你。

为此，你在谈生意中的坦诚需要能伸能缩。要做到具有良好的伸缩性，首先，要制订一个谈生意的详细计划，在谈生意的过程中一步一步向合乎你的要求的方向迈进。其次，对你的生意对手做好充分的心理准备，不要为了表现你的坦诚而天真地毫不遮掩。最后，你必须确定对方不是光会利己而从不利他。

其实，在谈生意的过程中表现坦诚应该不是一件很难的事。只要你在谈生意的时候真诚地微笑，同时说些类似"我很高兴与您合作"之类的话，并附之以一些身体语言就能收到意想不到的效果。如身体前倾，在几乎所有的文化中，它都表示兴趣和专注；利用每一次机会点头，通过这个简单的动作可以让对方知道你是在倾听；使用开放的手势，将两臂交叉于胸前可能被认为缺乏兴趣或表示抵制，开放的姿势将表示出你对对方的看法持接纳态度。

以诚为本、以诚动人，才能在谈生意桌上无往不利。也只有在谈生意中以诚为本、以诚待人，才能得到宝贵的信誉。犹太人普遍认为谈生意中成交值不单指价钱，它还包括交易中的其他利益。比如卖方的信用就隐含在买主所付的价钱里。从买方的角度来看，侦查、确认所见所闻，和购买商品、争取服务品质一样，都是交易的重要部分。为了更有效地与谈生意对手交涉，犹太商人认为有必要向他们提供一些有关自己的信息给他们参考，这样做对买卖双方并无坏处。但问题是，该提供多少以及提供什么内容，这些都和信用有关。如果犹太商人认定对方没有信用，不值得信任，那这笔生意就无法谈下去了。

那么，如何才能在对手心中建立起良好的信誉呢？

首先，要缩小你与对手的距离。

其次，用坦诚争取对方的好感。坦诚不仅有益身心，而且对谈生意者亦有好处。坦诚的人无遮挡地吐露自己所知道的一切，甚至包括自己的动机和假设。虽然这个策略风险很高，但是收获也可能很大。坦诚是争取对方同情心的好方法。一般的人对心胸坦荡的人，都会有好感从而产生怜悯之情；相反，如果你凡事隐瞒、躲躲闪闪，就会给人以不诚实的印象，别人也就不会做任何的让步。

再次，帮助对方变得更可信。要让自己可信，犹太商人可以做很多，而且也容易使自己可信。然而孤掌难鸣，信任本来就是相互的，因此就不能忽视对方的可信度。

最后，对于能否在生意桌上与对手建立信任关系，犹太商人对信任度的测评是：你是否做到了对事不对人；你是否对对方吹毛求疵；你是否在交流时心不在焉；你是否攻击对方的可信度；你是否因对方对你不信任而更加防着对方；你是否确实信任太少；你是否对对方的行为有误解；你的意思是否表达清楚了；你是否对因为对方过去不可信而耿耿于怀呢；你是否把不可预知与不可信区分开来呢？失去信誉，等于失去了谈生意的筹码。

说真话不说假话

假话永远是假的，不会是真的。

——塔木德

富兰克林说："真话说一半常是弥天大谎。"这句话的意思是说，如果我们说真话却留下一半，真话也便成了谎言。换而言之，如果一个人为了一句无心出口的话收不回，而用谎言去圆的话，这个谎言就像一个雪球一样，越滚越大，最后无法收拾。

有位叫马克的犹太思想家，小时候为了能够吃饱饭，便在一个有钱的人家里做零活。一天，这家办丧事，家里凌乱不堪，他跟着忙活，跑来跑去地收拾东西。突然，小姐房间里有一根漂亮的绣带吸引了他，他左右看看，屋外一大帮人忙里忙外，根本没有空看他在干什么，于是，他顺手把绣带放进了口袋中。

因为家里很忙乱，所以几乎没有人发现绣带的丢失，马克觉得很好玩，常常拿在手里把玩，因为年少的他并没有什么偷盗的意识，所以并没有特意藏起来。不久，绣带事件爆发了，老管家发现了马克随手扔在床上的绣带，便把他叫到面前，问："这条绣带是怎么回事？"

马克早已经被老管家严厉的表情吓到了，他吞吞吐吐半天，终于小声说了一句："玛丽送的。"

玛丽是这家人的厨师，长得非常漂亮，比马克大几岁，人们都喜欢她，老管家早就知道绣带是小姐的，可是马克却说玛丽送的，难道是玛丽偷了小姐的绣带吗？

人们都不相信，因为玛丽从来都不敢大声说话，特别谦虚好学，乖巧诚实。老管家板着脸，让人把玛丽叫来与马克当面对质。

马克的心都拧在一起了，他怕极了，刚一抬头看见玛丽的影子，便大喊起来："是她，她送我的绣带，就是她偷了绣带！"

玛丽莫名其妙地看着马克问："什么？什么绣带？"

管家把绣带放在玛丽手里，问："你见过这东西吗？"

"很漂亮呀！这是我第一次见这么漂亮的绣带！"玛丽想了一下，说，"管家怀疑我偷东西吗？我这是第一次见这条绣带！"

管家锐利的目光看向马克，可是马克却紧咬牙关，说是玛丽送的，小姑娘被马克说得委屈极了，她恳切地看着马克说："马克，求你说真话好吗？我不能因为一条绣带而毁掉前程呀！"

马克觉得更加无地自容，但是碍于面子，他还是坚持指认着眼前的姑娘。玛丽这时生气了，她指着马克的鼻子说："马克，枉我平时那么照顾你，把你当成一个好人，没想到你是一个爱撒谎的坏孩子，真让我伤心哪！"说完，玛丽转过头去，继续为自己辩解，她已经不想再与马克有任何对话了。

老管家把马克辞退了，在送走马克时他说："我并没有说绣带是偷来的，你怎么会认为是偷的呢？撒谎者的良心会受到惩罚的。"

马克带着遗憾出了大门，从那以后，他的良心的确受到了谴责，他常常会对着镜子中的自己默念，一想到因为自己的一时碍于面子不诚实而丢掉的工作，就会自责不已；特别是想起玛丽那美丽善良的眼神中透出的无辜，他更是觉得对不起她。

马克没有勇气去向管家表白，勇敢地承认自己的错误，撒了一个谎就要用无数的谎言去补上，如果当初，马克对管家说："对不起，我一时觉得好玩就拿了，是我的错，请您惩罚我吧！"可能就会出现另外的结局。

说真话与假话，完全在一念之间，然而却是对诚信最好的考验。在犹太人的世界里，谎言无处藏身，大家以诚信赢取诚信，谁要说了假话，会受到上帝的惩罚。《塔木德》也提醒我们，说假话的人是世界上最愚蠢的人，因为他们整天活在谎言里，最后被谎言折磨而亡。

诚实的人就应该受到奖赏

> 诚实的人，会得到意外的财富。
>
> ——塔木德

有一大，一位国王到花园中散步。当他来到一个亭子旁时，看到一个年轻的侍从靠在石柱上睡着了，脸上还挂着未干的泪珠。国王刚想厉声喊醒这个偷懒的侍从，但突然又停了下来，因为他看到一封已拆开了的信从侍从的手中滑落在了地上。国王有些好奇，就捡起了那封信看了起来。

信是侍从的寡母写来的，信上说侍从上次托人带回家的钱她已收到，除买药之外，剩下的钱也足够用一段时间的，让儿子安心做事，不要记挂母亲的病。

看完信后，国王立刻被这种母慈子孝的真情深深地打动了。他思索了片刻后，就从口袋里取出一个装满了金币的袋子，连同那封信一起悄悄地放在了侍从的衣袋里，然后便返回了宫殿。

不久，侍从醒过来了。当他发现手里的信不见了，便四处看了看，没有找到。他又下意识地摸了摸衣袋，发现家书竟然在里面，不仅如此，他从衣袋中还摸到了一小袋金币。侍从急忙将金币掏出，看到装金币的金丝袋上竟然绣着国王的名字，不禁吓出一身冷汗，心想这一定是有人栽赃陷害自己。为了申辩冤屈，侍从来到宫殿求见国王。

国王听到禀报后，立即传见侍从，问他有什么事。

侍从诚惶诚恐地说："尊敬的陛下，小人没有忠于职守，刚才偷懒睡了一会儿，特前来请罪。可是，当我醒来后，发现衣袋里有一袋陛下的金币，这一定是有人偷来想陷害我。望陛下明察，予以澄清。"说完，侍从恭敬地将那袋金币呈给国王。

国王听后，微笑着说道："你是个诚实的人，这袋金币就作为你诚实的奖赏吧。现在你可以把这些金币捎回家,给你母亲买药治病,并代我向她问候。"

《塔木德》提醒我们,知识是财富,诚信也是财富;拥有知识能使一个人变得充实,而拥有诚信则能使一个人的精神世界闪闪发光!

住在伊斯兰堡乡下的财主老桑巴斯,有一天突然收到住在城里的儿子小桑巴斯的来信,说他因犯事被拘,现急需1万卢比救赎。老桑巴斯虽然很快凑够了钱,可又为雇人进城送钱的事犯了愁。他考虑再三,就把村里的放羊娃巴森叫来,问他是否愿意替自己出"这趟差"。当时巴基斯坦的政局非常混乱,杀人抢劫的事简直是多如牛毛。然而,经常助人为乐而又诚实的巴森没有多想,立即表示愿当这个"邮差"。巴森接过钱袋将其紧紧地缠在腰间就出发了。在翻过两座大山之后,他不幸被一伙强盗抓住。强盗见他身强力壮,没有搜他的身,只是强邀他入伙打劫。为了保护自己、完成使命,巴森就暂时应承做了强盗。在一次夜间打劫的时候,巴森趁乱逃离强盗团伙躲到了原始森林中。可是他却迷了路。也不知过了多少个日夜,他才从原始森林里走出来。又过了10多天,他终于走到那个城市找到了小桑巴斯,并分文不少地把那1万卢比交给了他。此时小桑巴斯早已获释出狱,在详知巴森一路上的坎坷遭遇后,小桑巴斯送给他一匹马作为回家的脚力,又写了封家书让他捎回去。回去的路上很顺利,没用几天便到家了。老桑巴斯看过儿子的家书后,当即决定把10亩良田送给巴森。巴森吃惊地张大了嘴巴。老桑巴斯说:"不是我发善心,而是你诚实守信的品德为自己赢得了这片土地。"

最大的赢家

诚实的人,有时可能会吃亏,但会是最终的赢家。

——塔木德

犹太人在为人处世的过程中,不喜欢不诚实的人,尤其在市场经济中，诚实对交易的双方都十分重要。当一方对另一方的诚实产生怀疑时，交易很可能就会终止。而在个人交往中，当一方不诚实时，犹太人就会远离这样的人。

在犹太人中，流传着这样一个笑话，很好地讽刺了那些不诚实、弄虚作假的人：

有4只苍蝇偶然聚到一起，它们都感到聚会的机会很难得。一番叙旧之后，决定去一家高档酒店好好吃一顿。

很快，它们选择好目标，然后依次飞了进去，直接扑向一个餐桌。桌子上摆满了各式各样好吃的食物。第一只苍蝇看到诱人的香肠，便毫不犹豫地落在上面，饱餐一顿，结果这只苍蝇得了胃溃疡，难受得生不如死，原来香肠里掺了苯胺。第二只苍蝇喜欢吃甜食，它就落到一块香甜的面包上，可是它刚吃完，还没有来得及打个饱嗝，就得了胃痉挛，疼得满地打滚，原来面粉里掺了过量的明矾。第三只苍蝇既不吃香肠，也不吃面包，它偏偏喜欢上了牛奶，刚喝两口后，一阵剧烈的咳嗽又把它噎住了，它不得不放弃牛奶，因为里面掺了好多粉笔灰。第四只苍蝇看到朋友们的惨痛下场，可怜巴巴地念叨着："我还是早点死了算了，免得活受罪。"它看到一张黏糊糊的纸上写着"苍蝇药"，就飞上去舔，味道不错，它心满意足地舔呀舔，奇怪的是，越吃越精神，越想死可活得越带劲，最后它没有死，反而比以前更舒服、更有活力了。

我们不得不扼腕叹息，就连苍蝇药也是假的！这样的商人，也太不诚实了。像这个讽刺小故事，在生活中屡见不鲜，有的商家总是用一些没有多少价值的商品来欺骗顾客，他们大造宣传舆论，把劣质产品说成"好东西"。使消费者上当受骗。尽管他们巧立名目，但其形象却一落千丈，最终成为质量低劣的同义词，成为人们鄙视的对象，这些商家最终也会濒临倒闭。

犹太人斯图尔特先生是一位成功的商人，他的成功理念很简单，就是站在顾客的立场为顾客着想。有一次，他向一位下属了解某个新款商品的销售情况，这位职员拿出样品对斯图尔特讲解它不合理的地方。就在这时，一位国外大客户恰好走过来，问道："你们这里有没有质量上乘的新产品？"那位下属连忙说："先生，您来得正是时候，我们刚刚开发了一款新产品，这款产品质量上乘，我想它一定能满足您的需求。"他一边说一边把那个有问题的样品递给顾客，并向客户介绍这种新产品，使得这个客户决定马上订购一批这样的产品。站在一旁的斯图尔特非但没有帮助下属推销自己的新产品，还提醒这位大客户要检查好再订货。然后他让这位下属到财务部门结算工资，因为从现在开始他不再是公司的员工了。

为什么会出现这种情况呢？按照常理，斯图尔特应该奖励这位下属，可却偏偏开除了他。斯图尔特的理由是：顾客有权知道商品好坏的真相，尽管这样做有可能会给商家带来不好的后果，但任何职员都不得在任何方面误导顾客，或者隐瞒商品可能存在的任何缺陷。

18世纪末，梅耶·罗斯柴尔德住在法兰克福著名的犹太人街道上，这里的人基本上过着卑微和屈辱的生活，他的同胞们在这里遭到不公平的待遇，他们的生命遭到严重的践踏。尽管曾经关押他们的房门已经被拿破仑拆除了，但他们的自由依然要受到很大的限制，必须在规定的时间内回家，否则将受到刑罚。正是针对犹太人不公正的待遇，梅耶创建了自己的罗斯柴尔德事务所。由于没有宽大的房屋，他在一个小角落挂了一个红盾，开始了他的借贷生意，并为创办横跨欧陆的大型银行集团迈出了第一步。

当时，当地一位叫兰德格里夫·威廉的富豪，被拿破仑强迫从赫斯卡塞尔地区赶走时，威廉就把他的500万银币交给了梅耶，让他代为保管。梅耶为了不辜负威廉的信任，他就想办法保住这笔钱，于是就把它埋在后花园里，等敌人撤退后，他再以合适的利率把它们贷出去。等威廉返回时，梅耶就把这笔钱连本带息还给了他，这使威廉喜出望外，他原以为，事隔多年，又没有凭据，钱是不可能要回来了。

现在罗斯柴尔德家族世世代代的成员，不管在生活上还是在事业上，没有一个人给家族诚实的名誉抹过黑。

如果你是一个准备从事商业的人,一开始最重要的是要知道正直诚实的规则。因为你要想长久取信于其他商家的话,就必须做出正直的表现,商人们会根据你过去的记录采取行动。你的所作所为都要讲信用,商业交易记录着你的一举一动。如果你不正直诚实,就会被其他的商家所不齿,就会断掉企业的生存能力,因为信誉就是无价之宝。商人和银行家根据顾客信誉的评判度来决定自己的行动。

《塔木德》中说:"商人在经商的过程中,必须做到诚实守信,因为它是商家的立身之本。"其实,无论是经商还是做人,把诚实奉为人生信条并不难,当我们做违心的事或说违心的话时,站在受骗方想一想。如果受骗的是我们自己,那么我们肯定会痛恨不诚实者,把他列入黑名单中,不再联系或共事。有了这种角色互换,只要你是一个有良知的人,你就不会放弃一颗诚实的心。

第七章
处世：用感恩的心对待生活

《塔木德》中说："如果真正给别人提供了方便，你也会从中受益。"犹太人的处世智慧是神奇的，并且举世无双。犹太人的做事方式给人一种特立独行的感觉，这首先基于犹太人看问题时独特的角度和眼光，千百年来的做事准则规范着他们的处世方式，能让他们看问题直指核心，做事情善走捷径。

不做被人看轻的事

不要自贬身价,以免被人看轻。

——塔木德

被人重视是快乐的,可是总是有一些人,在别人眼里是不好的,是不值得重视的。这样的人之所以痛苦,是因为没有获得他人对自己的认可和尊重。不被人尊重,一定是做了让别人看轻的事情。

做什么事情容易让别人看低呢?当然是有损自己尊严的事情了!而凡是损害了自己尊严的事情,也是伤害他人尊严、对他人不利的事情。

《塔木德》里记载了这样一个故事。拍卖商要拍卖一把非常旧、非常破、样子磨损得非常厉害的小提琴。最要命的是,连它发出的声音都难听得要命。拍卖商不敢指望这把小提琴能卖出高价,他把价格一而再、再而三地压低。当价格低到不能再低的时候,一位头发花白的老人拿出手绢,细心地擦去小提琴上的灰尘和脏痕后,慢慢拨动着琴弦,一丝不苟地给每一根弦调音。然后他把这把破旧的小提琴放到左肩上,演奏起来。美妙的乐曲和旋律陶醉了在场的每一个人。拍卖价格一下子飙涨了几十倍、上百倍。

犹太人记述了这个故事,就是要告诉人们,即使一把破琴,调试好了同样能奏出美妙的乐曲。一个人也一样,不管他的能力有多小,如果能让自己的生命焕发出美丽的光彩,就实现了自己生命的价值,就不会被别人看轻。一个能得到别人尊重的人,一定能成为一个幸福的人。

在这个世界上,每一个生命都是有尊严的。那些个能够尊重他人生存权利、兢兢业业工作、踏踏实实生活的人都不会被别人看轻的。

当下的很多人，着实在做着让人看轻的事情：

有的商人在一些地下作坊、小工厂里，勾兑假酒、提炼地沟油，以及生产严重危害人体健康的食品；有些人身为人民公仆却不服务于人民，而是处心积虑地为自己牟私利；有的人在工作中不考虑集体的利益，拈轻怕重。

没文化不可耻，没有道德就令人唾弃了。不懂得尊重他人的生命，也昭示了他们对自己生命、尊严的不珍惜。这样的人，怎么值得别人尊重呢？

不被人看轻，并不是一件困难事情。诚如勤劳的蜜蜂、团结的蚂蚁、勤恳的老黄牛、忠家的犬等，这些并不比人类高级的动物，被人类称颂和学习，就在于它们用行动给自己贴上了一个崇高的标签。

不要凭自己的想象去看人

罪证不足时，不要草率定罪。

——塔木德

一位年轻女士正在一个大型机场的候机大厅里等待着她的航班起飞。由于她需要等好几个小时，因此她决定去买一本书来打发时间，顺便还买了一小包饼干，然后便坐在机场候机厅的椅子上，准备一边看书一边吃饼干。

就在这位小姐拿出书看时，坐在她邻座的一位男士也正拿着一本杂志在翻阅。当这位女士拿起第一块饼干时，那个男人也跟着拿了一块。她感到有些生气，但出于礼貌她没说什么，只是在心中暗想："真不客气！如果不是我心情好的话，我一定会教训他几句！"

接下来，这位女士每拿一块饼干，那个男人也会跟着拿起一块。这使她非常气愤，但她并不想大吵大闹。当袋中只剩下一块饼干时，她想：

"啊……现在这个恬不知耻的男人会做什么呢?"只见这个男人拿起了最后一块饼干,一分为二,递给她一半。哦,这太过分了!她简直是怒不可遏了。她多一分钟也不想再看到眼前这个无耻的男人了,于是怒气冲冲地收拾起自己的书和其他物品,快步如飞地冲向登机大厅。看她这副样子,那位男士一下子愣在了那里。

当她登上飞机在自己的座位坐好后,打开手提包想取出眼镜时,令她大吃一惊的是,自己的那袋饼干竟然完好无损地躺在包里!

顿时,她感到万分羞愧!她立刻意识到刚才自己是在分食别人的东西。那个与自己素不相识的男人不仅没有生气,还非常热情地把最后一块饼干分给她一半;她十分后悔自己刚才的鲁莽与无礼,可现在一切都晚了,自己连解释和道歉的机会都没有了。

《塔木德》中说:"如果不能把事情弄清楚,就不要轻易地妄下结论。"生活中真正认识一个人,并不是一件容易的事,因为很多假象常常会蒙蔽人们的双眼和心灵,从而造成一些误解。因此,在对他人做出结论前,心里要多一点包容,眼睛再擦亮些,这不仅能给别人留下认识自己的机会,也能给自己留下一条退路。"彼此包容,相互尊重"是犹太人奉行的道德观念,这也是一条普遍适用于所有人的处世原则。

学会沉默

沉默不会使人后悔。

——塔木德

在交流中出现了相持不下的情况时,因为意气、因为被误导、因为"话赶话",可能会出现双方都不满意,或者是没有实现一方期待的结果的情况,交流双方或某一方可能因为自己当时的表现而后悔。其实,相持不下的时候,强迫自己沉默下来,就可能不会出现这样的结果。犹太人认为"沉默"不是默不作声,而是说在讨论某个问题、商谈某件事情,特别是在双方对抗的时候,保持心理上冷静思考的状态。

当一个人被急躁情绪控制的时候,便没有时间考虑自己的处境、地位、面临的危险,更不会坐下来认真地思索。做出了并不令自己满意的决定,到头来,后悔的是自己。所以,《塔木德》中说:"适当地保持沉默,给别人时间,也给自己时间,才能有一个更好的结果。"

有这样一个故事,讲的是互为朋友的两个人一起做生意,合资开了一家店铺。开店前,两个人说好,赚了钱,利润一人一半。一年下来,生意不错。两个人坐下来,开始盘点公司的盈亏,最后算好共赚了12万元。

按着当初的约定,一人一半,是很简单轻松的事情。但是,两个人心里都觉得这么分自己亏了。出资的那个人觉得,全部的资金是自己投入的,自己多拿一些才好啊!招揽客户、负责经营的那个人觉得,自己每天跑来跑去,联系客户,没有自己,怎么能够赚到钱啊。不知道谁先开的口,两个人都在陈述着自己应该多分一些钱的理由。这个说:"没有启动资金,这个店铺是开不起来的!"那个说:"你除了拿些钱操过什么心呢?我不打通关系招揽那些大客户,能赚到钱吗?"……说着说着,其中的一个人忽然沉默了下来。另一个人见到对方不说话了,也就渐渐沉默了下来。

沉默下来之后,一个人想到,如果自己那些资金不投入到店铺里,恐怕就赚不到钱了。另一个人想到,即使自己有经营能力,有门路,如果没有资金开起这个店铺,也赚不到钱。如果因为一些小小的利益闹不愉快,分崩离析的结果只能是谁都赚不到钱。

沉默了一会儿,两个人都变得冷静了。冷静下来后,两个人都搞清了自己眼下的想法多么无聊。他们终于明白,精诚合作下去不但能获得金钱上的收益,还能增进彼此的友谊,令人生更加快乐。于是,他们都主动地各自取了6万元,然后,很幸福地相拥在了一起。

《谈话的艺术》的作者、心理学教授格瑞德·古德曼解释说:"沉默可以调节说话和听讲的节奏。沉默在谈话中的作用,就相当于零在数学中的作用。尽管是'零',却很关键。没有沉默,一切交流都无法进行。"

当然了,沉默不是说到了该决断的时候不当机立断,而是指遇到令自己愤怒、纠结的事情的时候,不要急着做出判断,而是强迫自己保持暂时的沉默,少说话、不说话,或者告诉对方:"回头再商量吧!"这样,不但为自己争取了时间,也为别人留下了余地,在双方都冷静下来后,就能更全面地考虑问题,更容易达成共识。

《塔木德》提醒我们,与人相处的过程中,遇到分歧的时候,别人提出来:"过一段时间再说!"千万不要认为别人在搪塞自己,也不要愤怒。对方能够说出这样的话,说明他对这件事情的重视,希望有个双方都满意的结局。所以,我们应坦然接受,令自己冷静下来思考就好了。

当然,沉默不等于放弃,也不等于妥协,而是一种暂时的放下,放下"对立的思维"、"矛盾的思维"、"冲突的思维",以便于有时间寻找"第三条道路",进入"整合的思维"、"转化的思维"。

以和为贵

山峰永远不相遇,而人却时时相逢。

——塔木德

在与他人交往时,少一些针锋相对,多一些温和礼让,凡事懂得换位思考,就会减少许多不必要的争吵和冲突。用"退一步海阔天空"的做法,来换取和谐的人际关系,这无疑是在利己利人。

有两户人家已经做了几十年的邻居,相处一向和睦。两家的孩子一个叫弗雷德,一个叫迈克,他们不仅同龄,而且还是同班同学,一直是非常要好的朋友。然而,上学之后,有一次,两人在学校里因一件小事发生了口角,还差点儿动了手,从此断了交。双方家长知道后,分别对自己的孩子进行了教育,两个孩子又和好如初。

事情本该到此就结束了，但在不久之后的一次钓鱼活动中，两个孩子为了争抢一个好位置，挤撞之下迈克掉入河中。虽然抢救及时，迈克并未出什么事，但老邻居之间却因此产生了嫌隙。

原来，迈克是家中三代单传的独子，家人向来对他爱如珍宝，这次险些丧命，家人如何肯善罢甘休？于是，迈克的父母到弗雷德家去理论，指责他们因上次口角之事挟怨报复，有谋害之嫌，并声言要报警、向法院起诉。虽然弗雷德家当面道歉并重罚了孩子，仍不能获得谅解，弗雷德的父母也不禁恼羞成怒，眼看一场激烈冲突就要不可避免地爆发了。

这时，弗雷德已年逾花甲的奶奶站了出来，她力劝全家大小："邻里之间相处应以和为贵，忍让为先，就事论事。虽然弗雷德将迈克挤落河中不是存心的，毕竟也算过失，受人责怪，也是理所当然。凡事要将心比心，人家是三代单传的独子，如果这事发生在咱家，我们能不着急、不生气吗？"一番话说得全家人心服口服。

第二天早晨，在奶奶的带领下，弗雷德一家人带着连夜准备的一份厚礼，去迈克家登门赔罪。

一进门，弗雷德的奶奶就诚恳地说："我们是诚心诚意来赔不是的。"这一举动令迈克家颇感意外，也深受感动，惭愧地承认昨天言辞过激，有些失当，非常懊悔。于是，在弗雷德的奶奶冷静、及时又恰当的处理下，一场风波就此平息了，两家的关系又和好如初，而且还比以前更加亲近了。

《塔木德》提醒我们，现实生活中，左邻右舍的接触天天都会有，出现一些磕磕碰碰的事总是在所难免。遇到这样的情况时，如果都能采取宽容、冷静的态度，凡事以和为贵，就能将矛盾和纠纷化解于萌芽之中，使周围的人都能成为自己的至爱亲朋。

做人就应该有仁和之心、谦和之德，凡事能站在他人的角度考虑问题，在彼此友善中交往，在互敬互爱中相处。这样，遇到问题时，就能大事化小，小事化了，就能创造出和谐的生活环境来。

给别人搭座桥

劝人和睦，你同样得到快乐。

——塔木德

《塔木德》中记载着这样一个故事：

从前，有一对兄弟各有一个农场，而且是相邻的，两人之间经常发生争执，多年来，他们相处得一直都不和睦，无论是在共用农具，还是别的什么事，没有一次不发生争吵的。有一次，两兄弟之间又发生了一个小误会，后来矛盾逐渐激化，他们先是以难听的话语相互攻击，然后便互不理睬，形同陌路。这样的情形持续了很长的时间。

有一天早上，一个木匠到哥哥的农场里来找活儿干，而哥哥也正有一个"活儿"需要找一个木匠。于是他吩咐木匠说："你看到河对面那个农场了吧？那是我弟弟的。这两个农场之间原本是一片草地，可上星期他却用推土机在中间推出了一道沟，因此这里就多出了这条小河。他这是故意在找我的别扭呢，可我也不是好惹的。现在我告诉你需要做什么：谷仓旁边有一堆木头，我想让你帮我在河边筑一道栅栏，高要超过8英尺，这样我就可以看不到他的家和他那张脸了。"木匠说："我明白了。给我一些钉子和一个挖掘机，我一定能让你满意的。"

那天，哥哥恰好有事要到镇上去，他给木匠准备好工具和所需之物就走了。哥哥走后，木匠便紧张地忙碌起来。只见他一会儿丈量土地，一会儿又锯木头、钉钉子……当哥哥于日落时分从镇里回来时，他也刚好完工。

令哥哥目瞪口呆的是，他根本没有看到自己让木匠筑的栅栏，而是看到一座小桥，是一座连接那条河两岸的桥！那是一座非常漂亮的桥，做工非常精美。就在这时，他的弟弟来到河边，羞愧地对哥哥说："我做了错事你不但没有怪我，还建了一座这么漂亮的桥，你真是我的好哥哥，请你原谅我!"说着，两兄弟慢慢地向桥上走去。在桥中间，他们彼此注视了片刻，然后紧紧地拥抱在了一起。

看到这一情景，欣慰的木匠背起了他的工具箱，准备离去了。"等一等，不要走，你就留在这里吧，我们还有其他的活儿需要你帮忙呢。"哥哥说。

"我也很想留下来，"木匠说，"可是人世间还有更多的桥需要我去建呀。"

在日常生活中，人与人之间的摩擦几乎是不可避免的。当你的家人、邻里、朋友、同事之间发生误会，导致感情破裂甚至不相往来时，如果你能尽力排解，使他们冰释前嫌、握手言欢，你内心的快乐也必然是难以形容的。劝人和解是一种艺术，此外还要有真诚的爱心和耐心，只有这样，才能实现这一美好的目的。

时刻记住，你有两个耳朵

要用两倍于自己说话的时间去倾听对方讲话。

——塔木德

犹太人在漫长的生活中积累出很多生活的智慧，他们认为很多人在交流过程中不受欢迎，就是因为不懂得如何与对方沟通。比如，对方与你进行交流时，只是为了发泄一下内心郁闷的情绪。可是，对方没说几句，你就在挑人家话语中的问题，搞得对方思绪更混乱、情绪更糟糕，交流效果当然更差；对方诚心来跟你谈问题，可是你完全没有搞懂对方说了什么，有一句没一句地应答，结果错过了达成共识的机会，白白浪费了大家的时间，让人觉得你的态度是不愿意、不喜欢，岂不是很冤枉!

当然，因为不善于倾听导致沟通不畅的问题还有很多，说个很简单的故事。一天，美国知名主持人林克莱特访问一名小朋友，问他说："你长大后想要当什么呀?"小朋友天真地回答："嗯，我要当飞机驾驶员！"林克莱特接着问："如果有一天，你的飞机飞到太平洋上空，没有燃料了，你会怎么办？"小朋友想了想："我会先告诉坐在飞机上的人绑好安全带，然后我挂上我的降落伞先跳出去。"

当现场的观众笑得东倒西歪时，林克莱特继续注视着这孩子，想看他是不是自作聪明的家伙。

没想到，接着孩子的两行热泪夺眶而出，这才使得林克莱特发觉这孩子的悲悯之情远非笔墨所能形容。于是林克莱特问他："为什么要这么做？"小孩的回答透露出一个孩子真挚的想法："我要去拿燃料，我还要回来！我还要回来！"

在听孩子讲述的过程中，观众都笑得东倒西歪的时候，其实大家都犯了一个相同的错误，以为这孩子是一个自私的家伙，然而在主持人的诱导下，最后我们才明白了孩子的真正意图。所以，这则故事其实给我们一个启发，听到别人说话时，你真的听懂他说的意思了吗？你懂吗？如果不懂，就请听别人说完吧，这就是"听的艺术"。

听话不要听一半。还有，不要把自己的意思，投射到别人所说的话上头。

著名心理学家狄金森说过："好的倾听者，用耳听内容，更用心听'情感'。"这句话提示人们，在倾听别人说话的时候，不但要听对方说了什么，还要细心体察对方内心的感受，了解对方语言里的真正意思。

除此以外，在倾听别人说话的时候，还要注意不要犯以下的几个错误。

每个人都有情绪不好的时候，当一个人被麻烦困扰，感到郁闷、困惑的时候，他们特别渴望有人能够分担他们的痛苦，于是亲人、朋友便成了他们的发泄处，说个不停。

当对方谴责别人的时候，不要扮演明辨是非、大公无私的形象，要知道，对方此时在气头上，气消了，或者事情过去了，他就会给别人一个公正的评判，甚至会主动与别人重修旧好。也不要因为考虑到对方的气愤是暂时的，而表现出不屑于去听的神情，这样会令对方非常反感。

其实，他们此刻最需要的就是你的两只耳朵，只要你真诚地去听，不时地回应几句，对方就能感受到你的真诚和好心，会很感激的。

即使对方做出了很滑稽的表情、说出了很滑稽的话，也千万不要把对方倾诉的内容说给他人听，更不能带着戏谑、好玩的心态抖搂出去当笑料。那样会伤害对方的自尊心，失去对方的信任。

《塔木德》提醒我们，一个好的倾听者，在力求听明白对方说什么的时候，还要尽可能地接受对方当时的心情，而不是去谴责对方，也不是指出对方的错误，更不是帮助对方出主意。要明白，你眼下只是一个倾听者，只有当对方征求你的意见的时候，你才能说出自己的看法。

谎言的面孔

> 尽量不要说谎，在特殊的情况下，也可以不说实话。
> ——塔木德

《塔木德》这部历久不衰的经典之作被奉为处世指南，就在于书中鲜活的智慧，能令迷茫中的人们冷静下来。当一个人需要一个谎言帮助另外的人，却被道德束缚，不知道怎么办才好的时候，犹太智者能为你指点迷津。

我们讨厌谎言，因为披着华丽外衣的谎言常常令我们上当。举个简单而又常见的例子，手机以旧换新不是新鲜事，活动规则大同小异：只要拿来可以正常接打电话的手机，就可抵作500元来购买新手机。乍一看，这是好事，谁家没有一两部旧手机呢？拿旧手机来换的时候，才发现高兴早了。新手机的型号和价格都是经销商定好的，你左挑右选，也找不出自己喜欢的。

总有不怕辛苦的好奇者，辗转了解到，敢情人家手机经销商把你吸引过来就是为了赚点人气！即便你真的换了，人家也不亏。商家指定选购的机型，都是市场价格不透明、有利润的机型，而换来的旧手机可以返厂，可以批给手机贩子送到深圳再加工……总之，你占不着半点便宜，商家怎么弄都不亏！

吃过亏上过当的人，总想着在消费行为中睁大眼睛看清商家的嘴脸，以后不再上这个冤枉当。事实上呢，小当还是络绎不绝地上着。商家说谎弄个噱头是为利益，对付他们唯一的办法就是不要想着贪便宜，买东西的时候去正规商家，有问题能负责的那种，最好还要货比三家，看看哪家质优价廉。

谎言的本质是欺骗，而说谎的目的是达到说谎者所希望的目标，当这个目标可能损害你的利益的时候，比如购物，我们就要提高警惕了，提防着不买假货、不花冤枉钱。

那么，在生活中，有人说谎怎么办呢？看看情况再决定性质，因为有的时候有人说谎真的是迫不得已，或者还是处于善意而为之。在某个时刻，它仁慈的光辉同样让人感动。

这是发生在1876年美国南部的一个小镇上的故事。某天晚上，一声枪响划破了黑夜的沉寂。一位年轻人突然自杀了。小镇上的人们都知道，他的未婚妻几天前被一个商人拐跑了。死者的亲人闻讯赶来，都傻愣愣地站在一旁。警官比尔很清楚，对于一名基督教徒来说，自杀是一种在上帝面前犯罪的行为，自杀者的灵魂将在地狱里饱受折磨。而周围的人们也会另眼看待他们一家人。他们家的男孩或许不会找到自己的意中人，女孩也会失去自己的爱情。

蹲在尸体边许久的警官突然说："你们搞错了，这是一起谋杀案。"接着他伸出手在死者身上搜索了许久问："你们谁看见他的怀表了？"

人们沉默着，镇上的每个人都清楚，这个年轻人有爱戴怀表的习惯，但谁都没看见那块表。警官大声地说："假设你们都没有看到，我想那一定是被凶手抢走了，我分析这是一起谋财害命案件。"

听到警方的这句定论，死者的亲人们低声哭泣起来，因为警官的这句话如同搬走了他们身上的一副无形枷锁。而站在远处的人们也消散了鄙视的目光，陆续走上前来安抚并帮助将尸体抬走。

没有人知道，那块怀表此时正躺在警官的衣袋里。他这么做是为了卸掉亲属灵魂上的枷锁，使得他们在悲痛后，仍然可以像镇上其他人一样轻松地生活。

像比尔警官这样出于让对方生活得更好而撒谎，即便谎言被揭穿，不但不会影响他在人们心中的形象，反而会给他的形象加分，赢来更多人的爱戴。

《塔木德》提醒我们，一个人生活在这个世界上，遇到什么特别的事情都有可能，如何处理这些事情影响着我们的心情，关系着我们内心的幸福感。当我们真的拿不定主意的时候，要想到一点，那就是不管以什么样的方式，只要出发点是善的、好的，结局是完满的，就不要局限于狭隘的规矩、条例中。就像那些为了给当事人一些安慰，而改变了事实真相的谎言一样，说出来不但不会招人讨厌，反而会为你赢得人脉，为什么不这样做呢？

嫉妒害人

> 嫉妒、贪欲和野心，置人于死地。
>
> ——塔木德

《塔木德》中记载着这样一个故事：

有一个人在耕地时挖到一只宝瓶。他拔出瓶塞想看看里面装着什么，不想瓶中却飘出一个精灵。精灵对这个人说："你将我放了出来，为了报答你，现在我可以满足你任何一个愿望，但前提是你的邻居会得到你愿望的两倍。"那个人与他的邻居一向不睦，听了精灵的话便想："如果我得到一份田产，我的邻居就会得到两份；如果我要一箱金子，我的邻居就会得到两箱金子；更要命的是，如果我要一个绝色美女，那么本来注定要打一辈子光棍的那个家伙，就会同时得到两个绝色美女……"

他想来想去，总拿不定主意提什么要求才好，因为他实在不甘心被邻居白占了便宜。最后，他一咬牙对精灵说："那就请你挖掉我的一只眼珠吧。"结果出于嫉妒心理，他做了害己害人的选择。

犹太人认为，一个人一旦有了嫉妒之心，他最终受到的伤害很可能更甚于他所嫉妒的人。心理学家将嫉妒称为"健康生活中遮上的阴云"。虽然这是一种心理疾病，但产生的危害却不可小觑，轻则闹得彼此关系不睦，重则会瓦解一个集体的合作精神。难怪《塔木德》中称嫉妒为"绿眼睛的恶魔"。人们常说：嫉妒者由害人开始，以自己身败名裂而告终。纵观古今中外，那些嫉妒者，也的确都是这个下场。

在现实生活中，所有的嫉妒都产生于心胸狭窄，进而嫉贤妒能，最终发展为处心积虑地想置人于死地，一旦发展到最后一步，就真的无可救药了。心理学家也为"疗嫉"开了一剂良方：一是心胸开阔豁达些；二是正视自己的能力；三是培养达观的人生态度；四是与身边的人密切交往，相互加深理解。

不紧盯着别人的短处

在寻找别人的短处时，别忘了先检讨一下自己哪方面还不如对方。

——塔木德

一户人家的院子里长着一棵柳树和一棵枣树。春天，小柳树率先舒枝展叶，一副婀娜多姿的样子。于是它便嘲笑还没长出枝叶的小枣树好难看。过了好些日子，小枣树才开始发芽长叶，而此时的小柳树的叶子已经又细又长了，它得意地在风中翩跹地"舞蹈"着。

秋天到了，小枣树结了许多又红又大的枣子，让人们高兴地享用。而小柳树看看自己的身上，不仅什么也没有结，而且渐渐地有些枝叶枯黄了，于是它羞愧地低下了头，以为小枣树一定会讥讽自己。

然而小枣树并没有这样做，反而说："你绿得比我早，提前迎接春天，真好；再说你长得比我快，等你长大了，人们在你的树荫下乘凉，多好!"从此,小柳树再也不嘲笑小枣树了。

这虽然是一则童话故事,但它蕴含的道理是深刻的。其实,一个人身上的"长短"在一定条件下是会转化的。例如国外有一家企业的经理,就善于把一个人的短处变成长处。他让平时喜欢"吹毛求疵"的人担当质量监督员,让"谨小慎微"的人担当安全生产监督员,让"眼尖嘴利"的人当纪律监督员,让"斤斤计较"的人当仓库验收员。经过经理这么一调整,这些平时被人瞧不起的小人物就成了企业里的重要人物。

"高者未必贤,下者未必愚"。任何一个人,总是优点和缺点并存,长处与短处共生。因此与人相处时,就要多学习人家的长处来弥补自己的短处,绝不可像手电筒一样,只照别人却不照自己。这样不仅伤害了别人,时间长了自己也会变成一个"孤家寡人",因为没人喜欢和总挑别人毛病的人相处。这里还有一个故事值得大家借鉴:

有一个女人,她家的窗子正对着对面人家的晾衣架,多年来,她总是抱怨那家的女人既粗心又懒惰:"那个女人洗衣服从来都洗不干净,看她晾在衣架上的衣服,上面总是有污点。我真不明白她究竟是怎样一个女人,怎么会把衣服洗成那个样子!"

有一天,这个女人的一位朋友到她家做客,聊天时,她又开始批评起对面的女人来。这位朋友是个细心的人,她仔细看了看之后,发现并不是对面女人的衣服没有洗干净,而是这个女人家的窗户玻璃上有污点,便用抹布将玻璃上的污点擦掉,说:"看,对面晾的衣服不是干净了吗?"

把朋友的好处刻在石头上

朋友的伤害往往是无心的,帮助却是真心的。

——塔木德

《塔木德》中有这样一个故事：

有两个朋友在沙漠中旅行，在旅途中他们吵架了，一个还给了另外一个一记耳光。

被打的人觉得受辱，一言不发，在沙子上写下："今天我的好朋友打了我一巴掌。"

接着他们继续往前走。到了一条大河边，他们决定停下来休息。天热得实在难熬，被打了一巴掌的那位朋友便执意要下水洗个澡，结果溺水了，幸好被朋友救起而没被淹死。被救起后，他拿出一把小剑便在一块石头上刻道："今天我的好朋友救了我一命。"

站在一旁的朋友不禁好奇地问道："为什么我打了你后，你把那件事写在了沙子上，而现在却要刻在石头上呢？"

那个刻字的朋友笑了笑回答道："当被一个朋友伤害时，要写在一个容易被抹去的地方，因为风会抹去它；如果受到朋友的帮助，我们就要把它刻在内心的深处，那里任何风都不可能抹掉它。"

尽量避免争吵

火上加炭，等于火上加火，好争吵的人煽动纷争正是这样。

——塔木德

有一位贤哲四海为家、四处漂泊。一天，走得口干舌燥的贤哲来到一口井边。

贤哲喝过了清凉的井水之后到井边的一棵大树底下歇息。这时，一位匆忙赶路的汉子奔到井边舀起一大瓢水猛喝起来。

"哦，好爽啊。"

汉子一边说着一边走远了。然而在他离开的时候却掉下一件东西。

"那是什么？"

贤哲细细打量才发现那是一个钱袋，分明是刚才那位汉子急于赶路而不留神丢下的。

这时又有一个人来到了井边。他到井边把钱袋装进自己的兜里，连水也没喝就走了。

过了一会儿，井边又来了一个人。他喝过水后坐在井边歇息。这时一个人呼呼地喘着粗气跑到了井边，原来正是那个丢钱袋的汉子。他向那个正在井边歇息的人问道："你在这儿干什么呢？"

"我走路渴了在这儿喝了口水，现在正歇着哪。"

"那，你肯定看到掉在这儿的钱袋了吧？"

"钱袋？没看到哇。"

"没看到？我刚才在这儿喝水把钱袋丢到这里了啊。还没有过多大一会儿，你怎么能说没看到呢？"

"喂，我说你可不要冤枉好人啊。说没见就没见。"

两人渐渐提高嗓门，最后终于动起了拳脚。

贤哲在不远处把事情的经过看了个一清二楚。在事态严重前他曾上前劝过架，可那两人纠缠在一起打得正起劲儿，根本听不进他人之言。

"咳，事情怎么会变成这样啊。"

丢钱的汉子不分青红皂白地打了那个无辜的人一通。

"哎哟，冤枉啊，救命啊！"

无辜的人昏了过去，这下那个打人的汉子害怕了，于是就悄悄地溜走了。

贤哲说，都是争吵惹的祸啊。

无罪之人无辜挨打，其中很重要的一个原因在于他选择了一个错误的表明自己清白的方式——争吵；岂不知，争吵的结果是越描越黑，最后大动干戈，肉体遭受了痛楚不说，自身的清白也没讨回来。争吵所付出的代价实在昂贵，而且，更重要的是它无助于问题的解决，反而会加剧争吵双方的矛盾，聪明人从不选择争吵作为解决问题的途径，只有傻瓜才会把时间和精力花在争吵上。所罗门王把争吵视为愚蠢的行为，他一针见血地指出：只有愚蠢的人才争吵不休，能避免争吵者才是明智的人。

犹太人有时认为某种愤怒是必要而重要的——比如，对社会上不公正的愤怒，或先知们对所处的腐败时代的愤怒。但是，一个人如果不加控制地对别人表示愤怒，那么，他将受到谴责。

《塔木德》提醒我们，争吵只会使事态僵化，无助于事情的解决。只有平静心情、温和对话，才能够化解矛盾、解决问题。因此，要尽量避免争吵。

化敌为友才是强者

谁是世界上最强的人？是化敌为友的人。

——塔木德

犹太人认为，原谅和接受曾经伤害你的人，才是最好的待人之道。为此，犹太人高度赞美那些能忍受侮辱，听到别人诽谤自己却不去反击或采取报复的人。

《塔木德》中记载着这样一个故事：

约瑟是雅各的小儿子，因遭忌妒，很小的时候便被他的哥哥们卖往埃及为奴，后来成为埃及的宰相。

有一年闹灾荒，约瑟的哥哥们如果一直待在家乡的话，他们会面临因缺少食物而带来的死亡威胁。哥儿几个思来想去，决定前往埃及。

当约瑟发现哥哥们后，他的仆人们也知道了，纷纷无法控制内心的愤怒情绪，希望约瑟不要接待忘恩负义的哥哥们。约瑟理解仆人们的心情，但他无法满足仆人的要求，便大声呵斥道："这是我的家事，你们不要插嘴，都出去吧，该干什么还干什么。"

仆人们离开后，约瑟把满脸疲惫、消瘦无比的哥哥们请进家中，说："我是你们的弟弟约瑟，我们的父亲，他老人家还好吧。"

这几个人简直不敢相信自己的耳朵，面前的人竟然是约瑟。约瑟以为他们没有听清楚，就走到他们面前说："我是你们的弟弟约瑟，当初是你们把我卖到埃及的，难道你们都忘记了吗？"

他的哥哥们还是不敢相信，当约瑟向他们讲起小时候发生的事情时，哥哥这才确信面前之人就是亲弟弟。看着眼前如此威风、权倾天下的弟弟，哥哥们吓得都说不出话来了。

然而，他们听到约瑟说："现在，你们不要因为把我卖到这里而感到难过，或谴责自己；那是上帝为了拯救我，才把我送到这里来的。老家发生饥荒已经两年了，接下来还有5年时间，所有的土地将颗粒无收。上帝把我早些送来，是为了让你们继续存活，以特别的方式救你们的性命。所以是上帝而不是你们把我送到这儿来的，他使我成了法老的父亲，埃及所有财产的主人，整个埃及的统治者。"

约瑟把自己少年时的苦难，托词为上帝的拯救，足以表现出他不念旧恶的宽广胸怀。犹太人之所以把约瑟的故事写进第二圣经《塔木德》中，就是要告诫自己的子孙，不可以怨报怨，否则将无安身之处。也正由于犹太人有这样的心胸，他们才会在逆境中得以生存，才会在生死存亡之际，有人出手相助。

对偷马者的审判

> 不能与人和谐相处，不能容纳别人的缺点和短处，是一个人失败的根源。
>
> ——塔木德

在美国佛罗里达州的一个城镇里，有个人因为偷了一匹马而被审判。要知道，在佛罗里达州，偷马是非常严重的罪行，如果证据确凿、罪行属实的话，偷马者很可能要被处以绞刑。

然而，这一次的情形有些特别。丢马者是一个与任何人都争强好胜、凡事得理不饶人的家伙，除了对自己之外，他没有做过任何对他人有益的事，因此，整个镇上没有一个人是他的朋友。

案子经过审判之后，最后交由陪审团来裁决。不过谁都看得出来，证据对被告非常不利。经过半个小时的商议之后，陪审团回到了法庭。

"各位陪审员，你们做出判决了吗？"法官问。

陪审团主席站起身来，回答道："是的，尊敬的法官，我们已经做出了判决。"

"你们的判决是什么呢？"法官问。

沉默了片刻之后，陪审团主席说道："我们认为，只要被告将马归还，就可以判他无罪释放。"

听了这个结果，法庭的旁听席上有人窃窃发出了笑声。于是法官对陪审团提出了警告："我无法接受这个判决。你们现在必须重新商议出一个判决结果。"陪审团全体成员只好退庭再次去商议判决结果。需要注意的是，在陪审团的成员中，没有一个人对丢马的人有好感，他们都曾被他欺辱过。因此，大约一个小时之后，陪审团做出了另一个判决。当他们再次进入法庭，坐在陪审席上时，法庭内顿时安静下来。

"陪审团的各位成员，"法官说，"这次你们做出了什么样的判决？"

陪审团主席站起来回答道："是的，我们已经做出了判决，尊敬的法官先生。""那么，"法官问，"你们的判决是怎样的？"

法庭内鸦雀无声，甚至连一根针掉在地上都能听得见，每个人都在急切地等待着判决结果。

陪审团主席朗声宣读了12名陪审团成员的一致决定："我们认为被告无罪，他可以拥有那匹马！"

人们呆怔了片刻，继而爆发出雷鸣般的掌声。

上面这个故事告诉我们一个道理：如果自私自利，永远不去关心他人，而只想从别人那里索取或让别人为自己服务，那么，最后一定会成为一个众叛亲离的失败者。

不为失去而后悔

> 失去的永远不会回来，昨天已经过去。
> ——塔木德

有一个很有本事的捕鸟人由于机缘巧合捕到了一只能说人语的鸟。这只被捕到的鸟恳求捕鸟人："放了我吧，我会传授给你三条很有用的教诲。"

"你先告诉我，我再放了你。"捕鸟人说。

鸟儿回答道："你先发个庄严的誓，你一定会遵守你的诺言。"

捕鸟人说："好吧，我发誓，你讲完后我一定还你自由。"

于是鸟儿说："那就好好听着！第一个教诲是：'不要为已经发生的事后悔'，第二个教诲是：'不要相信难以置信的事'，第三句教诲是：'不要去干做不到的事'。"

鸟儿说完后，又以和蔼的口气央求捕鸟人："现在遵守你的诺言，把我放了吧。"

捕鸟人同意了，给了它自由。

鸟儿振翅飞到旁边的一棵大树顶上，嘲笑捕鸟人说："你这个傻瓜，真是愚蠢到了家，你知不知道在我身上有一颗稀世珍珠，我的智慧全是它给我的，可惜呀，你没有机会得到它了。"

听完这些，捕鸟人立刻为刚才放走鸟儿的蠢行后悔了。他开始爬鸟儿栖息的那棵大树，想要挽回损失。但他艰难地爬到一半时，不小心摔了下来。他跌断了骨头，躺在地上，痛苦地呻吟着。

鸟儿居高临下地看着他，笑了。"你这个蠢蛋！"它骂他，"我刚对你讲完三条智慧箴言，你转眼间就忘得一干二净。我让你不要为过去的事后悔，几乎是同时你就后悔给了我自由。我让你不要相信难以置信的事，你仍然把我的话当真了，居然相信我有一颗稀世珍珠。要知道，我不过是一只再普通不过的鸟儿,每天都不得不辛辛苦苦地为食物奔波。最后,我提醒你不要去做你做不到的事情,你还试图空手去抓一只会飞的鸟儿。正由于你不仔细领会那三条智慧箴言,所以你摔断了骨头,躺在那儿痛苦呻吟。"

对于一个普通人来说,在通往成功的道路上要遭遇很多挫折和磨难,而更为重要的,是从这些挫折与磨难中增长知识,汲取教训。《塔木德》中说:"坦途让人放松警惕,安逸让人沉湎于享乐。"

那些失败以后仍然不汲取教训的人,是注定不会成功的。《塔木德》说:"别犯同样的错误。别为失去而后悔。"犹太人认为,对于任何宝贵的东西或情感失去以后才后悔是很愚蠢的,因为那样于事无补,反而增加了更多的烦恼,浪费了大量时间。

正确的做法应该是,善于总结经验教训,改变自己旧有的做事方式及惯用的思维方式,调整自己的心态,以一颗平常心去对待自己所失去的。成功是在不断地失败和探索中发现的,一个真正的聪明人,善于从失败中吸取经验教训。为了在你的生活中创造积极的东西,你需要改变一下你做事的方式。

《塔木德》提醒我们,每个人都不可能避免失败,在失败面前,我们要保持头脑的清醒。有很多人,已经丧失了他们所有的一切,但他们并不算是失败,因为他们有一种不可屈服的意志,他们从不介意一时的成败,失败只会让他们变得更加成熟。

过去的已然过去,即使后悔也没有用。如果一味地为失去的东西而垂泪叹息,那么,你将会把未来属于你的东西也丢失掉。失去了就忘记它,继续向前走,只有如此,你才可以从中弥补回你所失去的一切。

人的一生非常短暂,有很多重要的事情要去做,不能因为已经失去的而耽误更重要的事。

世界上没有后悔药,归根结底,掌握命运的人就是你自己,抓住机会全力投入,别为失去而后悔,你的事业一定会取得成功,前途也必会更加辉煌!

助人即助己

> 如果真正给别人提供了方便，你也会从中受益。
>
> ——塔木德

有一天，一个放牛娃对着大山高喊起来："喂——"群山里也有一个孩子向他回应："喂——喂！"这个孩子很奇怪，又喊："你是谁？"那边也喊："你是谁？"这边喊："你是坏蛋！"那边也喊："你是坏蛋！"于是，两边吵得不可开交。孩子回家后就把这件事告诉了妈妈，妈妈说："明天你和他好好讲话，看看会怎么样？"第二天，孩子对着群山先喊道："喂！对不起！"那边也回应："喂！对不起！"孩子喊："你好吗！"那边也喊："你好吗！"孩子再喊："我们是朋友！"那边也喊："我们是朋友！"于是，孩子快乐地度过了这一天。

世界上的事通常都是这样的：当你热心地给了他人一些小小的帮助，尽管可能是举手之劳，但在方便了他人的同时，自己很有可能也因此而得到意想不到的回报。

从前，有一个国王为改变自己国家落后的面貌，便下令修建国内第一条公路。历时几年的施工之后，这条公路终于竣工了。在向公众开放之前，国王决定进行一场竞赛表示庆祝，比赛项目是看谁能以最佳方式走完这条路，最后由国王裁定谁是获胜者。由于奖品颇为丰厚，许多人都踊跃报名参赛。

竞赛当天，人们蜂拥来到公路的起点。这些人之中，有的乘着华丽的马车，有的骑着高头骏马，也有准备跑步的和徒步行走的。随着一声口令，比赛开始了。人们一整天都行进在公路上。每个人来到终点时，都会向国王抱怨说，路上不时地出现一些石块和碎石，阻碍了他们的行程。

在这一天快结束的时候，最后一个参赛者完成了他的行程，来到了国王的面前。他看起来疲惫不堪，而且身上非常脏。他在向国王表达了敬意之后，呈上了一袋金币。他说："尊敬的陛下，我沿路停下来去清除阻路的石块和碎石，所以才来晚了。这袋金币是我在一块石头下面发现的，我希望您帮我把它交还给它的主人。"

"你就是它的主人。"国王高兴地说。

"哦，不，"这个人说，"这不是我的，我并没有这些钱。"

"没错，这金币是你的，"国王说，"因为你赢得了这场竞赛——以最佳方式走完这条公路的人，就是为后面的人清除障碍而使公路变得畅通的人！"

《塔木德》告诉我们，世上任何一种事物，都是相互依存的，每个人都需要别人的帮助，每个人也都有帮助别人的义务和责任。一旦人与人之间建立了这种关系，生活就会变得轻松、快乐起来。

上帝奖赏助人者

把自己与社会隔开，本身就是罪恶。

——塔木德

《塔木德》上就记载了这样一则故事：

某地有一家大农户，户主被当地人誉为最慈善的农夫，因为无论谁遇到难处去求他，他都会慷慨解囊。每年拉比都会到他家访问，而每次他都毫不吝啬地捐献财物。

这个农夫一直靠着一块大农田致富。可是有一年这里发生了灾害性气候，农夫所有的农田和果园都遭到了风暴的袭击，造成全部绝产；接着又一场灾难袭来——牲畜发生了瘟疫，他家所有的牲畜都死光了。听说他濒临破产了，债主蜂拥而至，把他所有的房产和家具扣押起来，最后他只剩下一小块土地。可是他仍乐观地说："这些财产既然都是上帝赋予的，那么上帝又把它们收回去了，还有什么说的呢？"话语中丝毫没有怨天尤人的意思。

当年，拉比们又像往常一样来到农夫的家，见他家道如此败落，除了对他表示慰问外，就不想请他捐献了。

农夫的太太却说："我们每年都要为拉比建造学校、维修会堂，为穷人和老人捐款，今年实在是拿不出钱来了，非常抱歉。"

后来，夫妇俩觉得让拉比们空跑一趟于心不安，便决定把最后剩下的那块土地卖掉一半，然后把钱捐给拉比。拉比们知道这件事后，对他们夫妻俩简直是感激不尽，并说上帝一定会报答他们的。

有一天，农夫正在剩下的那半块土地上犁地，耕牛突然滑倒了。当他手忙脚乱地拉起耕牛后，在牛蹄下发现了一个封得严严实实的大瓷坛子。农夫打开一看，里面装着满满的金币，数量足够他下半辈子过着丰衣足食的日子了。从此他又过上了先前的富裕生活。

第二年，拉比们又来到这里，去了农夫原来的家。他们原以为农夫还和原来一样贫穷，可邻居们告诉拉比们："他已搬入新居了，瞧！前面那所高大的房子就是他的新家。"

农夫见拉比们来了，热情地把他们让进屋子，然后告诉了他们这一年里发生的事情，并总结道："只要乐于助人，上帝一定会奖赏他的。"

《塔木德》中还有一个恶有恶报的故事：

一群游人在海上同乘一条船。其中有一人拿出一把钻，开始在自己身下的船板上钻洞。

同船人问他："你为什么要这样做呢？"

那个人回答说："这与你们有什么关系？我只是在我自己的座位下钻洞。"

其他乘客说："但你这样做会使船漏水，将我们大家都淹死啊！"说完大伙儿就七手八脚地把他扔下了海。

犹太人认为，助人即助己，害人者终害自己。犹太人在经年累月的流浪岁月中，正是由于一直保持着团结互助的精神，才为他们赢得了生存的机会。

爱邻如爱己

> 不可无故陷害邻舍,也不可欺骗。不可说:"他怎样对我,我也怎样对他。"
>
> ——塔木德

所罗门王国里有一个村子,村里有两位农夫是邻居,这两位农夫做事爱斤斤计较,平时,不管大事小事没有不吵架的时候。

有一年夏天天气炎热,一连几个月不下一滴雨,干枯的农田急需灌溉。有一天,终于盼来了一场大雨,两家人都想把水渠里的水引到自己家的农田里,但两家共用一条灌溉沟。

"我们家的水田在上面,应该先浇我家的地!"

"我家的农田在下面,但在下面就应该后浇吗?这是哪国的法律!"

刚开始,他们还只是打嘴仗,后来就扭打在一起。

"哎呀,邻居之间怎么能吵架,还动上了手,真是胡闹!"

在雨中路过的贤士看到两个农夫在打架,便走到两个农夫跟前劝说:"停下来,你们跟我去所罗门王那儿评理,看你们谁对谁错。"

他们拜见所罗门王,讲明原因,恳请所罗门王能给他们一个公正的评判。

所罗门王听完后,半晌没有吱声,忽然他瞅了瞅站在一旁的贤士,问:"你是证人,那我问你,他们俩谁先挑起的是非?"

贤士认真地回想着。两个农夫焦急地等待贤士的回答。

"陛下,在回答以前,我有一个请求。您若保证会做出公正的判决,我就当证人。"

"我保证做出公正的判决。"

"您听我说,他们俩先是互相对骂,后来又拳脚相加。"

"嗯,那么两个人应受到一样的处罚。"

"陛下，我再一次请求您保证做出公正的判决。否则，我不能继续作证。"

"贤士，你放心好了，我会做出公正判决的，但不知你要求的公正判决有什么标准？"

"标准只有一个，那就是化解他们之间的仇恨，让他们和睦相处。"所罗门王表示赞同："我宣判：两个人回家好好种地，今后再也不要因为这种事情来找我。"

贤士会心地笑了。走出公堂，两个农夫几乎同时握住对方的手，高高兴兴地回家了。

所罗门说邻近的朋友胜过远方的兄弟，要与之多接触，多亲近。

所罗门劝诫人们："爱邻如爱己。"要求对待邻居要像对待自己一样。实际上，在犹太法律系统中，许多约束邻里关系的条文都是从道德法则直接发展出来的。举个例子，如果邻居能从某件事得到好处，而另一个没有损失，后者应该顺从前者的心愿。这种道德法的典型是巴比伦尼亚先贤发展出来的"先占法"。如果某个人要出卖财产，他一定要优先卖给相邻的人。

犹太人在处理邻里关系方面还有如下规定：

首先要尊敬邻居，不可藐视，更不能用言语伤害他们："不虔敬的人用嘴败坏邻居，懂得道理的人用知识帮助邻居"、"藐视邻居的，毫无智慧，懂得道理的人却静默不言"。其次要端正心态，善待邻居，严禁发生以下行为：出卖邻舍的信任，与邻居之妻发生越轨行为，随意为邻居担保，出庭陷害邻居，泄露邻舍的秘密，拿邻居开玩笑，大清早对邻居表现得过于热情，串门太多等。

犹太人善于处理邻里关系，在犹太人居住的区域里，很少有争吵、打架的事情发生，正因为如此，犹太人才有非常强的向心力。

贪心会使人愚蠢

上帝护卫义人，贪心使人愚蠢。

——塔木德

有一个富人快要过生日了，他发请柬给城里有权有势以及那些与他一样有钱的富人。

有一个从前也是个富人但现在已沦为穷光蛋的人没有受到邀请。但他还是决定要去赴宴，外面天气相当冷，可他没有大衣可穿，所以不得不穿夏天的单薄衬衫。

"哎哟，冻死我了。这怎么行，得想办法才行。"

于是他在一只布袋里装满了石子儿背着跑了起来。一会儿，他感觉浑身热了起来。

看到穷人走进来，富人装出高兴的样子迎了上来。

"天这么冷，你连大衣都没穿该多冷啊。来，先暖暖身子吧。"

"冷？哦不，您看看我现在都热出汗了。"

富人仔细一看：可不是嘛，穷人虽说穿着夏天的衬衫，但脸上的确流着汗。

"我穿的这件衬衫啊，冬天穿着暖和夏天穿着凉快。"

"哟，还有那么神奇的衣服？"

富人吃惊地摸着穷人穿的衬衫。

"我这可是家传之宝，万金难买。"

富人有些眼红，他想把这稀世宝贝弄到手："把它卖给我吧，我会出很高的价钱。"

"可是，卖了这件衬衫我会得到祖先惩罚的。但您这么恳切的请求，我不能拒绝……您能出多少钱？"

"放心，我不会亏待你的。"

穷人装着很无奈地脱下了衬衫。富人给了他很多的钱及一套皮衣。

几天以后，富人准备出门，他忽然想起那个高价买来的衬衫。

"快把那宝贵的衬衫给我找出来吧。"他对他的老婆说。他的老婆给他找来了那件衬衫。

富人只穿着薄薄的衬衫走出了家门。

"哎哟，好冷啊。"

刺骨的寒风毫不留情地透过薄衬衫直剜着皮肉。

富人傻等着衬衫变暖。可是不管他怎么等，衬衫始终没有变暖。最后富人终于全身冻僵倒在了地上。

人的生命是有限的，而美好的事物及财富是无限的，以有限的生命去追寻无限的事物和财富必定是自讨苦吃的。这样的人，穷其一生追求无限的东西，其生活必不会快乐，只因其贪心太重。

此外，过度的贪念可能会催生恶念，贻害世人，当然，自己最终也会受到伤害。

金钱被犹太人推到很高的地位，但所罗门却不赞成贪心，因为在他看来，贪心会令人头脑发胀，思路受阻，会阻碍人们进一步的发展，换一句话说，过于贪心会使人变得愚钝，同时，也会有损自身的形象。

《塔木德》认为，人的欲望是无止境的，然而过分地贪心，追逐物质利益会使人丧失理智，变得盲目而愚蠢。所以，在现实生活中，犹太商人从不贪图过分的利益。贪心使人利欲熏心，头脑变得简单，故事中的富人因为贪心，居然相信在天寒地冻的冬天一件破旧不堪的衬衫能够抵御寒冷，可谓愚蠢之极，最后落得个冻死路边的悲惨下场，可悲、可怜、可叹。

失礼，没有理由

请保持你的礼貌和热情，不管对上帝，对你的朋友还是对你的敌人。

——塔木德

彬彬有礼的态度不仅是对他人的一种尊重，同时也是个人修养和品行的外在体现。一个有礼貌的人能够很容易地赢得他人的好感，给人留下极佳的第一印象；同时礼貌和热情也像一片"热土"，在上面可以种下机会和成功的种子。

有个名叫劳尔的犹太富商，以对人热情礼貌而著称，凡是与他接触过的人都非常喜欢他。劳尔说，这完全要归功于自己的父亲，虽然他的父亲早已过世，但他的教诲却令劳尔终生难忘。

劳尔小的时候，他的父亲开了一间杂货铺，他没事的时候常在里面帮忙。杂货铺里有几名伙计，都是成年人，劳尔的父亲希望他能从他们身上学到一些有用的东西。

在那些伙计之中，有一个不怎么受欢迎的人，大家背地里都叫他"堕落的老家伙"，因为他对自己的妻子不忠。这事尽人皆知，从道德上来讲，他绝对不是一个值得尊敬的人。

劳尔和其他孩子对这个人的人品也有所耳闻，尽管他们不太明白，但也像其他人一样，对他很不尊重。孩子们都是以"某某先生"来称呼其他成年男性的，但对这个不体面的家伙，他们却都直呼他的名字，叫他"乔"。

有一天，劳尔的父亲听到了儿子与"乔"的对话，就把儿子叫到了自己的房间里。

"儿子，"父亲对劳尔说，"我曾经告诉过你，跟长辈说话一定要谦恭，可是刚才我听到你在大声叫'乔'。"

劳尔向父亲解释了自己为什么要把"乔"和其他人区别对待的原因。他对父亲说："'先生'一词是留给值得尊敬的人的，而那个家伙他不配！"

父亲语重心长地对劳尔说："他配不配是他的事，而你这样对待他则是你的问题。你难道不知道这是一种非常失礼的行为吗？对一个人有看法绝不能成为你失礼的借口！"

父亲的这番话给劳尔留下了极为深刻的印象，也给他在为人处世方面带来了深远的影响,即使在他成为一位非常成功的商人之后依然如此。

《塔木德》提醒我们,每个人都希望得到他人的尊重,同样道理,我们也都应该学会尊重别人。礼貌待人就是尊重他人的一种表现,它能体现出一个人良好的修养和素质。歌德有一句名言:"礼貌就是一面能照出自己肖像的镜子。"在与人交往的时候,没有人会喜欢一个粗俗无礼的人,但对他人的失礼则更多暴露的是我们自己的丑恶,而不是对方;即使是品行不端的人,如果我们无礼地对待他们,也只会降低我们自己在人们心目中的地位。因此,在与他人交往时,要做到礼貌待人,这样才能使人与人之间彼此尊重、相互友善。

第八章
心态：以良好的姿态与世界对话

犹太人认为许多挫折都是人为造成的，有的人因为太锋芒毕露、棱角太强而挫伤了别人也害了自己，这种人就是不会保护自己。所谓"人者心之器"，正因为他们能够操纵自己的心灵，才可以顶天立地地操纵世间的一切。

积极跨过人生三重门

今天将要发生的事我们都还不知道，何必为明天而烦恼呢！

——塔木德

犹太人认为，和疾病搏斗的最有效方法，并不是消极地杀死细菌或毒素，而是积极地设法使自己的身体强健起来。因为，在犹太人眼中，当有充分的营养和休息后，身体自然而然地就能抵抗疾病。

同样的道理，犹太人认为，生命的天平常在希望和绝望之间摇摆不定，只要增加希望的分量，便能保住生命，也就可以让天平的指针，倾向有利于自己的方向。所以，在处世智慧中，犹太人坚信与其和绝望搏斗，不如维持希望。

"我们必须勇敢，并且运用自己所具备的优良本质，借以生存下去，更要发挥这一种能力来认识自己。经常有恐怖、谨慎、懦弱及胆怯等因素控制我们的活动，所以我们最大的敌人是妨碍自己的本能，也就是与生俱来的'欲望'和'个性'。"一位犹太拉比告诫人们时说。

《塔木德》中说："今天将要发生的事我们都还不知道，何必为明天而烦恼呢！"

犹太人认为，人生有三道门，分别通往过去、现在和将来；不可关闭这三扇门中的任何一扇，同时还要对每一扇门都存着希望，借着过去的经验，来把握现在、创造未来。这是人生的真正目的。

在犹太人心中，人的一生并不只是由今天和过去两个因素构成，还应包括有很多"明天"的成分在内，而明天的那一部分也就包括明天一定能好转的"希望"部分。所以人不仅是能生存在过去和现在之中的动物，同时也是能够生存在未来之中的动物。

犹太人为什么尊敬年高德勋的长者？因为他们"过去"的那一扇门有宝物。为什么年轻力壮的男女都很美？因为他们"现在"的门中有宝物。孩子为什么可爱？因为他们象征着"未来"。

犹太人很倔强、好强、不屈不挠，他们绝不甘心落在别人之后，他们认为谁灰心、谁气馁，谁就是失败者。

犹太人认为，有晴朗的日子，也会有阴暗的日子，所以事情既然已经成为过去，谁也无可奈何。神为了补偿人的过去，所以赐给人未来，只要不失去希望，人们就一定能随心所欲地创造未来。

因此，犹太人对困难和逆境是既不灰心，也不气馁，总是保存着希望而顽强地生活着！

快乐源于内心，与金钱没有直接关系

金钱是温暖的，但不能代替快乐。

——塔木德

一个人的快乐与财富的多少，经常是人们争论不休的话题，有的人认为，钱多了可以买很多的东西，当然会快乐了；也有的人认为，金钱虽然可以满足人的很多物质上的欲望，却无法买到真正的快乐。毋庸置疑，金钱和物质是一个人生活的根本，但一个人是否会生活得快乐，却并不是由他所拥有的金钱的多少来决定的。

有一个富人，城里有着很多店铺，乡下还有着很大的庄园，包括几百亩地和几百头牛羊。不仅仅是这些，他还有个大渔场和很多的渔船。尽管富人有着这么多的实业，但实际上他并不忙，因为生意全交给了那些雇来的人去打理，所以富人很少操心。然而，这种在他人看来想如何享受便可以如何享受的生活，富人却说他从来就没感觉到自己快乐过。

因为他一直担心他所拥有的、辛辛苦苦挣到的家业会突然一天消失不见，为此他经常是吃不好、睡不香。

在富人家对面的一个简易阁楼里住着个工人，他是个穷小子，都30多岁了还没讨到老婆，但只要下了班回到家，他总是喜欢拿着把破吉他不停地弹，还扯着个破锣嗓子唱个不停。

有一天，富人敲响了穷小子的家门，问："你下班后，就会弹吉他唱歌，难道就不想多挣点钱，改善自己的状况吗？"

穷小子听到后，沉默了一下，说："我当然想过，不过不是现在，是过去。"

富人有些纳闷，忙问他其中的原因。穷小子说："我曾向一个朋友借了一笔钱，准备拿着它去做生意。外面的行情我根本就不懂，随便选一样做，万一赔了就麻烦了。经过再三思考，我把钱还给朋友了。我现在很知足，生活过得很快乐，何必去自寻烦恼呢？"

富人听后，忍不住哈哈大笑起来，因为他从穷小子身上，找到了快乐的源泉。

所以说，拥有万贯家财的富人未必会得到真正的快乐，而身无分文的穷小子也不见得就有一身的烦恼。《塔木德》提醒我们，一个人的快乐与否，并不在于他是否拥有多少财富，而在于他是不是拥有一颗知足的心。有钱的人如果总是想着如何才能保住或是获得更多的钱财，那么自然就会整日里殚精竭虑，心潮自然会起伏不定，又何来怡然自得的快乐呢？而没钱的人，一旦有了能够改变自己命运的机会，难免也会无法控制自己的情绪，从而失去自己原本所拥有的快乐。因为真正的快乐是源自一个人的内心，只有内心永葆知足的心态，快乐才会始终伴随在他的左右。

积极地看待一切

正直人的纯正必引导自己，奸诈人的乖僻必毁灭自己。

——塔木德

在一座古城里，有两个人常年以乞讨为生，一个是巨人，他长得特别健壮，孔武有力；另一个是个瘸子，与巨人相反，他体弱多病，似乎一阵风就能把他吹跑。

巨人已经习惯于嘲笑瘸子，而他不幸的同伴只好把嘲笑都咽到肚子里。在闲下来的时候，他总是这样祈祷："全能的主啊！拯救一下您可怜的子民吧！我多么可怜，而我的同伴又是多么可憎，我真的是无可救药了吗？"

有一天，这两个叫花子来到了首都。这时，国王正遇到巨大的不幸，他最亲信的两个仆人突然死了。一个是他的私人保镖，另一个是御医。于是国王派人到全国各地寻找强壮的人和医生来补充这两个空缺。

最后国王从众多请愿者中选出了一个最强壮的人和一个医生，然后让他们出示各自胜任的证据。

"国王陛下！"那个强壮的人说，"您把全城里最强壮的人找来，我一拳就叫他见不到明天的太阳。"

那个医生说："给我一个最没希望的瘸子，我能在一星期内治好他。"

于是国王火速派人在城里寻找最强壮的人和最没希望的瘸子。很凑巧，他们在街上碰到了这两个叫花子。巨人和瘸子被带到国王面前。

一开始是那个强壮的人，他一拳果真把巨人打死了。然后是那个医生，他治愈了瘸子，一星期后瘸子恢复了健康，可以健步如飞了。

《塔木德》提醒我们，不幸未必一定是坏事，在某些机缘巧合下，坏事会变成好事，不幸会变成幸运，正所谓："塞翁失马，焉知非福。"要学会积极地看待一切，这才是直面人生的正确态度。

不幸是人生的苦难事。当生命之花刚刚开始萌芽，就遭到雨淋霜打，人生的旅途充满泥泞沙石；当事业之帆刚刚启程，就遇到狂风暴雨，事业的征程出现暗礁、险滩，犹如湛蓝的天空会出现乌云密布的瞬间。

不幸出现在人的生活里，并不足为奇。对遭遇的不幸，相反应反思它的存在价值和利用价值。因为坏的东西在一定条件下，可以促成转化，引出好的结果。人们正是在一高一低的跋涉中走完生命历程的。

人类最大的弱点就是自贬，亦即廉价出卖自己。拥有这种毛病的人在现实生活中是很常见的。例如，杰克在报纸上看到一份他喜欢的工作，但是他没有行动，因为他想："恐怕我不能胜任这个工作，何必自找麻烦！"

几千年来，犹太先知忠告世人：要认识自己。但是，很多人都把它解释为"仅认识自己消极的一面"，大部分的自我评估包括太多的缺点、错误与无能。认识自己的缺点是好的，可借此谋求改进。但如果只去看自己的消极面，就会陷入混乱使自己变得没有什么价值，因此，要正确、全面地认识自己，用一颗积极的心去面对一切。

犹太人认为回避不幸的人，不会摆脱不幸；悲叹不幸的人，不会减弱不幸；屈服不幸的人，不会驱赶不幸。只有正确对待不幸的人，才能使不幸成为走向成熟的垫脚石，成为进军途中的响箭，做出常人难以做得到的事情。

从《圣经》时期开始，犹太人就遭受着诸多的不幸，但犹太人顽强地承受着，忍耐着；满怀希望，等待着机会，寻找人生转折的突破口。在犹太人看来，凡事都有回旋的余地，办法总比困难多，只要肯动脑筋，积极筹划，事情总有出现转机的时候。

懂得善待自己

仁慈人善待自己，强暴人残害己身。

——塔木德

犹太富商贾拉曼年逾古稀，却依然红光满面，精神矍铄。有人很好奇，专程向他讨教。

贾拉曼笑着说："其实我也没有什么秘诀啊，我只不过是好好地接受生活，善待了自己。"

那人还是不太理解，贾拉曼点了支雪茄，说：我给你讲个犹太人的故事吧！从前，拉比哈曼给学生讲授律法以及做人的道理。授完课后，他与学生们同行，陪他们走了一段路。学生们问他：

"老师，能不能告诉我们，现在你要去哪儿？"

哈曼笑了笑，然后说："我应该而且必须去履行一项宗教责任。"

学生们好奇地问："哪项宗教责任？"

哈曼说："我得赶到浴室去洗澡。"

学生问："这是宗教责任吗？"

哈曼回答说："如果有人被指派去擦洗在剧院和马戏场的国王的雕像，他做这活不仅得到了钱，并且还结识了贵族，他得到了很大的好处。那么，照着上帝的形象被创造出来的我，难道不更应该保养我的身体吗？"

《塔木德》认为，作为人，首先要学会善待自己，即自尊自重，珍视自己的存在价值。不尊重自己的人也无法得到别人的尊重。一个人只有懂得如何善待自己，才能去帮助、解救别人。

人们首先应该非常注重吃，只有吃得好，食物营养好，身体才会健康，这是符合保健原则的。所有的犹太商人都有这样的习惯：不管工作多忙，都要把一日三餐吃得有模有样、有营养。犹太人除了注重饮食之外更注重充分的休息。对于犹太人来说，身体健康是根本，而要保持身体健康就需要充分的休息。

犹太人都很会善待自己。他们特别爱清洁，每天必洗澡。犹太人不肯做违背自然的事，而且特别乐观向上。顺应自然，身心必定健康；压抑个性、整日牢骚满腹，很容易生病。

犹太人对于身体健康的注重是从婴儿开始的。按犹太人的观点，"婴儿必须用母乳喂养，唯有用母乳顺应自然之理，以其他任何营养品取代都是错误的，母亲不应该介意影响自己乳房的美"。一旦某个犹太妇女放弃母乳喂养，她就会受到身边其他人的孤立和嘲笑。

同时，犹太人更注重休息，因为他们认为休息好是善待自己最重要的保障。犹太人在安息日，24小时都处在禁酒、禁烟、禁欲状态，并且24小时一心只向神虔诚祈祷，或与家人一起享受天伦之乐。这对于修身养性、恢复精力大有裨益。

犹太人还认为，人活在世上首先要学会为自己着想、为自己谋求利益，导致生命损失的每一种行为都是有罪的，每个人的生命都是需要妥善爱护的。善待自己、保护自己是人们生存的根本任务。

正因为犹太人会享受生活，会善待自己，才使得他们的身体非常健康，才能在繁忙的工作中保持精力上的旺盛，才不至于让紧张的工作把自己压倒。

保守秘密才是会生活

> 多言多语难免犯罪，约束嘴巴便是智慧。
>
> ——塔木德

在所罗门王管辖的一个村子里住着这样一对夫妇：男人本分善良，女人却是个爱唠叨、爱数落人的人。

有一年，当地发生了饥荒。在新年前夕，男人给了一个穷人一些金币。当妻子发现了这件事情后，整日对丈夫唠叨不休，以致男人离开了家。在外面男人找不到睡觉的地方，就在墓地过夜。

半夜里，他被两个女幽灵的对话吵醒了，再也难以入睡。

第一个女幽灵说："今天是犹太教的新年，我们飞回天上，偷听一下天上的秘密，看看明年人间将遭受什么祸事。"

第二个女幽灵回答："真是对不起，我现在被稻草衣裹住，不能动弹，还是你自己去吧，回来后再告诉我。"

于是，第一个女幽灵自己飞走了。

"我听到了一个秘密，说会有一场大冰雹，毁坏播种早的人们的庄稼。"回来后，她对她的朋友说。

第二天清晨，男人回到家中。到了播种季节，男人特意把播种时间延后，才开始播种。后来，女幽灵的话果真应验了。别人的庄稼都被大冰雹毁掉了，唯独他的庄稼生长得很旺盛。

第二年，他又去墓地睡觉，又听见了两个女幽灵的对话。

第一个女幽灵说："走吧，我的朋友，让我们去探听一下天上的秘密，看看什么样的不幸等待着人们。"

"我已经告诉过你，我被稻草衣裹着。"另一个女幽灵说，"还是你自己去吧，回来后再告诉我。"

于是，第一个女幽灵又自己飞走了。

"我听见了一个秘密，如果夏天播种，庄稼会被太阳晒枯而死。"她回来后对她的朋友说。

男人听到这个秘密，第二年春天，他比别人早早地播完种。当天气变得酷热时，他的庄稼已经长得很好，但别人的庄稼被毒热的太阳晒枯了。

看到自己的丈夫不断地有好运，他的唠叨妻子感到惊奇不已，缠着他刨根问底。于是，男人把事情的来龙去脉告诉了妻子。

过了几天，他的妻子跟一个失去了女儿的女人发生了争执，他的妻子说："不要再吵了，你的女儿还躺在稻草堆里呢。"

这个男人第三次去墓地睡觉时，又听见了两个女幽灵的对话。第一个女幽灵说："飞吧，我的朋友，让我们去偷听天上的秘密，看看什么样的不幸等待着人们。"

"上帝怀疑我们了。"另一个女幽灵很不安地说，"我们还是守口如瓶吧。这里虽然隐秘，但我们说的话还是不知被谁偷听了去，并传到了人们那里。这世界，任何地方都没有秘密。"

正如故事中所言：这世界，任何地方都没有秘密。也正由于此，秘密才显得难以保守，保守秘密才难能可贵。能够保守秘密的人才是真正会生活的人。

《塔木德》认为，只要秘密仍掌握在你手中，你就是秘密的主人；

但当你把秘密说出来以后，就会变成它的奴隶。当一件秘密被人们知道时，都会忍不住想把那一份秘密透露出来，并且认为这是人之常情。

正由于这世界任何地方都没有永远的秘密，所以犹太人的忠告就是：不要轻易相信别人，也不要把秘密泄露给不相关的人知道。

人生最忌消极，乐观才有快意

乐观的人，每一天都生活在阳光中。

——塔木德

一个人快乐与否，成败与否，犹太人认为是由自己的心态所决定的。一个人最忌讳的是抱着一副消极的心态，它会完全摧毁人的斗志，以致在事业、进取心方面，完全放弃了希望，放弃了努力，那等待自己的唯有自酿的苦酒。人的行为是靠激情和斗志驱动的，乐观的心态往往会把人的潜能充分发挥出来，结果往往都是超常规发挥；而消极的心态可以彻底击垮一个人，使他斗志全无，导致自己的能力无法正常施展出来，最后胎死腹中！

人的行为是由他的心态所掌控的，拥有什么样的心态，就有相应的结果。人的心态完全由自己来调控，从这个意义上讲，人的不同人生，也就是由他的心态所决定的。《塔木德》中有这样一个故事，让人深受启发：

雨后，一只蜘蛛艰难地向墙上已经支离破碎的网爬去，由于墙壁湿润，它爬到一定的高度，就会掉下来，它一次次地向上爬，一次次地又掉下来……第一个人看到了，他叹了一口气，自言自语："我的一生不正如这只蜘蛛吗？生活忙忙碌碌而无所得。"于是，他日渐消沉。

第二个人看到了，他说："这只蜘蛛真愚蠢，为什么不从旁边干燥的地方绕一下爬上去？我以后可不能像它那样愚蠢。"于是，他变得聪明起来。

第三个人看到了,他立即被蜘蛛屡败屡战的精神感动了。于是,他变得坚强起来。

世间万事万物,可用两种心态来看待:一种是正的、积极的,另一种是负的、消极的。这就像钱币的正反两面一样。该怎么看?这一正一反,就是心态。它完全决定于你自己的想法。乐观的心态可使人欢快进取,有朝气,有精神。消极的心态则使人沮丧,难过,没有主动性。

《塔木德》提醒我们,对未来悲观,就像下坡容易上坡难一样,人类似乎天生有"悲观"的倾向。要积极很困难,要消极却很容易;要乐观很困难,要悲观很容易。悲观的情绪像瘟疫,会迅速传染开去。悲观与人的习性有关,有的人因缺乏人生的意义与目标,必然心胸狭隘,目光短浅,看不到美好未来;因"害怕"半途而废而无成就感,必定自惭形秽,因而得过且过,表现得十分自私;为了保持做人的最后一点点"尊严",必然要以愤世嫉俗、牢骚满腹、猜疑忌妒、易怒等方式来发泄,以缓释内心深处的悲哀。

解放自己的内心

每一个人的内心都是一个城堡,把门打开,让阳光照进来。

——塔木德

有人在闲暇时会清水煮茗,在品尝淡淡茶香的时候会扪心自问:何为快乐?快乐是一种感觉,再华丽的辞藻也难以表达出快乐的微妙感觉,对快乐的虚幻认知并不能表明我们是不食人间烟火之人,只是"快乐"真的不是一个人带有主观色彩的解说便可以将其解说明白的。心是快乐之本,红尘之中,有多少美丽容颜就有多少颗不一样的心。

所以,我们难以将"快乐"定义,也无须别人定义出来的"快乐",只要放松自己的心,一样可以获得自己别样的快乐。

《塔木德》中讲述了这样一个故事:

在耶路撒冷附近的一座山上，生长着一种名叫"快乐藤"的植物。传说，得到这种植物的人，都会喜形于色，笑逐颜开，无形中就把烦恼和痛苦抛开，每时每刻都在收获幸福与快乐。

有一位年轻人，整天愁眉苦脸，说自己活得不快乐。为了得到快乐，他来到这座山里，寻找传说中的快乐藤。功夫不负有心人，年轻人终于得到了梦寐以求的快乐藤，可是结果却让年轻人非常失望，因为快乐藤并没有给他带来快乐。

一天晚上，年轻人在山下的一位拉比家里借宿，面对皎洁的月光，不由得长吁短叹。

拉比见年轻人一脸愁云，不禁问道："小小年纪，何来的烦恼？为何一脸不开心呢？"年轻人将这件事情一五一十告诉拉比，并问他："我已经得到了快乐藤，为什么却仍然不快乐呢？"拉比一听年轻人的问题，不禁大笑，说："其实快乐藤并非终南山才有，而是人人心中都有。只要你有快乐根，无论走到天涯海角都能拥有快乐藤。"

拉比的话让年轻人耳目一新，他又问："什么是快乐的根？"

拉比说："心即快乐的根。"年轻人恍然大悟，最后笑了。

人生一世，草木一秋。《塔木德》中说："快快乐乐、开开心心地过一生，是每个人最大的心愿。"如何才能获得真正的快乐呢？方法很简单，只要我们拥有一个快乐的心态，无论是在逆境中还是顺境中，自然就变得快乐起来！

大街上，人群中，我们可以看到有些人，积极向上，乐观主动，虽然衣着简朴，可总是富有朝气。有些人，富甲一方，位高权重，但心灵被自私、嫉妒、卑劣填满，总是让人觉得阴郁，而他们自己也总觉得生活是那么让人难以负荷。

人生苦短，去日苦多，在短短的人生之旅中，人人都有所求。有的人求子孙满堂，即得满足；有的人求福如东海，深感幸福；有的人求洪福齐天，最为得意；有的人求万事如意，甚为欢喜。如果就表面来看，他们所求各不相同，但万涓细流，汇聚成海，归根结底，他们所求的是一份快乐的心境。

就现实而言，为梦想打拼的人，几乎没有豪华的别墅、高档的名车和显赫的地位，但我们只要拥有一份快乐的心情，我们就是世界上最富有的人，我们在人生的路上就会因追求梦想而快乐，因快乐而让梦想变得更加真实和美丽。

《塔木德》中说："我们可以普通，可以平凡，但一定要有存在的价值。"只要你的人生还有梦，那就毫不犹豫地敞开胸怀，快乐丰富我们的每一天。只要我们能够敞开心胸，放松心灵之后，就会发现快乐并非高不可攀，其实它就在我们的内心深处。

你看到的是泥土还是星星

你活得是否快乐，取决于你对生活的态度。

——塔木德

心态是人们对事物发展所产生的不同思想状态。就像是硬币分为正反两面一样，心态也分为两种，一种是正面积极的心态，另一种是负面消极的心态。同一个事物，积极乐观的人更多地看到它的正面，消极悲观的人则更多地看到它的反面。即使同一个人，在心理状况不同的情况下，看待同一件事物的角度也不一样。

一位年轻的军官要随部队到沙漠里演习，他新婚的犹太裔妻子舍不得离开自己的丈夫，央求他带着自己一起去。在得到了上级批准之后，这位军官带着妻子一起来到了荒凉的沙漠，军官的妻子第一次见到沙漠。

军官白天参加演习，他的妻子就一个人留在营地。沙漠里白天气温很高，即便她所在的营房有巨大的仙人掌遮蔽，气温也超过华氏120度。军官的妻子非常爱干净，但是沙漠里缺水，洗澡的麻烦让她抓狂。当然了，这些还都不是最要命的，她最忍受不了的是孤独。

丈夫带着部队参加演习，整个营地除了她之外都是墨西哥人和印第安人。她对于墨西哥语和印第安语一窍不通，当地人也几乎不会说英语。于是，军官的妻子整天闷闷不乐，一天到晚唯一的乐趣就是坐在窗户边等着丈夫回来。

当地人看到军官的妻子如此冷漠，也不敢靠近，认为这位军官的妻子不愿意和他们来往。

军官的妻子受不了了，她写信给自己的父亲，抱怨自己的生活，甚至埋怨自己的丈夫，后悔嫁给了他。几天之后，父亲的回信被送到了营地。她收到信后赶紧打开，以为父亲会好言安慰并劝她回去。谁知，信上只有一句话："两个人从牢中的铁窗里往外望，一个人看到了泥土，另一个人则看到了星星。"军官的妻子不禁一愣：是啊，自己还曾经梦想着到沙漠探险，也一直为丈夫而骄傲，怎么能够一直抱怨，一直郁郁寡欢呢。

于是，她开始寻找自己心中的"星星"。她渐渐发现，沙漠的日落非常漂亮，沙漠的植物非常奇特。她开始每天面带笑容，慢慢寻找各种别处感受不到的乐趣。当地的居民也发现军官的妻子变得热情而开朗了，他们看到她微笑的时候，不禁感叹她的美貌。他们邀请军官的妻子到他们家里做客，送给她各种各样好玩的礼物。

这位军官的妻子的生活开始发生了巨大变化，原来难以忍受的环境变成了令人兴奋、流连忘返的奇景。军官的妻子再也没想过抛弃丈夫回家这件事，甚至3个月的演习结束，她走的时候还落泪了。

沙漠还是那片沙漠，依旧荒凉，依旧缺水，依旧风沙凶猛，可是军官的妻子的生活却由枯燥变得生动起来，她对沙漠的感情由孤独难耐变成了恋恋不舍。这就是因为军官的妻子心态变化了，她以积极的心态看待眼前的事物，这些事物也就变得分外可爱。促使她心态改变的，是父亲的那句话："两个人从牢中的铁窗里往外望，一个人看到了泥土，另一个人则看到了星星。"

是啊！既然客观情况已经如此，那么，你是看到了泥土，还是看到了星星呢？

《塔木德》提醒我们，人生的道路上，我们会遇到各种各样的情况，以什么样的心态面对这些复杂的情况呢？很多人总是会被心中的消极心理控制，凡事往坏了想，以至于整天愁眉苦脸。这是非常不正常的心理，不利于我们处理日常事务，也不利于一个人的身心健康。只有以积极的心态面对问题，才能够从危急中看到机遇，才能够树立起生活的信心，在人生的路上披荆斩棘，勇往直前。

所有经历的都会让你变得更强大

生命并非总是快乐和幸福的。

——塔木德

每个人都会经历这样一段时光：没有人对你的痛苦感同身受，没有人对你的深夜痛哭加以关心，更没有人在你无助时给你鼓励……如果你此时生气而沉沦，那么你的一生将在无边的痛苦中度过。

一直以来，犹太人科威顿太太都在照顾3个病重的孩子。好不容易3个孩子在她的悉心照料下都康复了，可是医生又对她说，她丈夫患有很严重的心脏病，随时都可能有生命危险。

"我担心得要命！"科威顿太太在写给好友的信里说，"我彻夜难眠，体重很快就下降了15磅，再这样下去，我的精神会崩溃。在一个失眠的夜里，我突然意识到我这样担心对事情有什么好处呢？我应该花一些心思让事情变得好一点，于是整个夜晚我都在计划自己接下来应该做什么。

"丈夫心灵手巧，会做家具。我对他说，我想让他做一个我设计的床头柜。丈夫说只要我设计得出来他就能做得出来。于是我开始想自己最想要的床头柜的样子，接着就把它画出来。第二天，我给他看了我的设计图纸，丈夫很喜欢我的设计，以后的好几个下午，他都在为这个床头柜而忙碌。丈夫干活时特别开心，这是我最大的欣慰。后来，几个朋友看到我的小床头柜都非常喜欢,他们都要求丈夫也为他们做一个。

"为了我和丈夫有更多共同的事情可以做,我还和丈夫在小菜园里种了些蔬菜和花。我们经常一起到园子里摘点新鲜的蔬菜,然后装在很多个篮子里送给亲朋好友,每次看到朋友们脸上惊喜的笑容,我和丈夫都很开心。除此之外,我和丈夫还尽量去帮助那些需要帮助的人。实在没有事情可做时,我们会花上几个小时的时间,坐在菜园旁讨论我们梦想中的果园的样子,商量着什么时候种下秧苗。

"一个下午的一点钟,丈夫突然去世了。那时,我才明白,和丈夫一起梦想的这一年是我一生中最幸福的一年,幸好我没有让自己整天生活在恐惧之中,面对不幸,我做到了我所能做的一切。"

《塔木德》中说:"生命并非总是快乐和幸福的。"当生命的旅程陷入黑暗中时,当你的人生跌入低谷时,当你的天空阴云密布时,如果你能勇敢地面对这一切,不逃避、不软弱、不放弃,勇敢地接受生活的考验,那么这段旅程会让你真正成长起来。摔倒了并不可怕,重要的是在哪里摔倒就要在哪里爬起来。

生活中很多人都渴望成功,但是并不是每个人都能获得梦寐以求的一切。不是机会没有眷顾他们,也不是他们的能力不够,而是他们在困难面前缺乏"挺住"的精神,因此他们输掉了人生、输掉了梦想。

犹太人常说挺住就意味着一切,为了自己的美好生活就要在困难面前坚持下去。当你一路上披荆斩棘到达理想的彼岸,回头看一看走过的路,使你强大起来的是一个个的困境。没有让你毁灭的困境成就了强大的你。

《塔木德》认为,人生中很多事情都无法避免,比如深陷困境。当你深陷困境时悲观、失望就会爬上你的心头,攻占你的大脑,控制你的思维。此时悲观的情绪不断地给你施加重压,生气的"火种"一点即燃。所以身处困境时,别让自己在困境里沉睡,给予自己更多的肯定,只要生活不能将你毁灭,你就要将自己变得强大;只要你挺起脊梁,相信风雨过后一定有彩虹,你就不会因眼前的困境而生气、而怨天尤人。

生活并非由完美组成

不管你多优秀,也不管你多成功,生活中总有遗憾,总有不完美的一面。

——塔木德

《塔木德》中说:"每个人的生命都有一道缺口,你越是不正视它,越是不想要它,它就越如影随形。"正是因为这样,生活中才会有悲伤,才会因悲伤而生气,继而因为生气而毁了自己。

有人说鲜花凋零是一件遗憾的事,只要曾经努力盛开过,所有的一切便心安无悔;总能听到抱怨人生苦短的叹息,但只要你以只增不减的激情去热爱生命,生命便永远是晴天。生命中有太多的东西我们无法左右,但我们可以左右对待生活的态度。当生活出现不完美,让原本的美好破碎,如果你选择继续坚强地生活,做好自己该做的事,努力呈现最美的自己,这样既不枉费青春,也不会让自己在现实生活中悲观。这样一直坚持下去,才能在不完美的人生中感受到完美。

一位年近70岁,白发苍苍的老人,四处漂泊寻觅,人们问他在寻找什么?他答:"我在找一个完美的女人来爱。"

"你找了多久?"问他的人不禁好奇。

"50年了。"

"毫无疑问你还没找到吧?"

"不,我找到过,她确实是我有生以来见到的唯一完美的女人。"

"那你怎么不去好好爱她?"

"因为,因为她在寻找一个完美的男人。"

每个人都希望自己的一生能够完美,找到天使般的伴侣,住豪华的房子,观赏万千风光。但不知道想要完美的人有没有先问问自己是不是完美的,是否配得上这份完美?犹太人深知,完美与不完美只存在于一念之间，苛求完美只会离完美越来越远。

有位伟大的雕刻家，他的艺术造诣是如此的高超，以至于当他完成一座雕像时，令人几乎难以同真人区分。有一天，占星师告诉雕刻家即将死亡。雕刻家非常伤心，他开始害怕——就像所有人一样，他也想要避免死亡。他静心思索，最后想到一个方法——他做了11个自己的雕像。当死神来敲门时，他屏住呼吸，藏在那11个雕像中间。

死神感到困惑，无法分辨出面前哪一个才是雕刻家！

"到底怎么回事？12个一模一样的'人'？现在，该带走哪一个呢？"死神无法做出决定，带着困惑，踌躇良久，"为什么居然会有12个一模一样的'人'？我该如何选择？"

又过了很久，死神想到了一个办法——他对着面前的12个"人"说："先生，一切都非常完美，只有一件小事例外。你做得非常好，但你忘记了一点，所以仍然有个小小的瑕疵。"

雕刻家完全忘记自己要躲起来逃避死神的事。他跳了出来问："什么瑕疵？"

死神笑着说："抓到你了！这就是瑕疵——你无法忘记你自己，世间没有更完美的东西！走吧！"

从心理学角度来说，"完美"是一种极端追求。那种完善自我，健康地追求完美，并且在努力达到高标准过程中体验到快乐的人，不是完美主义者。心理学上的"完美主义者"是指那些把个人的理想标准和道德标准都定得过高，不切合实际，而且带有明显的强迫倾向，要求自己去做不可能做到的事的人。《塔木德》提醒我们，人生有许多的不完美，千万不要抱怨，苦苦去追寻不完美中的完美，而失去你触手可及的快乐。只有珍惜你身边的幸福，用平淡的心去面对生活，才会让自己豁达、快乐。

生活平淡时，暗示自己一切都好

> 把平淡的生活过好，才是有智慧的人。
>
> ——塔木德

很多人总会滋生出这样的想法：生活平淡无奇，波澜不惊。有了这种想法，这些人就会倾向于这样的自我暗示：我的生活很卑微，很平淡，和那些闪光的人相比，我的一切都很糟糕。其实这种暗示是非常错误的，生活平凡并不等于一事无成，也不等于被幸福抛弃，这个时候我们要不断地跟自己说"一切都好"，如此我们才能心态平和，拥抱幸福。

犹太人认为，觉得自己生活平淡的人，往往内心会滋生出焦躁、郁闷等情绪，继而影响到身心健康。所以，《塔木德》认为，当感到生活的平淡时，要及时地暗示自己，一切都好，这样才能让自己躁动的心平静下来，才会仔细品味这种生活，找到之前我们所忽视的幸福，继而享受这种生活。

犹太人珍妮的爱情和婚姻可以说是非常平淡的，老公是她的第一任也是最后一任男友。恋爱4年，这期间老公从来没有对她说过什么海誓山盟的情话，甚至连一朵玫瑰花都没有送过，没有说过一句俗套的"我爱你"。

有时候，珍妮会觉得自己的爱情太平淡了，尽管很多人告诉她这是淡然，但她还是觉得缺少浪漫，难道以后自己就要和这样的男人平平淡淡地生活一辈子吗？自己向往的那种花前月下、浪漫满屋的爱情也许正在另一条路上等着自己呢。但是这样的想法也只是一闪而已，生活毕竟是真实的，珍妮一直在心里暗示自己，这种平淡的生活才是最真实的，自己的生活一切都好，自己很幸福。

想着自己一切都好，珍妮也就想起了老公温暖的爱，她能从他的一言一行中感受到那种细雨润物的痴情。刮风的时候,他会脱下外套,默默地披在她的肩膀上;下雨的时候,他宁愿自己被淋湿,也会把伞尽量地偏向她,不会让雨点打湿她的一根头发;打电话的时候,他总是会说:"你先挂。"

珍妮和老公之间难免会因为一些事情磕磕绊绊,发生争吵。她爱哭,当她第一滴眼泪从眼角滑落的时候,老公总是会立即放弃嘴中的词语,后悔自己的不理智行为,所以之后的每一次争吵,都会以老公的道歉作为结尾。

珍妮审视自己的婚姻历程,并没有什么惊世骇俗,也没有什么激情飞扬,有的只是一份足以让人沉醉其中的平淡,一种温馨和幸福。她的爱情是平淡的,但是她一直暗示自己,一切都好,于是她感受到了老公一言一行中的幸福,享受到了这种平淡之中的温馨。

其实生活中的我们,也要在平时不断地暗示自己,一切都好。只有这样,才会获得淡然的正能量,正视自己,享受自己的生活。那么,我们该如何从平淡的生活感受到快乐呢?犹太人通过《塔木德》的智慧给我们总结出以下两点:

1. 多暗示,勤暗示

有句话说得对,一句话重复一遍也许自己不相信,重复几百遍,就觉得是真的了。其实暗示也是这种效果,生活平淡的时候,一遍遍暗示自己,一切都好,次数多了,那么我们的内心也会相信生活真的很好。

2. 要感恩

有些人之所以觉得自己生活平淡,是因为缺少一颗感恩的心。很多时候,其实我们的生活中并不缺少波澜和感动,只是因为我们的内心麻木了,不懂得感恩,不知道感受,所以才会有平淡的意识。只要我们抱着感恩的心态去看待生活,那么我们就能从别人的一言一行中发现善意,发现真情,从而去享受这种平淡。

拉比智断金币案

贪婪是唯一永远不会衰老的激情。

——塔木德

《塔木德》中有这样一个故事：

有一天，一个穷苦的樵夫在上山砍柴的路上，捡到了一只口袋，他打开一看，里面全是金币，数了数，竟有 100 个之多。樵夫非常高兴，心想，一家人这回可以过上好日子了，他的眼前也仿佛出现了一幅自己与妻子和孩子丰衣足食、其乐融融的幸福景象。然而，很快他就想到这袋钱并不是自己的，他没有权利将其据为己有，并为自己刚刚的想法感到羞愧不已。于是，他将钱袋藏好，继续上山砍柴去了。

第二天，樵夫将柴挑到城里去卖的时候，看到一个商人贴出的告示，说他的钱袋在山路上遗失了，谁要是捡到了并交还给他，就可以得到 20 个金币作为酬谢。

樵夫找到商人，将钱袋交还给他。可是这个狡猾的商人拿到钱袋之后，不但不心怀感激，反而想赖掉自己承诺过的酬金。他打开钱袋，仔细地数了数里面的金币，然后假装生气地说："这的确是我的钱袋，可是里面的钱少了。钱袋里本来有 130 个金币，现在只有 100 个了，显然是你偷去了那 30 个，你这个卑鄙的小偷。"

樵夫不但没有得到感谢和酬金，还被人冤枉，觉得非常委屈，于是就和商人一起到拉比那里去理论。

拉比听完了两人的述说后，想了想，然后问樵夫："你捡到的钱袋里究竟有多少个金币？"

樵夫说："尊敬的拉比，我可以向上帝发誓，里面的金币确实只有 100 个。"

拉比又问他："你没有想过有了这笔钱之后，就可以过幸福的生活了吗?"

樵夫回答道:"我家里有妻子和3个孩子要养,全靠我砍柴所得的这点微薄收入。请原谅我,拉比!我的确想过要留下这些钱,但后来我意识到自己不该这样想,因为它们是有主人的。"

"你的妻子知道你拾到钱这件事吗?"

"我没有告诉她,因为我怕她贪心,而且我也没有把钱拿回家,而是藏在了山上。"

"你确实没有拿过钱袋里的金币吗?"

"哦,拉比!我可怜的孩子现在还饿着肚子,正等着我把柴卖掉后,买吃的东西回去呢!"

"你有什么说的吗?"拉比转头问商人。

"哦,尊敬的拉比!"商人说,"这个人在信口胡说。我的钱袋里的确装了130个金币,现在少了30个,一定是他拿走的。"

拉比沉思了片刻,然后抬起头来说道:"你们双方各有各的理,但又都没有证据,不过,尽管如此,我认为这件事还是很容易解决的。我相信樵夫是个诚实的人,因为他如果能拿走一小部分钱的话,也完全可以留下所有的钱。至于你,高贵的商人,你是个有地位和信誉的人,我相信你也不会做这种毁约和诬陷的事。既然你们两个人说的都是实话,那么,很明显,樵夫拾到的里面只有100个金币的钱袋并不是商人丢的。现在你拿着这只钱袋回家去吧,樵夫,等着它的主人来取!"

《塔木德》提醒我们,欲望是自然界所有动物的生存本能,但人与动物所不同的是,人的欲望是可克制的,是能用理性战胜的。为什么有人最终使欲望变成了贪婪?说到底就是把欲望恢复到动物的原始状态,就像一头饿兽追逐一个猎物一样,根本就不顾还有其他危险存在了。

正视悲观，让心灵走出误区

> 走出心灵的黑洞，把自己调整到最佳状态。
>
> ——塔木德

有位犹太财主，准备从两个儿子中选择一个继承人，就给了他们每人一个金币，让他们到 10 里外的一个小镇上，购买一个他们认为最值得购买的东西。而在这之前，财主已经叫他们的母亲偷偷把他们习惯装贵重东西的衣兜剪了一个洞。

下午，兄弟俩一前一后回来了，大儿子闷闷不乐，小儿子却兴高采烈。财主先问大儿子发生了什么事，大儿子沮丧地说："我也不知道金币什么时候就丢了！所以……我什么也没有买到。"说完就惭愧地低下了头。财主又转头问小儿子："你为什么兴高采烈啊？"小儿子说："因为我买到了我认为最值得购买的东西，那是一笔无形的财富，足以让我受益一辈子。"财主和大儿子都很好奇，双双注视着他，财主问："是什么呢？""这个财富就是一个很好的教训：在把贵重的东西装进衣兜之前，要先检查一下衣兜有没有洞。"财主满意地点点头。

同样是丢失金币，悲观者用它换来烦恼，乐观者却用它买来教训。悲观者从中看见的是无边地狱，乐观者看见的却是一束阳光。乐观者的生活是多么积极向上，悲观者的生活是多么消极被动。因此，我们要正视悲观，改掉悲观的心灵顽疾，走出心灵的黑洞。

犹太人约翰·柏马就差点儿让这种悲观毁了自己的家庭，他原本是一个性格温和的正常人，但一些遭遇使他的脾气变得暴烈，我们来听听他是怎么描述自己这段经历的。

他说："从部队退役回来，我开始了自己的生意。一段时间后，我的努力终归有了成效，我的生意事事顺利。可是，这种好景不长，我购买零件和原料的渠道被切断了，这一问题迫使我必须放弃我的生意。我对此很难接受，变得悲哀而容易暴怒，我的心情越来越差，越来越悲观，我原本幸福的家庭也受到了影响，事业停滞了，家庭也眼看就要毁了。可那时候，我没有意识到自己的变化。有一天，我的下属对我说：'约翰，难道你不觉得惭愧吗？你是不是觉得你是这世界上唯一有烦恼的人，事业停滞又能如何呢？大不了重新再来，但你的悲观会毁了你的家庭、你的健康，它还会使你失去朋友和家人。你看看我，我只有一只胳膊，我的半张脸也被烧伤了，但是我从不抱怨，你有那么多值得感恩的事情，但你却不停地抱怨，如果你总是抱怨下去，你会失去更多。'

"我下属的一番话让我警醒，我忽然发现，自己正走向无底的深渊，我下决心改变自己，我要找回原来的好心态。值得庆幸的是，我终归恢复了之前的好心态。"

所以，当我们有悲观的情绪时，不妨静下心来，听一听周围亲人、朋友的劝说，他们的话是我们摆脱悲观情绪的良方。

有一对双胞胎虽然长得很像，但是性格却很迥异，一个很乐观，他看任何事情都有阳光的一面，每天活得开开心心的；而另一个却很悲观，不管多么健康向上的事情，他都能找到让他哭泣的理由，每天都不开心。

一天，父亲想对儿子进行一次性格改造，于是买了许多新奇的玩具给悲观儿子，又把乐观的儿子送进了一间堆满马粪的车房里。结果，悲观的孩子泣不成声，父亲便问："你为什么不玩那些新玩具呢？"悲观的儿子回答："玩了就会坏的。"孩子仍在哭泣。父亲叹了口气，走进车房，却发现乐观的孩子正兴高采烈地在马粪里掏着什么。"告诉你，爸爸。"那孩子得意扬扬地向父亲宣称，"我想马粪堆里一定还藏着一匹小马呢！"

可见，乐观者在恶劣的环境中也能看到机会，而悲观者在每个机会中看到的都是灾难。这不仅影响自己的身心健康，让自己的意志变得消沉，还让周围的人也难得安宁。当悲观情绪蔓延时，恐惧便与其相伴，失望与其如影随形，让其终日惶惶不安。因此，怀有悲观情绪无异于"慢性自杀"。

人有悲欢离合，月有阴晴圆缺，人们在遭遇到人生的"无常"时，最容易产生悲观情绪，这也实属正常。但是悲观情绪是人们在心情低落时的表现，是人们生活最黑暗的一面，因此不能让悲观的情绪长时间在我们的心底沉淀。

　　轻微的悲观情绪是人们生活中的一点插曲，但严重的悲观情绪就危及人们的身心健康了。当悲观情绪在一个人身上蔓延和发展时，足以把一个人消磨得身心交瘁。处在这种状况下的人，对任何事情都丧失了兴趣与激情，甚至万念俱灰。若陷入这种一蹶不振的状况之下，那生活就如一潭死水，毫无生机，心里更是黑暗至极，其生活可谓是永无光明可言。

　　所以，《塔木德》提醒我们，要正视悲观，学会调整自己的情绪，走出心灵的黑洞，这样的话我们就会不生气，就可以提高我们的生活质量。那么，怎么调整自己的情绪呢？建议从这几个方面进行调整：与乐观的人相处、回想过去的成功、怀有一颗感恩的心、改变周围的环境、打破旧有惯例、与动物和自然交流、让自己充实起来、从大角度想问题、了解自己的情绪周期。

摆脱自卑，塑造真正的自我

　　自信的人生是无价的。

——塔木德

　　在犹太人中，凡是成功人士，没有一位是自卑者。自卑者面对人生中的挫折和磨难，只会一味逃避，他们害怕失败，总是在内心否定自己，认为自己事事不如人，自惭形秽，丧失信心，进而悲观失望，不思进取。一个人若被自卑感所控制，其精神生活将会受到严重的束缚，聪明才智和创造力也会受到影响而无法正常发挥作用。所以，为了创造美好生活，一定要培养自信。

有一天，犹太人约翰对他的朋友说："我打算在我的故乡开创属于自己的事业，如果能够取得成功，对我的一生来说具有非常重要的意义。如果失败了，我将无法面对父老乡亲，那时我只能一死告别这个世界。"

朋友听到约翰的话，感到非常吃惊。约翰"不成功便成仁"的想法，明显是自卑心理，为了改变他，让他成为一个自信的人，朋友委婉地说："每一个人都希望成功。可是你想过没有，成功和失败通常各占50%。成功对于任何人来说都是一件美好的事情，谁也不希望失败，一旦失败了，说明有的地方我们没有做到位，我们应该审视自己，查出问题出在哪里，然后总结经验，再次发出挑战。"

约翰听了朋友的话，沉思了好一会儿，才愁眉苦脸地说："其实，我无法对自己产生信心，但我又非常害怕失败。在很多时候，事情在没有开始前，我已经对自己丧失了信心。目前我已经40岁，依然一无所成，我想在家乡干一番事业，是想向大家证明，我也是个有能力的人，我也能成就大事业，也能为父母增光添彩。"

朋友安慰道："你的想法非常美好，我第一个支持，永远是你坚强的后盾。不过你现在最缺少的是自信，也就是说，自卑的心理占了主导地位。"

"可是，又怎么能克服自卑心理呢？"约翰问。

朋友于是告诉约翰，有两个方案可以解决自卑的问题：第一是探讨无力感的来源。就是找出自卑感的源头，然后用科学的方法进行治疗。不过，这不可能立竿见影，需要一个治疗的过程。只要能坚持下去，自卑的问题一定能够解决。第二，从今天晚上开始，当你在走路的时候，在心里反复默念一句话；回到家躺在床上后，至少重复说3遍。如果你能够做到的话，你的问题就能解决。

这句话的内容是："虔诚的信仰给了我无比的力量，凡事我都能做，而且一定能做好。"

于是，朋友把这句话写在一张卡片上递给约翰，并让他当即大声说3遍。约翰很配合，大声朗读3遍。

当约翰说完，朋友为他鼓掌庆贺，说："你很勇敢，请继续下去。"说完，示意约翰站起身子，再大声说3遍。这句话很简单，约翰随手把卡片放在桌子上，对着朋友又大声说了3遍。

约翰说完后，朋友问道："你现在有什么感觉？"

约翰毫不犹豫地说："我有些激动。"

"这就对了，希望你坚持下去。"朋友说。

约翰告别朋友，只要一有空，就默念朋友给他开的"处方"，没有人的时候，他就对着墙壁大声说出来，当一个人来到郊外时，他就对着旷野大声吼出来。3个月以后，朋友见到了约翰，约翰的言谈举止发生了很大的变化。朋友高兴地说："自卑已经被你驱赶得差不多了，希望再接再厉。"

后来，朋友因工作需要去了另外一座城市。3年后，他们又见了面。约翰的第一句话是："这剂简易的处方太灵了，简直令人难以相信，想不到这么一句话竟然能给人带来这么大的作用。"

如今，约翰完全摆脱了自卑。真正开创了属于自己的事业，当初的愿望也变成了现实。

《塔木德》中有句名言："麦子丰收并不取决于谁是种麦子者，而取决于我们如何对待麦子的心态。"自卑者看不到自己身上的闪光点，即使我们身上有一股巨大的力量，它也会被自卑摧毁，在生活中埋下失败的种子；而我们的生命，也难以开出美丽的自信花朵，结出丰硕的成功果实。

心放宽，活出自我

活出自我，是一种胸襟和修养，更是一种涵养和功夫。

——塔木德

生活中的很多人都很在乎别人对自己的评价，而这些评价不管是让我们"三冬暖"的赞扬，还是让我们"六月寒"的批评，我们都应该坦然面对。不要因为别人的批评而"改正"自己的"缺点"，也不要因为别人的轻看而全盘否定自己，更不能迷失自己。做人要有主张，要活出自己，天长日久，自己的人品、能力如何，自有公论，不必为了迎合他人的价值观来刻意改变自己。

有位犹太男孩很喜欢画画，高考时希望报考美术系，却被家人阻止。父亲和母亲苦口婆心地劝他："学美术的人，毕业之后能做什么呢？以后的收入一定不稳定。还是老老实实当老师吧！捧个铁饭碗，后半生就不用操心啦！"男孩想一想，觉得父母说得很有道理，如果毕业以后能回老家当老师，既有稳定的收入，还很有面子。于是他放弃了美术，报考了师范学校。

但到他毕业的时候，教师的聘用制度修改了，师范学校毕业生不再直接分配，必须先通过考试，才能得到进入公办学校的机会。男孩考了几次，好不容易才得到教师资格，可新的问题又来了：现在的孩子越来越少，相对需要的教师人数也急剧下降。男孩奔波了很久也没有进入公办学校。最后，他得了忧郁症，好几年都是依靠安眠药才能勉强入睡。辗转治疗了很久，男孩的病情才有所好转。

身体没有大碍以后，男孩决定不再在乎别人的看法，拿出了自己所有的积蓄，到国外学美术，回国后以画插画为业。谈起这段过往，他总是有这样的遗憾："绕了一大圈居然又回到原点，当时我为什么不坚持走自己的路，非要活在别人的看法中呢？我以为当老师能让我得到一切，却没想到让我失去了自己。"

犹太人认为，茫茫人海中，不是每一个人都和我们有亲密关系，所以也不是每一个人都有义务对我们好，喜欢自己，因此别人会给我们不一样的评价，这其中包括批评、赞扬，甚至是诋毁。面对别人的评价，我们不必在乎，甚至可以"充耳不闻"。

《塔木德》提醒我们，太在乎别人的评价，总是活在别人的看法中，就会在无形之中为自己戴上脚镣，给自己加重了负担。一个人，最不应该做的事情，就是为别人的看法而活，我们最不应该做出的牺牲，就是因为别人的看法而改变自我。无数事实告诉我们，不管别人的评价是正面的还是反面的，都经常带着某种情绪，并不能反映我们的真实情况。因为一个人的评价会受时间、地点、环境等不同因素的影响，所以评价不尽相同，对我们的评价也就很难客观。

每个人都要有自己的价值观和世界观，对美丑、真假的看法和定义都不一样，所以，面对别人不同的看法，我们不能迷失自己。面对外界的毁和誉，我们在思想上要保持清醒的认识，在行为上要保持高度的克制，要心无芥蒂，活出自我。

时刻让自己保持平静的状态

浮躁是人生最大的敌人。

——塔木德

沉稳、含蓄是中国文化给人的直观印象，就像太极拳般心平气和、不急不躁。浮躁是现在社会的一种流行病，得了这种病的人常常六神无主，盲目地跟随别人去追求潮流，最终失去了自己的选择。《塔木德》则认为，有些人的内心深处，总有茫然不安的想法，如同海中的潮水时退时涌，时而汹涌肆虐，时而横流狂奔，让他们无法宁静，这东西就是浮躁。

在犹太人中流传着这样一个故事：

从前有个拥有无尽财富和广阔疆土的国王，可他整天都处在浮躁之中，几乎忘记了怎样去笑。浮躁的国王命令他的大臣们去寻找世上最快乐的人，解开快乐之谜，让他也能重获快乐。于是大臣们走向四面八方，寻找快乐。大臣们都是身居高位的官员，拥有令人羡慕的地位，但他们互相讨论过后，发现没有人觉得做大臣很快乐：整天和公务打交道，为国王提出的各种要求而疲于奔命。大臣们去访问了工人，工人们整天早出晚归，做着辛苦的工作，酬劳却不尽如人意，脸上堆满了疲惫的神色，同样也不快乐。

整天在田野中劳作的农民也同样有太多的烦恼，辛辛苦苦劳作，还要担心变化无常的天气，地里的收成也不能全归自己。

最后，大臣们重新聚集起来，经过总结，他们一致认为：世界上没有活得快乐的人。

就在他们回王宫的路上，看到了一个牧羊人，他穿着破旧的衣服，驱赶着羊群，嘴里却哼着轻快的调子，一脸快乐的表情。大臣们从没看到过哪个人像这个贫穷的牧羊人一样快乐。他们将牧羊人带到了国王的面前。

国王问牧羊人："我的子民，你快乐吗？"

牧羊人笑眯眯地说："我很快乐啊。"

国王激动地问他："那你告诉我，为什么你会这么快乐？你拥有这世上最珍贵的财宝吗？你不必像我们这样日夜操劳就能享受生活吗？"

牧羊人说："不，陛下，我没有什么贵重的财宝，我更需要靠放羊来养活家人。"国王很吃惊地说："那是什么能让你如此开心？而我，身为国王，却整天忧心忡忡，烦恼不断。"

牧羊人笑着回答说："我不知道您为什么烦恼，陛下，但我能够告诉您我为什么这样快乐。我身体健康，家人平安。我爱我的妻子儿女，爱我的亲朋好友，他们也同样爱我。我在美丽的草原上放牧，自食其力，不欠任何人的钱。这些就是我快乐的根源。"

国王喊道："幸运的人！你这顶破旧的草帽比我这顶镶满珠宝的王冠更有价值。你的草原给你带来的快乐要比我的王国给我带来的还多。如果人们都像你一样快乐，这个世界该是多么美好啊！"

牧羊人回答说："哦，陛下，这不是个难题，因为人总是想有多少快乐就有多少快乐，想要多快乐就能多快乐的。"

国王沉思了一会儿，微笑着对这位牧羊人说："你说得对，拥有的多不一定就是好的，拥有的越多就越觉得不够，烦恼也就越多，而知足就能够快乐。"

国王让大臣们将这个道理写在书上，流传下去："活在世上本来就是一件值得高兴的事情，人们所有的痛苦和不快都是由其内心产生的。"

因此可见，快乐其实可以很简单。身体健康，亲人平安，生活稳定，能够自食其力，家人朋友之间相亲相爱……最平凡的事物中包含了最真实的幸福。

犹太人认为，一个人之所以会变得浮躁，其实就是一颗不满足的心在作祟。很多时候过于在意一时的得失，生活中就会缺少快乐的源泉，生活中缺少快乐就会造成幸福感的缺失。一个浮躁的人在压力面前太过急于求成，在目标面前又过分追求完美，在理想与现实的差距面前不能让自己耐下心来脚踏实地地走好每一步。有一句话这样说："我不甘平庸，我应该拥有更多的物质和精神财富。"想求却不可得，本来一颗蠢蠢欲动的心变得更加浮躁起来。

《塔木德》提醒我们，浮躁的人很难让自己安静下来认真地做一件事情，总是忧心忡忡，眼前的事情做不好，对未来又充满恐惧。其实让自己从忧心忡忡中走出来的，最好的方法就是让浮躁的心平静下来。

养好这颗淡定的心

心平气和的人，总能演奏出动听的乐章。

——塔木德

人在生命的进程中，风雨和阳光一路伴行。二者虽然演绎两种不同的角色，却能够相依相存。只有凄风冷雨，才能衬托出阳光的温暖和明媚，才能勾勒出七色彩虹的美。面对难题，面对变故，面对痛苦，顿足捶胸、长吁短叹，终究无益。与其挣扎逃避，不如微笑迎接一切，把酸甜苦辣当成生活的含义，风来也好，雨来也罢，从容坦然地面对，把它当成人生岁月之歌中一串不协调的颤音。只要淡定地演奏下去，就可以演绎出生命中最动听的乐章。

犹太女孩蒂娜住在纽约市中心的一家公寓里，前段时间，经济状况出现了一点问题，而这时房东却突然提出要提高她的租金。老实说，蒂娜当时真的非常气愤，因为房东的行为的确有点"趁火打劫"的味道。不过，最后还是淡定战胜了头脑发热，她决定采用另一种方法来解决这个问题。于是，她便给房东写了一封信，内容是这样的：

亲爱的房东先生：

我知道，现在房地产的行情的确很紧张。因此，我能够理解您增加租金的做法。我们的合约马上就要到期了，那时我不得不选择立刻搬出去，因为涨钱后的房租价格对我这样一个工薪族来说有些难以接受。说实在的，我不愿意搬，因为现在真的很难遇到像您这么好的房东。如果您能维持原来的租金，我很乐意在这里继续住下去。

那位房东在接到蒂娜的信后，马上找到了她。蒂娜很热情地接待了他，并且一直没有谈论房租价格是否过高的问题。蒂娜只是不断地向房东强调，她是多么喜欢他的房子。同时，蒂娜还不停地称赞他，说他是一个深谙管理的房东，而且表示愿意继续住在这里。当然，蒂娜也没有忘记告诉房东，自己实在负担不起高额的租金。

很显然，那个房东从来没有从"房客"那里受到过如此之高的评价。他显得很激动，并开始抱怨以往那些房客的无礼。因为在此之前，他曾经接到过14封信，每一封都是充满了恐吓、威胁、侮辱的词语。最后，在蒂娜女士提出要求之前，房东主动提出要少收一点租金。蒂娜又提出希望能再少一点，结果房东马上就同意了。

后来，蒂娜在向好友谈论起这件事的时候说："我真的很庆幸当时以淡定的态度来处理此事。"

以淡定的心态处理一些事情是解决问题的最佳途径。平静、理智地去解决所遇到的问题，对于每一个人来说不仅有益于身心健康，还能更好地处理身边的人际关系。

可以说，心灵的淡定能够沉淀生活中各种纷杂的浮躁，过滤我们人性中存在的浅薄粗率的杂质，可以避免我们生活中许多鲁莽、无聊、荒谬的事情。犹太人认为，淡定就是一种气质、修养，更是一种境界和内心充盈的悠远。遇到事情安之若素，沉默从容，往往要比你气急败坏、声嘶力竭地反抗显得更有涵养，更能帮助你理智地做出判断。

《塔木德》提醒我们，人生不必太急功近利，不必要为那些浮华的名利浮躁不堪，不如将自己的心放缓，生在自然，随青山绿水而舞，见鱼跃鸢飞而动。以一副处乱世而静谧的人生姿态，去面对当下的生活，有了这种想法和姿态，生命的品质就会提高了。

远离猜疑，生活才有滋有味

疑心很重的人，不会有美好的生活。

——塔木德

猜疑就如一条无形的锁链，会把我们的思路牢牢地束缚住，让我们时刻都处于神经敏感的状态，对所有的事情都疑神疑鬼，拒绝信任任何人，甚至于对自己也会抱着怀疑的态度，继而让自己莫名地发火和生气。

犹太人深知，猜疑会让我们距离朋友越来越远，如果疑心太重的话，那么就会因为一些根本不存在或者干脆都不会发生的事而忧虑和烦恼，整天闷闷不乐。猜疑的人往往嫉妒心也比较重，心地较为狭隘，因此无法很好地与朋友沟通，其结果当然是不可能结交到朋友，也无法建立正常的人际关系。长时间的孤独和寂寞，对身心健康都是有很大伤害的。

除了影响健康之外，还可能会因为猜疑失去自己最亲近的人。

洛莉本来是非常善良理性的人，她和建平的夫妻感情向来就很好。然而，两个人的关系在她下岗之后出现了重大的转变。建平是一位非常出色的外科医生，并且为人很稳重，在医院里是出了名的骨干。下岗后做了全职太太的洛莉一天到晚无所事事，总是害怕有别的女人去勾引自己的丈夫，更是怀疑自己的丈夫在外面和别的女人勾肩搭背。她每天要打好几个电话给丈夫,一旦出现电话关机或者没有回复的情况,就怀疑建平是和哪个女人在一起。而事实上她的丈夫是在手术室里为患者做手术。丈夫回到家里后,她也要查丈夫的手机,同事发来的搞笑短信都被她认为是丈夫的情人发的,使得丈夫百口莫辩。本来建平对她一心一意,甚至可以说是死心塌地,然而,由于洛莉的猜疑心理已经到了让人忍无可忍的地步,把建平的生活搞得一团糟,她甚至去丈夫的单位闹个不休,以至于整个医院都无法正常工作了,最后垂头丧气而又无可奈何的丈夫只得把离婚协议书交给她。

正是洛莉莫名其妙的猜疑,失去了一个好丈夫。

犹太人认为,猜疑是人的一种主观情绪,是人的一种自我暗示。现代心理学研究表明:猜疑会给人带来很大的心理压力,让人的精神一直处于紧张状态。由于这些喜欢猜疑的人非常缺乏安全感,所以疑心重重的他们总是无中生有,想事情总是从消极的角度考虑。他们对于外界和别人对自己的态度异常敏感,别人只是无意识随口说出的一句话都会让他们琢磨老半天,总要从中找出对方的"潜台词"。由于这些喜欢猜疑的人疑心重,所以和别人交往也不愿意敞开心扉,经常怀疑别人,把自己弄得郁郁寡欢、闷闷不乐。而且由于自我阻隔和外界的沟通导致自我封闭,他们很容易由对别人的怀疑转为对自己的怀疑导致自信心丧失,变得怯懦、孤僻、神经质。那么如何消除猜疑呢,犹太人告诉我们的办法是:

1. 要理性地思考问题,不要无缘由地猜疑

当自己开始怀疑的时候,要立刻寻找导致自己产生怀疑的原因,不要一个劲朝猜疑的方向去思考,而是应该从正反两个方面的信息来分析问题。

猜疑一般都是从自己的假想开始的。所以在出现怀疑迹象时要控制自己,不要让自己胡思乱想,多问问自己为什么会产生这样的想法?理由是什么?除了自己想象的这个情况,难道就没有别的情况可能出现吗?

对于自己猜疑的事件一定要一分为二地来看,不要武断地下结论,

进入"先入为主"的死胡同。只有拓宽思路、理性思考才能让自己的猜疑之心在得不到证实的情况下自动消失。

2. 告诉自己能行，给自己心理暗示，建立自己的自信心

当你觉得别人是在对你撒谎，在看不起你，在背后说你坏话的时候，你要在心里不断地告诉自己"我值得信赖，他不会骗我"、"我人很好，他没有理由说我的坏话"、"我能力很强，他不会看不起我"。通过这种心理暗示就能够给自己建立强大的自信心。

"尺有所短，寸有所长"，只要自己善待别人、理解和信任别人，那么无论你的能力大小都可以给别人带来帮助，给别人以良好的印象。完全不用担心和怀疑别人在挑剔自己。只要自己培养好自信心就能将自己从猜忌中解脱出来。

3. 学会和别人交流沟通

猜疑其实从某种角度上来说就是心灵闭锁者自己人为地给自己设置心理障碍。假如不把这种障碍及时清除掉，就会加重和别人的隔膜，造成甚至加深别人的误解。

可以主动与你猜疑的人交流和沟通，开诚布公地把自己内心的猜疑和疑惑坦诚地提出来，与对方面对面推心置腹地交流，这样就可以弄清真相，解除掉你的误解。只有加强交流互动才能增加彼此之间的信任，才能让猜疑之心烟消云散。

4. 无视流言，增强自己的调节能力

疑心重的人要么总是害怕别人在背后对自己说三道四，要么对于一些说别人的流言蜚语无法辨别，甚至因为无法判断而轻信那些流言蜚语。

对于别人对自己的评头论足要学会调节，不要太在乎别人对你的看法。人生在世，难免会遭到他人非议。别人对你产生误会也是很正常的。大度一点，该怎么做就怎么做。

对别人的流言，不要根据三言两语就妄下结论和评价，要多方面全角度地去看待一个人或者一件事。只有综合地全方面地看问题才能真正了解事实真相，而不会因为流言就心生猜忌。

实际上，所有的猜疑都是自己在束缚自己，捆绑的只是自己的手脚。事实上，许许多多的猜疑戳穿了，摆明了，都是很可笑的。大度地生活，全面地思考，早点把自己拉出猜疑的泥潭。

虚荣的代价

> 宁可一辈子只吃净葱，也不愿为饱吃一顿丰盛的佳肴而忍饥挨饿。
>
> ——塔木德

在生活上，一切都要量力而行，如果仅仅为了虚荣而将自己真实的一面掩盖起来，最终受苦的仍是自己，就像《塔木德》中的寓言故事一样：

从前，各种鸟都生活在一起。鸟儿们都认为自己最美丽，常为此而叽叽喳喳地吵个不停。上帝实在受不了了，就把所有的鸟儿召集在一起说："我要从你们当中选出一只最漂亮的鸟作为鸟王。"鸟儿们都想做最漂亮的鸟王，便纷纷到河边洗了个澡，然后开始精心打扮起来。乌鸦羡慕地看着鸟儿们互不相让、忙于化妆的情景，不禁叹了口气自言自语道："我也要成为鸟王。"于是乌鸦开始不停地徘徊于河边，或捡别的鸟儿掉下的羽毛，或拿自己的好东西换颜色漂亮的羽毛，然后趁别的鸟儿不注意，偷偷地插到了自己的身上。很快乌鸦真的变成了一只漂亮的鸟，就连它看到自己水中的影子时也吃了一惊。

选举鸟王的日子终于到了，乌鸦忘记了自己的真实面目，也得意地进入大会场。因为上帝从没见过这么漂亮的羽毛，就把乌鸦选为鸟王了。就在乌鸦扬扬自得时，它周围的一只鸟儿忽然发现乌鸦身上有一根羽毛是自己的，于是上前就把那根羽毛拔了下来。这时，其他鸟儿也发现乌鸦身上有自己的羽毛，于是都过来拔属于自己的羽毛。

乌鸦拼命想护住身上的羽毛，但无奈寡不敌众。不一会儿，它身上美丽的羽毛就被鸟儿拔光了，只剩下自己原来的羽毛了。乌鸦羞愧难当，慌忙躲避到树丛里去了。

中国古代哲学家老子在《取舍》中说:"难得之货使人是以圣人之治也,为腹而不为目,故去彼而取此。"虚荣心重的人,常常将名利作为支配自己行动的内在动力,总是在乎他人对自己的评价;同时,虚荣也是对荣誉的一种过分追求,是道德责任感在个人心理上的一种畸形反映,是一种不良的心理品质,其本质是利己主义的情感反映。

两个好久不见的朋友在海边相遇了,于是在岸边聊起天来。聊着聊着,约翰从衣袋中拿出一盒雪茄,在鲍勃表示不吸烟,婉言谢绝后,他就自己点燃一根,吸了一口。从吸烟的样子和烟的品质,鲍勃能看出约翰属于生活档次很高的那种人。开始听约翰自述,他的生活十分惬意:他本人在一家公司里担任部门经理,开着一部漂亮的跑车,并加入了他那个消费层次的俱乐部,平时抽高档香烟,时常品尝极品美酒,婚姻很幸福,孩子就读于收费昂贵的私立学校。交谈原本一直在轻松愉快的氛围中进行着,直到后来他们谈到了收入和支出,约翰的脸上渐渐地出现了忧郁的神情。原来,他的开销过大,收支不平衡,已经到了入不敷出的境地。他自己算了一下:高尔夫俱乐部、每月一次在高档酒店的晚餐、孩子的学费,等等,结果是,他每个月都有两三千美元的赤字。鲍勃听后,感觉全身寒毛倒竖。"天哪,"他想,"他晚上还睡得着觉吗?"鲍勃想了想,然后问约翰:"听你说,每个月20号左右你的工资就花光了,然后你怎么办呢?""然后我就用信用卡透支付账,"约翰深深地吸了一口雪茄,双眼茫然地看着远方,"我觉得生活的压力特别重。"

按约翰的经济情况来看,他很早以前就已经"破产"了,他已经养成了那些嗜好,离不开那些让他感觉舒适体面的东西了。鲍勃大致估算了一下,如果约翰再这样过上几年的话,他就是一直工作到死,也无法还清债务。

苏联著名教育家阿·波普曾说过:"每一个人的虚荣心和他的愚蠢程度相等。"其实生活中的确有很多这样"死要面子活受罪"的人,为了与别人攀比,过着入不敷出的日子。虚荣心每个人或多或少都会有一些，但绝不能因为短时间的精神上的满足，就去过那种终日遮遮掩掩的生活，而是应该去追求那种令自己没有精神负担并支付得起的享受。

身处逆境时，更需要用微笑伴行

人生总充满坎坷，逆境是对我们最大的考验。

——塔木德

人生就像一场纸牌游戏，命运负责洗牌，但玩牌的是我们自己。输赢并不可怕，关键是我们能否笑对一切。威尔科克斯说："当生活像一首歌那样轻快流畅时，笑颜常开乃易事；而在一切事都不妙时仍能微笑的人，才活得有价值。"殊不知，困难是对我们意志的磨炼，笑对困难是积极心理的体现，有了积极心理，我们就能够迸发出无穷的力量，最终走出困境。

我们无法选择逆境还是顺境，但是我们可以选择哭泣还是微笑，人不是一面简单的镜面，当苦难到来的时候，你可以根据自己的内心做出反应。报以哭泣还是报以微笑，完全取决于你的内心。

笑对苦难，不仅可以让我们保留希望，还可以带给人们一种积极向上的动力，尤其是在面对逆境时。那些遇到困难就哭哭啼啼的人，虽然他们也许会因此博得他人的同情和帮助，但同时他的心气也会随之减弱。如果一个人在最艰苦的时候能够以笑面对，那么他就会产生一股斗志，最终会破除艰难，取得成功。

"二战"后，有位流落到美国纽约的犹太小孩，为了能活下去，他每天都会在街头卖报纸。一天，一个企业家问他："孩子，做这个多长时间了？"

小报童仰起头微笑着说："3年了，从我7岁那年就开始了。"

企业家又问："送一份报纸平均能赚多少钱？"

小报童回答："现在是每份报纸赚10美分，不过偶尔有人会给小费。"

企业家点点头,接着问道:"看你每天都笑呵呵的,卖报纸的时候应该很开心吧?"

小报童依然微笑着,说:"刚开始不开心,辛苦不说,送一份报还赚不上两美分,因为当时在那个街区送报的人太多了,许多孩子比我大,比我有经验,我赚不了多少钱。后来不知道为什么,卖报纸的人越来越少,他们看到送报赚钱难,就都悲观地认为干这个肯定不行了,一个个都改行去做别的了,后来我坚持了下来,过了一段时间,生意又好了起来,赚的钱就越来越多了。"

这个报童后来成为美国的"报界大亨",成了富甲一方的大人物。

犹太小报童的成功,绝不是偶然的,他在许多同行之间激烈竞争的时候没有放弃,在利润很少的时候没有放弃,在生活困苦的时候没有放弃,总是微笑着面对苦难,这种精神让他战胜了苦难,最终把握机会取得了成功。

所以,当犹太人身处逆境时,不抱怨世事浮沉、人生无常,而以微笑的状态面对现实,更不会在沉沦中自己把自己打败。因为当你对困难、挫折、逆境微笑了,现实一定会回报你一个阳光明媚的明天。

自我肯定比什么都重要

任何时候都不要小瞧自己,一旦你小瞧了自己,失败就会找上你。

——塔木德

在生活中,有很多人做事的时候没有信心,当领导给他们分配重要工作任务的时候,他们担心自己完不成;当人多的场合发言的时候,他们就会感到呼吸急促、无话可说。之所以会出现这种情况,是由一种"自我否定"的心理造成的。这种自我否定的心理会影响到我们的学习、工作,乃至生活。由于这些人总是小看自己、否定自己,所以即使将机会摆在他们的面前，他们也会犹豫地问自己："我，能行吗？"或者是说："我做不到吧！"最终，他们就会失去机会。

从本质上讲，自我否定的心理源自不能清晰认识自己。如果一个人能够客观全面地认识自己，了解自己的优缺点，也就不会时时处处觉得紧张，害怕自己能力不足。事实证明，"自我否定"的心理是没有必要的，每个人都有自己的不足之处，也都有着属于自己的优点。我们在遇到事情时，要学会自我肯定，为自己加油，相信自己的能力。

《塔木德》的智慧告诉我们，很多时候，事情本身并没有那么难，只是人们低估了自己的能力，又在自己的思想中将事情的难度无限放大了而已。随着逐渐地自我肯定，我们会发现这些原本非常"困难"的事会变得简单。所以说，要想做成一件事，首先要做的是以肯定的眼光看待自己，给自己以信心和勇气，才能让自己最终取得成功。

事实上，每个人都有自己的长处，无论面临多么艰苦的逆境都不要小觑自己的能力。因为如果连你自己都小看自己，那么他人一定会认为你是没有能力的，长此以往，你在他人眼中的存在感会越来越低，机会也会渐渐地离你远去。有这样一个猫捉老鼠的小故事，很能说明自我否定的坏处。

有一只老鼠，总是偷油喝，有一天它在偷油时不小心吵醒了正在午睡的猫。猫非常愤怒，一直把老鼠追到了一个偏僻的洞中去，并且自己就在洞外守着。老鼠此时心想，我出去就会被猫捉住，而在这个洞里一直躲着就会饿死。于是老鼠就开始琢磨，如何才能在猫爪下逃生。而反观猫这头，一看到老鼠躲进洞里了，气得在洞边直跳脚，不断揪着自己的胡子骂自己疏忽，最后折腾得自己非常疲劳，就在洞口睡着了。老鼠一见大喜，一溜烟儿地从猫身边逃走了。等猫发现时，老鼠已经跑远了。

这只没逮住老鼠的猫自责得直跺脚，一直骂自己蠢。而从那天开始，这只猫就再也没抓住过一只老鼠。

猫之所以会失去捉老鼠的本领，是因为它在潜意识中已经否定了自己，开始退缩。其实在现实生活中，有很多人也像这只猫一样，在某个地方跌倒之后，否定自己，认为自己不行，最后完全丧失了自信。其实，如果仔细想一下就会清楚，这样的自我否定是完全没有意义的，谋事在人，成事在天，失败并不完全意味着我们没有能力。

每个人的心中都希望自己得到他人的肯定，但如果一个人总是小看自己，连自己都不能肯定自己，那又怎么能得到他人的肯定呢？不管别人怎么看你，你自己千万不能小看自己，只有懂得自我肯定的人才不会在关键的时刻退缩，才不会因为一时的失意就否定自己。

《塔木德》中说："认识自己不仅是一个客观审视的过程，更是一个让自己变得更好的契机。"我们要学会运用心理暗示的方法，以积极的眼光认识自己，学会自我肯定，让自己充满信心，勇于面对挑战。

面对诱惑，保持平常心

诱惑是存于世上的一种奇怪的东西，你会为之疯狂，它之所以存在，是因为人的一生不断地被欲念刺激。

——塔木德

人们常常这样告诫自己或别人，面对诱惑要保持冷静。然而，真正做到这一点并非一件容易的事。每个人都有自己的弱点，尤其是遇到一些自己在意的事情，很难把控自己，这个时候需要我们仍旧以一颗平常心去对待一切困难。生活是一门艺术，而在生活中学会以平常心看待一切，是犹太人处世做人的智慧。

《塔木德》中有这样一个故事：

有一天，一位老爷走到自己家的厨房那里，听到有人在快乐地哼着小曲。循着声音，老爷看见是自己家的厨娘在一边择菜一边哼着小曲，脸上洋溢着幸福和快乐。

老爷甚是奇怪，便走向厨娘，问："能告诉我你在高兴什么吗？"厨娘答道："老爷，我虽然只不过是个厨娘，但我的丈夫一直踏实勤劳，对我好，我的孩子也健康听话，积极向上，我也有稳定的收入，我们所需的不多，虽然我只是住着草屋，但是我不缺衣食，这便够了。我的丈夫和孩子是我的精神支柱，我之所以天天如此快乐，是因为我的家人天天都快乐。"

老爷把此事告诉了管家，管家答道："老爷，这个厨娘还是比较容易满足的，但是她能不能抵挡住诱惑就不一定了。"于是，老爷和管家准备试探一下厨娘。

厨娘晚上回家时，发现门前有一个布包，禁不住好奇心的驱使，她把布包拿进了家门。当她打开布包的时候，简直高兴坏了，因为她从来没有见过那么多的钱，布包里面竟然有那么多金币。厨娘将包里的金币全部点了一遍，发现只有99枚，厨娘认为不应该是这个数，于是她数了一遍又一遍，数了几次都是99枚金币。她开始纳闷：没有人会只装99枚啊？那一枚金币哪里去了呢？厨娘开始寻找，直到筋疲力尽，她才彻底绝望了，心中沮丧到了极点。

第二天早上，她匆匆来到厨房，埋头拼命地干活，也不再哼小曲了，一点也没有注意到老爷正悄悄地观察着她。

看到厨娘心绪变化如此巨大，老爷大为不解，他再次询问管家。

管家答道："老爷，这个厨娘虽然在过去容易满足，但是现在受到了那一枚金币的诱惑，竭力去找，可是找不到，所以她不再快乐了。"

《塔木德》中说："生活中充满着诱惑，稍不留神就会陷入进去。"诱惑，是对人生的一大考验，既能够丰富我们的人生经历，又能够给我们深刻的教训。但是，只要坦然面对诱惑，以平常心对待，诱惑就是我们前进的动力；若以一种骄纵的心态对待，诱惑就是我们堕落的导火索。平常心可以让我们淡泊自己的欲望，明白了有些事不一定要去占有，追求的过程远比结果更幸福和重要。平常心让我们学会了坦然地面对困难，当困难来临时，相信总有克服的办法。平常心让我们学会了在人生的风浪中保持平静，当冲击来临时，平常心教会了我们更勇敢地去面对一切。平常心是我们生活中消除一切烦恼与忧愁的一剂良药，是存在于平常生活中的朴素哲学。它总是可以带给我们安宁、平和、幸福与快乐。

所以,当诱惑出现时,要保持一颗平常心,就可以坦然处之,一切诱惑都不会成为前进道路上的绊脚石;它只会成为东风,助我们扬起风帆,到达胜利的彼岸。

不和自己过不去,生活原本是美丽的

和自己过不去的人,无法跨越人生中的种种障碍。

——塔木德

世界上有很多美好值得我们去体会,也有很多东西值得我们去追求。《塔木德》提醒我们,人生的道路上遇见挫折和痛苦是避免不了的,但承受忧伤不是你的义务,你没有必要和自己过不去;人生本来既丰富多彩又充满艰难曲折,无论你介意与否,都会遇见荣辱成败、苦乐忧欢。

所以,我们为生活奔波的过程中,千万不要和自己过不去。不管人生大道路上有怎样的遇见,做你想做的事,爱你想爱的人,完成你想要完成的梦想,别让自己的人生留下遗憾。

有一天,犹太人托尼在街上遇见了同是犹太人的贝蒂女士。许久未见的两位老友非常开心,便一起共进午餐,也借此机会叙叙旧。二人一边吃饭一边闲谈,他们聊了很多过往的事情。通过与贝蒂交流和观察,托尼对这位老朋友刮目相看,发现贝蒂整个人发生了很大的变化。以前的贝蒂是个非常忧郁的人,几乎每天都在痛苦和烦恼中度过。而今天坐在他对面的贝蒂女士,完全是一个幸福、快乐的女人,在她的脸上洋溢着自信的光芒,丝毫找不出以前痛苦和烦恼的痕迹。

想到这里,托尼不禁问:"贝蒂女士,真不敢相信,你的变化让我大吃一惊。快点告诉我,是什么让你如此阳光灿烂?"

贝蒂笑了笑说:"托尼,你说得没错。我对现在的自己非常满意,因为每天萦绕在我脑子里的都是那些高兴的事儿,人一旦快乐了,自然就变得阳光灿烂了。"

托尼微笑着说:"那我真该祝贺你,你是幸运的。"

贝蒂摇了摇头,说:"不、不,并不是我是幸运的,而是生活中高兴的事儿围绕在我身边。托尼,你知道每天萦绕在我脑海中的快乐是什么吗?"

托尼表示不知,问道:"请给我答案吧,让我也像你这样,每天活得轻松而快乐。"

贝蒂说:"其实,萦绕在我脑海中的快乐东西,相信很多人都拥有,你也不例外。"

托尼指着自己,一副不解的样子,插话道:"我真的也拥有吗?贝蒂女士,请不要跟我开玩笑。"

贝蒂说:"托尼先生,我没有跟你开玩笑,你的确拥有。"

托尼皱一下眉头,露出疑惑的表情,不过他没有说话,示意贝蒂继续说。

贝蒂接着说:"我有一个健康的身体,一份不错的工作,一个爱我的丈夫还有一个可爱的女儿。这些都是我的终身财富,还有什么比这更珍贵的吗?我还有什么理由让自己活在烦恼里呢?"

说到这里,托尼恍然大悟,哈哈大笑过后,说:"你所说的,我的确拥有。"

这是一次既友好又愉快的午餐,饭后两人道别。回去的路上,托尼打心眼儿里赞叹贝蒂今天的乐观与自信。

关于贝蒂的过去,托尼还是比较了解。当年,她和丈夫一起起早贪黑经营一家礼品店,由于经济不景气,消费者的购买能力下降,高昂的房租让夫妻俩无力承担,只得把礼品店关掉。为此,他们不仅赔光了积蓄,还欠下一大笔债。当时,她几乎到了崩溃的边缘,感觉整个世界都在与她作对,她失去了斗志和信心。好在丈夫给了她莫大的安慰,沉沦一段时间后,贝蒂从痛苦中抬起了头,她告诉自己,不能和自己过不去,再继续下去的话,整个一生都毁了,必须勇敢地去面对现实。有了这种想法后，久违的笑容重新挂到脸上，她和丈夫一起用7年的时间还清了所有的债务。在这7年中，她最大的收获就是乐观与自信。

《塔木德》上说："过去的事情已经过去了，别跟自己过不去，应该感谢和珍惜生命。"人生旅途中，应该为他人、为社会、为自己尽些心力。让别人觉得你不是可有可无的人，你的生命才有意义。别和自己过不去，要懂得爱自己。

人生在世要独立、要有目标，等等，但没必要让自己活得太苦。逼迫自己像上了发条的闹钟一样，一刻不停地高速运转，也许你会收获金钱、地位和成就感，可是健康和幸福未必与你同行。生活中真正的美好，是既有前进的动力，也不错过旅途中的风光。

所以，我们不要活得太辛苦，不要和自己过不去，不要把所有问题都自己扛，亲人和朋友愿意做你的后盾，支持你，鼓励你。如果累了，靠在亲人的肩膀上休息一下，烦了就找好朋友倾诉一下，没有必要让自己活在因达不到某个目标而和自己过不去的境地。

人生是一场放下包袱的旅行

　　放下不等于失去，反而会得到更多。

　　　　　　　　　　　　　　　　——塔木德

《塔木德》中有这样一个故事：

有位年轻人满面愁容，拖着疲惫的身体来到拉比面前，希望拉比能帮他指点迷津。

拉比没等年轻人发话，就率先问道："你结婚了吗？"

年轻人说："我正为此事而烦恼。"

拉比说："请说出你的烦恼。"

原来年轻人和一位姑娘订了婚约，并给了姑娘一大笔财产。后来，这位年轻人喜欢上了另外一位姑娘，想和订婚的姑娘解除婚约，对方的家长同意了年轻人的要求，但不会将财产退还给年轻人。那笔财产是他家里的全部积蓄，年轻人不想放弃，所以来求助拉比，帮他要回财产。

拉比听完后，问道："爱与财产哪个重要？"

年轻人回答："当然是爱。"

"那就放下财产，选择爱。"拉比说。

接着，拉比就给年轻人讲了放下钱财的好处。年轻人听完后，兴高采烈地走了。

放下不是一件容易的事，却是人生的必修课。放下的那一刻，意味着付出，意味着失去，意味着有些事不再如你想的那般完整。可是别忘了，人生的充实不只在于不断地追求和拥有，放弃也是生活的一部分，很多事都是在经历之后，才让你有机会重新认识自己。

作为作家、投资人和地产投资顾问，犹太人爱琳·詹姆丝努力奋斗了十几年，密密麻麻的工作日程塞满了她生活的每一分钟，令她的生活忙碌而紧张。

一天，爱琳·詹姆丝意识到自己再也忍受不了这张令人发疯的日程表了，于是她决定摒弃一些东西。她着手列出一个清单，把需要从她的工作中删除的事情都排列出来，然后采取了一系列"大胆的"行动。比如，她把堆积在桌子上的所有没用的杂志和信件全部清除掉，取消了一大部分不是必要的电话预约。她打电话给一些朋友取消了每周两次为了拓展人际关系的聚会。

通过这些有选择的舍弃，爱琳·詹姆丝忽然感觉到自己不再那么忙碌了，还有了更多的时间陪家人，有了更多的思考时间。因为睡眠时间充足，心态变轻松了，她的工作效率得到了很大的提高，身体状况也变得好了很多。

后来，在自己的作品中，爱琳·詹姆丝感叹道："从来没有哪个时代像今天这样让人类拥有如此多的东西。这些年来，我们也一直被诱导着，使得我们误认为我们需要拥有这一切的东西。而事实上，很多东西都是生活的累赘，我们沉溺其中只会心烦意乱。与其这样忍受折磨，不如舍弃。"

看到了吧，疲惫时静下心来，整理一下自己的"背包"，放下那些"不值得"背负的东西，这样才能让自己轻装上阵，迈出新的步伐，也将更有信心走好后面的路，享受到更多生活中美妙的色彩。

在每一个人的人生过往中一定演绎过这样或那样的故事，其中有一些故事并不是那么让人开心，但随着时间的流逝那已经成为过去，尽管每当想起它时自己的心还会有那么一点隐隐作痛，但我们必须要慢慢学会将它放下，只有这样，我们才能在人生的旅途中走得更轻松。

《塔木德》告诫我们，有些时候，放下就是快乐，抓住不放就是痛苦。只要我们心无挂碍，什么都看得开、放得下，何愁没有快乐的春莺在啼鸣，何愁没有欢快的泉水在歌唱，何愁没有轻快的白云在飘荡，何愁没有艳丽的鲜花在绽放！放下不是抛弃，很多时候，只有放下才能获得。因为放下其实是另一种得到的过程。试着放下吧，放下一些东西，我们才会得到另一些东西。该放下时要放下，是人生的大智慧。生命如舟，载不动太多的物欲和虚荣，要想生命之舟在驶向彼岸时不致中途搁浅或沉没，就必须轻载，只留些必要的东西，把那些应该放下的东西果断地放下。放下不等同放弃，而是另一种积极的获取。

有的人总是忘记不了曾经破碎的梦想，它使我们的生活变得越来越沉重。如果一直坚持下去，我们就会紧抱各种期望、恐惧和桎梏，直到再也承受不住任何压力。所以说，为了避免这种情况的发生，一定要提醒自己：该放手时就放手！

第九章
品格：从内到外散发出灵魂的香气

《塔木德》中说："为人处世把一切仇恨放在脑后，比记在心里更好。因为爱能生爱，恨能生恨。"这句话昭示出品格对人的影响。高尚的品格，是人性的最高形式的体现，它能最大限度地展现出人的价值。每一种真正的美德，如勤劳、正直、自律等，都自然而然地得到他人的崇敬。具备这些美德的人值得信赖、信任和学习。

到处夸耀会使人生厌

即便你是友善的,但总向人夸耀自己,也会让人生厌。

——塔木德

有一位很有名的医生,不仅医术高明,而且心地仁慈,常常帮助那些有困难的病人,但他有一个缺点,就是总喜欢向别人夸耀自己的善举,认为自己理应为此赢得赞誉。

有一次,这位医生乘马车出行时,看见一位拉比在街边行走,就邀请他上车同行。拉比欣然应允。马车继续前行,不久,医生又开始谈论起自己的善举来:"即使是一个无力支付出诊费的病人,我也会像对待一位付过钱的病人一样,认真地给他诊治。"

"哦,是的,"拉比说,"我也一样。"

医生感到很惊讶,因为拉比看起来根本不像懂医术的样子。于是他心里想道:"很有可能他也是以同样的方式对待那些向他请教犹太教问题的人。"

不一会儿,医生又开始讲自己的善行:"对那些付不起医药费的病人,我常常免费把药送给他们。"

"嗯,我也一样。"拉比说。

医生感到很困惑,不禁自忖:"难道拉比也分发药品?不不不……他的意思一定是说,当有人需要一些他本来应该正常收费的事物时,他会免费送给那些有需要的人。"

片刻之后,医生又开始自夸:"如果病人需要到其他所在区疗养才能康复,但又付不起疗养费和旅费,我也会予以资助。"

正当医生以为这次可以胜过拉比一筹时,却听到拉比说道:"啊哈!我也一样。"

目瞪口呆的医生终于忍不住了,他语气恼怒地问道:"对不起,尊敬的拉比,我有些不明白。难道您也是医生吗?您说'我也一样'是什么意思?"

拉比微笑着回答道:"我只是想告诉你,我也只对别人讲我做过的好事,而从来不把我的缺点告诉别人,就像你一样……"医生顿时羞红了脸。

《塔木德》认为,到处去夸耀自己的善行,无疑是把善行当成了换取利益的筹码,随之善行也就变了味儿,甚至令人生厌。

最珍贵的遗产

人不是因地位提升名誉,而是地位名誉因人而提升。

——塔木德

好的名声比任何财富都有价值,比任何珠宝都更值得珍视,是一个人能够留给子孙后代最宝贵的遗产。

美国著名福音歌手比尔·盖瑟在从事音乐事业前,曾与妻子格洛丽亚一起在他们从小长大的印第安纳州一个名叫亚历山大的小镇上教书。在他们的第一个孩子苏珊娜出生之后不久,他们觉得有必要买一块土地来建造房子。

不久,盖瑟选中了镇南面农民放牧奶牛的一片土地。盖瑟知道那片土地属于92岁的退休银行家尤尔先生所有,他拥有许多土地,但从来都不卖。他总是以同样的一番话来拒绝想要向他买地的人:"我已经答应了农民,让他们在这片土地上放牧奶牛。"尽管如此,盖瑟夫妇还是硬着头皮去拜访了尤尔先生。

虽然已经退休，但尤尔先生仍习惯在办公室中度过每天上午的时光。进门之后，盖瑟先做了自我介绍，然后说明了自己的来意：想购买镇南面那片15英亩（约6公顷）的土地。

尤尔先生一边坐在办公桌后面看报纸，一边听完了盖瑟的话。之后，他几乎没有挪动地方，只是抬起眼来，从老花镜上方看了他们一眼，然后斩钉截铁地说："不卖！"他拒绝的理由仍是那句话："我已经答应了农民，让他们在这片土地上放牧奶牛。"

"我知道，"盖瑟说，"但我们在这里教书，也许你会愿意把那片地卖给一个打算在这里定居的人。"

尤尔先生噘起嘴，瞪着眼看着盖瑟："你说你叫什么名字？"

"盖瑟。比尔·盖瑟。"

"嗯……你和格洛佛·盖瑟有什么亲戚关系吗？"

"是的，先生。他是我爷爷。"

尤尔先生放下报纸，摘下眼镜，指了指椅子，让盖瑟夫妇坐下来。"这真是太巧了，"他说，"格洛佛·盖瑟曾经是我的农场里最好的工人，他任劳任怨、尽职尽责，而且非常诚实。对了，你说你想干什么？"

盖瑟把他想买地的意愿又说了一遍。

"这样吧，"尤尔先生说，"让我想一想，你们过几天再来。"

一周之后，盖瑟又来到了尤尔先生的办公室。尤尔先生说，他已经估算过那片土地的价值了。盖瑟屏息地倾听。

"3800美元怎么样？你觉得可以吗？"

盖瑟计算了一下，如果以每英亩3800美元计算，那他就得付出将近6万美元。当时，6万美元几乎是天文数字，听了这个数字，盖瑟几乎要脱口而出：简直是敲诈！这不还等于是拒绝吗？他不由自主地又重复了一遍："3800美元？"

"是的，"尤尔先生可能看出了他的疑虑，又加了一句，"15英亩一共3800美元。"

盖瑟几乎不相信自己的耳朵，他知道，如果按市价，这块地的价值至少是这个数的 3 倍。他怀着无比感激的心情接受了尤尔先生的好意。

就这样,盖瑟夫妇以极低的价格得到了这片土地,在上面建起了自己的房子。30 年后,当比尔·盖瑟和他即将大学毕业的儿子本吉漫步在这片原来是牧场的美丽、富饶的土地上时,他对儿子说:"本吉,你能在这片土地上快乐地长大,全都是因为你未曾见过的曾祖父留下的好名声。"

犹太人从不讳言对金钱的喜爱,而且他们也的确很会赚钱;但他们也非常明白"金钱不是万能"的道理,知道有许多东西是金钱买不来的,例如好的声誉,因此,许多犹太富豪终生都在不遗余力地做善事,从而赢得了人们的尊敬和爱戴。然而,世上仍有许多不明白这个道理的人,他们只知一味地积累财富,以为这样做就是在为子孙谋福。可是他们却没有想过,留下产业,子孙可能不善于经营;留下钱财,可能会使子孙养成好逸恶劳的恶习,甚至引起后辈之间的争夺,导致自相残杀的悲剧。只有留下好的品德,好的家风,好的名声,让子孙也能够像自己一样成为人们尊敬和信赖的人,从而走上人生的坦途,这才是让子孙后代终生享用不尽的最好遗产。

将责任根植于内心

> 缺乏责任心的人,是一种特别危险的人。
>
> ——塔木德

"责任"不单单是一个词语,它是人由心而发的一种品质,每个人从事着不同的工作,能力和待遇也有所不同,但无论是谁,在什么样的位置,他都有一份责任。

在一所犹太人开办的医院的手术室里,年轻的护士与外科大夫吵了起来。

"大夫,您只取出了 9 块纱布!"护士数着盘子里的纱布满脸疑问地看着大夫。

"对!"外科大夫已经准备缝合了,他轻声回答了一句。

"可是我们用了10块,请您再仔细检查一下再缝合。"护士正色地对大夫说。

"我已经都取出来了!"大夫确定地说。

"请停下来,我们用了10块,您现在只取出了9块,请仔细检查!"护士焦急地说。

"我已经检查完毕了!"大夫并没有理会护士的话,他对另一位助手说,"缝合。"

"您怎么能这样!"护士突然急了,她冲着大夫大喊道,"你这样不负责任,怎么配做医生!"

大夫看着涨红了脸的护士,从一边儿拿出一块纱布笑着说:"这是你的第10块纱布,你真是一个合格的护士呀!你已经通过考试了!"

原来,大夫对病人只用了9块纱布,第10块纱布被他放在了手术台的一边,这是他对实习护士考察转正的最后一项考试科目。

《塔木德》中说:"责任心是一个人最基本的品格,是一个人的良知。"护士以对病人负责的态度敢于厉声指责外科大夫,对她而言,这是对决定她去留的老师的顶撞,可能会因为这种顶撞而丢掉工作。但是,身为一个护士的良知告诉她,病人的安危比她保住工作更加重要。

很多人认为,责任是那些有权有势的人才具有的,自己只是一个普通人,哪有什么责任呀!其实,无论是谁,在什么时候,责任心比任何品质都更加重要。把责任心根植于内心,脑海中始终有一种强烈的忧患意识,这样你才能更加优秀。

慈善的回报

慈善的报答完全依附于仁慈的程度。

——塔木德

有一对夫妇，他们有一个温馨的家，还有两个可爱的孩子——一个男孩儿和一个女孩儿。丈夫约翰有一份不错的职业。最近，约翰要到另外一座城市出差，而且要在那边待一段日子，他的妻子玛丽也决定与丈夫同去，想借此机会出去游玩一番。于是，他们雇用了一位值得信赖的女佣来帮他们照看孩子。把一切安排妥当后，两人便开车出发了。

他们返回的时间比预计的提前了一些。当汽车行至他们所居住的城市时，两个人感到极度兴奋——终于回家了！然而，在回家的路上，他们发现有一栋房子失火了，于是约翰决定前去一探究竟。玛丽说："我们还是回家吧。被烧的又不是我们的房子。"

可是，约翰依然坚持自己的意见，当他看清楚失火地点后，惊呼道："那是琼斯家的房子，他此时还在上班，也许我们应该帮他做些什么。"

"可这件事与我们无关啊！"玛丽反对道，"如果你再靠近点，你身上的衣服就要遭殃了！"

可是，约翰根本没有听玛丽的话，而是把车又往前开了开。当他把车停下时，两个人被眼前的景象惊呆了：整座房子已成为一片火海。草坪上有一个女人正在尖叫着："我的孩子！救救我的孩子！"那是琼斯的妻子珍妮。

约翰立即跑上前去，抓住珍妮的肩膀说："冷静点，告诉我，孩子们在哪儿？"

"在地下室里，"珍妮一边抽泣着一边说，"沿着大厅往里走，然后向左拐。"

约翰不顾玛丽的反对，从地上一把抓起水管开始往身上浇水，当身上的衣服全部被浇湿后，他又把一块手帕弄湿了顶在头上，便不顾一切地向烟雾弥漫、非常灼热的地下室冲去。当他终于找到了地下室的门之后，立即冲进去抓起两个孩子，像运动员似的把两个孩子分别夹在腋下。正当约翰想把两个孩子带出去的时候，他听到了从某个地方传来了低低的哭泣声。他把两个惊吓过度、险些窒息的孩子送到了瘫坐在草坪上的珍妮的怀中，深深地吸了几口气，然后问那两个已经被吓呆的孩子，地下室里还有几个孩子？他们告诉他还有两个。此时，玛丽上前拉住约翰的胳膊，大声叫道："约翰！再去那是自杀！房子随时都有可能坍塌！"

可是约翰果断地甩开玛丽的手，再次冲入火海之中。刹那间，房子里的烟雾扑面而来，呛得约翰几乎睁不开眼睛。他摸索着跑过大厅，终于再次来到地下室。约翰在烟雾迷蒙中，好不容易在一个角落里找到了两个无助的孩子。他立即把他们夹在腋下，向外冲去。为了避免伤害到孩子，让他们能呼吸到一点空气，他尽量把腰压低……当他终于冲出火海，站在阳光下呼吸着新鲜空气时，这才吃惊地发现，被救出的竟然是自己的孩子。

原来，这天那位女佣出去买东西之前，把两个孩子托付给了琼斯家。

犹太人有一句格言：给人幸福犹如喷洒香水，喷洒之时自己也会沾上几滴。生活中，没有一个人能够幸运到一生不会遇到任何困难。如果每个人都漠视别人的困难，那么当自己遇到困难时，又能指望谁来帮助呢？

军中的儿子

> 无论在什么时候，只有亲情是割舍不断的。
>
> ——塔木德

一对夫妇有一个令他们备感自豪的儿子。儿子考上大学后，常常写信问候父母，夫妇二人也尽量抽时间去看他。两年以后，年轻人应征入伍，并且在集训 5 个月后，奉命前往国外战场。

夫妇二人从此比以往更渴望接到儿子的信。一开始，他们每周都会收到儿子的来信，并对他的一切安好感到十分安慰。后来，有一周他们没有接到他的信，然后是两周、三周。终于在第三周的时候，他们接到了一封电报，上面写道："我们很遗憾地通知您，您的儿子已经失踪了 3 个星期，估计可能是在为祖国战斗时牺牲了。"夫妇二人悲伤至极，甚至失去了活下去的勇气。后来，他们好不容易摆脱了这个残酷的现实继续生活下去，但是没有儿子的生活让他们觉得不仅充满了凄凉和孤独，而且简直是度日如年。

然而，几个月之后的一天下午，老人家中的电话突然响了起来。当年轻人的母亲接起电话时，电话的另一端响起了一个熟悉的声音："妈妈，是我。他们找到我了，我很快就能回家了。"

这个意外的喜讯当即令母亲欣喜若狂，泪水不禁夺眶而出，她哽咽着，只是反复地说一句话："哦，真是太好了！真是太好了……"

儿子沉默了片刻，然后说道："妈妈，我想求您一件事，这件事对我来说非常重要。我在部队的时候，认识了许多非常好的人，并与其中一人成了亲密的朋友。有一个兄弟，我想带他和我一起回家去见您和爸爸。我想知道，如果他留在我们家，和我们一起生活，您是否接受，因为他已经无家可归了。"

妈妈立即向他保证道："这绝对没有问题！"

儿子又说道："您知道，他不像其他人那样幸运——他在战斗中受伤了。在一次爆炸中，他被弹片击中，不但面容被毁，还失去了一条腿和右手。因此您知道，他现在感到很不安，不知道别人是否会接受他。"

母亲沉思了片刻，又与丈夫商量了一下，然后说道："当然，儿子，你可以带他回家……不过只是来做客。我们很愿意认识他，并让他住一段时间；但要让他永远跟我们生活在一起，这个，我们必须要考虑考虑。"

沉默了片刻之后，儿子说："好的，妈妈。"然后就挂机了。

一个星期过去了，年轻人没有再打来电话。然后，夫妇二人又接到了一封电报："我们很遗憾地通知您，您的儿子已经自杀了。我们希望您能来认领尸体。"

夫妇二人惊骇得简直不敢相信："他为什么要这样做？"当他们走进停尸房认领儿子的尸体时，看到的是一个毁了容、失去了一条腿和右手的年轻人。

上帝的回馈

尊敬你的妻子,你才能有好运气。

——塔木德

在犹太人中流传着这样一个故事:

作为俘虏,亚瑟国王本应该被处死,对方的国王见他年轻乐观,要求他回答一个问题,只要回答出来,就给他自由。这个问题是:女人究竟想要什么?

亚瑟征询了许多答案,例如权力、智慧、金钱、美男……他都不满意。这时,有人提醒他,在郊外的一座城堡里,住着一位年迈的老女巫。据说,这个女巫无所不知,但她的收费既高昂又离奇。在得不到满意答案的情况下,亚瑟只好去求助女巫,女巫答应了他的要求,同时也说出了自己的条件——与亚瑟的武士葛温结婚。

亚瑟一听顿时愣在那里,许久才缓过神来。眼前这位驼背、满口只有一颗牙齿的女巫,相貌丑陋,身上散发着难闻的恶臭味道……而葛温不仅是忠诚的武士还是自己最好的朋友,他高大威猛、英俊洒脱、心地善良……想到这里,亚瑟拒绝了她的要求,说:"我不能为我的自由,而强迫朋友娶你。"葛温知道这件事后,对亚瑟说:"为了我们的国家,我愿意娶她为妻。"

于是,婚礼被公之于世。女巫也把答案告诉了亚瑟,她说:"掌控自己的命运,才是女人真正想要的。"这是一条伟大的真理,胜利方的国王兑现了自己的承诺,亚瑟获得了自由。

婚礼如期举行,女巫毫无顾忌,打嗝、放屁、说脏话、随便用手抓食物吃,她的行为让所有参加婚礼的人都感到恶心,亚瑟也在极度痛苦中埋怨自己,而葛温却像以往一样,处处表现得非常谦和,丝毫没有觉得自己娶了一个世界上又老又丑的女人。

新婚之夜，众人都劝阻他不要和"新娘"同房，葛温却说："既然她已经是我的新娘了，我就要尽到丈夫应有的责任与义务。"说完，进入洞房。崭新的婚床上躺着一位绝世美女，葛温有点不敢相信自己的眼睛。就在他迟疑之际，女巫说话了："一天时间内，我一半是丑陋的女巫，一半是绝世美女，你想看到我的哪一面？"

葛温温存地回答道："你说过'女人真正想要的是掌控自己的命运'，你自己决定吧，无论是哪一面我都会喜欢你。"女巫感动得热泪盈眶，说："无论白天还是夜晚，我都选择美丽的一面，因为你的包容、谦和、善良，让我更加爱你！"

葛温在帮助朋友的同时，也感动了上天，因此得到了一位举世无双的美貌妻子。他的妻子不仅容貌出众，而且博学多才、善解人意，简直是上帝回馈给他的意外礼物。

《塔木德》中说："美满的婚姻是至高无上的。"和睦温馨的家庭是人生旅途的温暖驿站，也是男人事业的坚强后盾和力量源泉；而感情破裂的家庭则能使人悲观失望、消极堕落，不但会毁掉一个人的前程，也将终身失去幸福。

马克思和燕妮从小青梅竹马，燕妮比马克思大4岁。燕妮出生于名门，到十七八岁时，被人们公认为"特里尔最美的姑娘"、"舞会皇后"。马克思是犹太人，当时在德国被视为二等公民。燕妮同父异母的哥哥极力反对燕妮与马克思来往，可燕妮不顾家人的反对，22岁那年与马克思偷偷结婚，直到她29岁那年才公开她与马克思的夫妻关系。他俩后来一起过着流浪生活，马克思正是因为有了燕妮这个贤内助，才能够克服生活上的各种困难，专心创作《资本论》。

1881年12月，67岁的燕妮患了肝癌，她在临死前为了减轻亲人的负担和痛苦，含笑对亲人们说："我死后丧事从简，你们都不要为我伤心。"燕妮死后，家人按照她的遗嘱，葬礼没有举行大的仪式，只有少数的亲朋好友把她送到墓地。

容忍是一种美德

即使一个非常宽容的人，也往往很难容忍别人对自己的恶意诽谤和伤害，但唯有以德报怨，忍耐下去，才会赢来一个充满温馨的世界。

——塔木德

在犹太人心目中，容忍欺辱并不可耻，因为这恰恰能体现一个人海纳百川的胸怀，往往只有这样的人才能微笑着面对生活，才能成就大事业，并以坦然的心态迎接一切困难。《塔木德》中有这样一个故事：

有一对犹太夫妇在镇上开了一家杂货店，夫妇俩有一个漂亮的女儿，令他们引以为豪。不料，有一天，他们突然发现女儿的肚子莫名其妙地大了起来。这种见不得人的事让这对夫妇觉得非常丢脸，也震怒异常。他们逼问女儿是谁干的，女儿起初不肯说出那个人是谁，后来受不了父母的苦苦相逼，才吞吞吐吐地说出了"拉比"两个字。

夫妇二人怒不可遏地去找拉比算账，但拉比只是若无其事地说了一句："真是这样吗？"孩子生下来后，被犹太夫妇送到了拉比那里。此时的拉比虽已名誉扫地，但他仍像没事一样，向周围的邻人们讨要婴儿所需的奶水及各种用品，一如既往地悉心照料着婴儿。他经常会遭到镇上人的白眼或恶言冷语，可是他却视而不见。有好心的人不相信拉比会干出这种事，就来问他这究竟是怎么回事，但他总是不置可否，一笑置之。

一年后，那对犹太夫妇的女儿终于受不了良心的煎熬，决定说出事实的真相，于是公布孩子的父亲其实是隔壁水果店店主的儿子。她的父母不禁羞愧万分，立即带着她来到拉比那里，向他再三道歉后，把孩子带了回去。这时的拉比仍然是一副心平气和的样子，丝毫也没有动怒，也没有借机教训他们，只是在交回孩子的时候，轻轻地说了一句："是这样吗？"仿佛什么事也没发生过一样。

在这个故事中拉比忍受屈辱的美德，使他赢得了镇上更多人的尊敬。

拒辱

> 生活中的那些成功者，都是能够控制自我情感和行为的人。
>
> ——塔木德

当被别人冒犯时，如果能把获得内心的宁静作为唯一的追求，宽恕之心就可以宽宥他人的过错。唯有宽恕他人，忘记他人对自己做过什么，内心的宁静才会真正到来。能够以静制动，才是真正的智者。

有一天，一位拉比正坐在一棵树下静思。一个狂怒的人突然来到树下，无缘由地大声辱骂他。

人们想，拉比肯定会以同样的方式对待他，但让他们感到吃惊的是，拉比脸上的表情和平时一样平静，没有一丝的愠怒。

于是，那个人变得更加愤怒了，朝拉比抛出了更多的辱骂话。然而，拉比不仅仍完全无动于衷，相反，在他的脸上还显露出些许同情。最终，那个人厌烦了，他问道："我这样骂你，你为什么一点也不生气呢？"

拉比平静地回答道："我亲爱的兄弟，我并没有接受你的任何一句辱骂。"

"但是所有的辱骂你都听到了，不是吗？"那个人大声地反驳道。

拉比说："不，因为我不需要辱骂，为什么我要听它们呢？"

那个人更加迷惑了，他无法理解拉比冷静的答复。

看着他困扰的脸，拉比继续解释道："所有的辱骂都留在了你自己那里。"

"那不可能，我把它们都丢向了你。"那个人仍坚持道。

拉比还是平静地重复着他的回答："但是我没有接受你所骂的任何一个字！亲爱的兄弟，设想一下，假使你送给别人一些硬币，但是他没有接受，那你说这些硬币是留在谁那里了呢？"

那个人回答道："假如我送一些硬币给人，而对方不接受，当然这些硬币还是在我这里。"

拉比意味深长地笑了,说道:"你说对了。这和你的辱骂是同理。你来到这里辱骂我,但是我没有接受你骂的任何一个字,因此,它们还是留在你那里了,我没有理由生气。"

那个人顿时哑口无言了,并为自己刚才的行为感到非常羞愧,并请求拉比的原谅。

宽恕可化解一切

为人处世把一切仇恨放在脑后,比记在心里更好。因为爱能生爱,恨能生恨。

——塔木德

从前,有一个犹太国王,在他的王国里有一位人人都崇拜的拉比,每个人为了能通过拉比和上帝沟通,都愿意触摸他的脚来表示自己的虔诚。尽管国王也非常有威望,但人们对他只是充满了敬畏,有时在他面前还会战栗,但就是没有人来触摸他的脚。因此,国王非常嫉妒拉比。

拉比是位圣人,因为在向上帝祈祷多年之后,他已经领悟到了上帝的真谛,并且能够面对面地与上帝对话。国王心里清楚,这就是人们之所以崇拜的是拉比而不是他的原因,于是他也开始向上帝祈祷。他真诚地一连向上帝祈祷了几年,甚至常常进行禁食,却依然没有领悟到上帝的真谛。他终于失去了耐性,有一天就去找拉比,并对他说:"你已经领悟到了上帝的真谛,但我没能做到。我希望你能对世人宣扬,说我也像你一样领悟到了上帝的真谛。"拉比拒绝道:"我怎么能那样说呢?"国王坚持道:"你能做到,因为所有的人都相信你,因为你本人已经领悟到了上帝的真谛。如果你不说的话,我就会杀掉你的孩子!"拉比说道:"你可以杀了我的孩子,但我绝不能说谎。"国王的确说到做到,真的一个接一个杀死了拉比的众多儿子,尽管拉比的这些儿子都很有教养,而且仁慈善良、心灵高尚。狠毒残忍的国王做完这一切之后，仍感到不解恨，因为拉比依旧拒绝宣扬他已经领悟到了上帝的真谛。

几个月之后，国王又想："这次拉比必须对世人说我已经领悟到了上帝的真谛，否则我就杀了他本人！"带着这个想法，他再度前往拉比的小屋。在进门之前，他听到屋里正有两个人在说话，于是便偷偷地站在门外，想听听里面的人在说什么。这时只听拉比的妻子对丈夫说："你为什么不能说国王已经领悟到上帝的真谛呢？如果你说了的话，我们的儿子就不至于死了。他们是那样优秀、善良、虔诚的孩子，他们几乎都是珍宝；但就因为你不愿意说谎，他就把我们的孩子都给杀了。谁知道他接下来会做什么！"拉比说道："你怎么能要求我那样做呢？他并没有领悟到上帝的真谛，我怎么能欺骗人们说他已经领悟到了呢？正由于我爱戴他，我才不能说谎。"国王已经杀害了他的所有儿子，但这位父亲仍然说他爱戴杀他儿子的国王！国王听到了拉比所说的话后，立即冲进屋内，触摸着拉比的脚，痛哭流涕地说道："原谅我吧，先贤。我从来都不知道这世上竟然还有人能去爱戴一个杀害他所有儿子的人。"拉比抚摸着国王的头，一边为他祈福，一边说道："今天，你真的领悟到了上帝的真谛，因为今天你知道了什么是爱，什么是真理。上帝就意味着所有的宽恕。我原谅你，是因为我心里的上帝原谅了你。今天我可以大声宣布：我们的国王领悟到了上帝的真谛。"

《塔木德》中说："即使是一个恶贯满盈的人，临终忏悔了，上帝也会宽恕他。"犹太人认为，宽容不是迁就，也不是软弱，而是一种修身之法，是一种充满智慧的处世之道。

传说，在古老的以色列，有一个叫作雷蒂亚的人。每次和人发生矛盾生气的时候，他从不和人争执，而是以很快的速度跑回家去，绕着自己的房子和土地跑3圈，然后坐在田边喘气，气顺之后，便更加勤奋地劳作，结果他的房子越来越大，土地也越来越宽广。但不管房地有多大，只要与人争论生气了，他还是会绕着房子和土地跑3圈。雷蒂亚为何每次生气都这样做呢？有人无数次问他，他一概拒绝回答。雷蒂亚很老时，有一次与家人生气了，他又拄着拐杖步履蹒跚地围着宽广的房子和土地艰难地走了起来。等到他好不容易走完3圈后，太阳已经落山。孙子就劝他回家。可他坚决不肯，一心要坐在地边喘气。孙子无法，只好在一旁陪他。其间，孙子说："您看，附近的人数您年龄最大，房子和土地也没有人比您的更大了，您不能再像从前，一生气就绕着房子和土地跑啊！最让我不明白的是，为什么您一生气就要绕着房子和土地跑上3圈呢？"

雷蒂亚禁不住孙子的再三恳求，终于说出隐藏在心中多年的秘密，他说："年轻时，我一和人吵架、争论、生气，就绕着房地跑3圈，只是边跑边想，我的房子这么小，土地也这么小，我哪有时间、哪有资格去跟人家斗气，一想到这里，气就消了，于是就把所有时间用来努力工作。"孙子又问："可是现在您年纪大了，又成了最富有的人，为什么还要绕着房子和地跑？"

雷蒂亚叹了口气说："我是边走边想，我的房子这么大，土地也这么多了，我又跟人计较什么？一想到这儿，气就消了。"

宽恕别人就是善待自己，当然宽恕伤害过自己的人不是一件容易做到的事，要把怨气甚至仇恨从心里驱赶出去，的确需要极大的勇气和胸襟。人们常说，人的心就如同一个容器，当爱越来越多的时候，仇恨就会被挤出去。其实每个人用不着刻意地去消除仇恨，如果不断用爱来填充内心、用关怀来滋润胸襟，仇恨自然就没有了容身之处。

容人者方能容天下

把心放宽，你会看得更远。

——塔木德

生活中我们每个人难免会与别人产生摩擦、误会，甚至仇恨，这时别忘了在自己心里装满宽容。宽容是温暖明亮的阳光，可以融化人内心的冰点，让这个世界充满浓浓暖意。

犹太人中流传着这样一个故事：

有位徒弟，经常在拉比面前抱怨。有一天，拉比让徒弟取一些盐过来。

当徒弟把盐拿过来后，拉比没有作声，把盐放到碗里倒上水，搅均匀后让徒弟把盐水喝下去。徒弟有些不解，向拉比问及原因，拉比没有回答，只是让徒弟喝。徒弟只好喝下去。

这时，拉比问："味道怎么样？"

徒弟哭丧着脸，说："很咸很苦。"

拉比笑了笑，让徒弟带上一些盐跟随自己一起去湖边。

师徒二人一路上没有说话。

很快，他们来到湖边，徒弟一屁股坐下来，一边抱怨一边欣赏周围的美景。拉比弯下腰，拍了拍徒弟的后背，说："把你带的盐都撒进湖里。"徒弟满脸狐疑，只好照办。当徒弟把盐全部撒完后，拉比说："现在你喝点湖水。"

徒弟来到湖边，弯下身子，用双手捧起湖水，喝了下去。拉比问："有什么味道？"

徒弟回答："很清凉，还有点甜味儿。"

拉比问："没有尝到咸味了吗？"

徒弟说："没有。"

拉比淡淡一笑，坐在整天爱抱怨的徒弟身边，握着他的手，语重心长地说："人生的苦痛就如同盐一样有一定的数量，它不会多也不会少。我们承受痛苦的容积大小决定着痛苦的程度。当你感到痛苦时，那你就把容积放大些，不是一杯水，而是一个湖，这样你才不会有痛苦和抱怨。"

拉比的话很简单，却蕴含着丰富的哲理，人的容积大小决定着痛苦的程度。而容积则是我们的包容心。人应该懂得包容，包容他人，包容自己，包容不公平的待遇。如能以博大的胸怀去宽容别人，就会让世界变得更精彩，以宽容之心度他人之过，你就能赢得他人的爱戴和感激，成就你的精彩人生。

《塔木德》告诫我们，宽容是理解、沟通的代名词。不懂得宽容，常常以高傲的姿态拒人于千里之外，这样做虽然可以保持一种清傲，却常常使自己陷入孤立之中。当然，宽容有宽容的底线，并不是无原则地去做"老好人"，而是应该掌握好尺度，认清"宽容有错误的朋友"和"宽容朋友的错误"是两码事。宽容是真诚的体现，不仅仅是姿态和形式，更多的是修养和勇气。宽容建立在健康的心理和崇高的追求之上，如果整天为挫折而唉声叹气，这样的人即便想"宽容"也"宽容"不起来。

善对迷途知返的人

不要把伤害你的人当成敌人，他有可能成为你的朋友。

——塔木德

有一个商人到外地谈生意去了，他的妻子和儿子留在家中。

有一天，商人的妻子送儿子上学去之后，回来正在卧室里躺在床上看书，忽然听到开门的声音，她以为是自己的丈夫回来了，便准备起身去迎接。可是紧接着，她又听到进来的人是在蹑手蹑脚地走路，而后又从客厅传来轻轻翻动抽屉和柜子的声音。女人立即意识到，一定是小偷进来了，自己一个人在家，如果惊动了小偷，很有可能惹来杀身之祸。可是躲在屋里也不是办法，小偷翻完客厅后，接着再来翻卧室可怎么办呢？这时，女人突然瞥见了床头柜上的那把黑色仿真玩具手枪，是儿子昨晚玩过之后随手扔在那里的。于是女人心想被动不如主动，便将玩具枪拿在手中，悄悄地来到卧室门口，然后突然把门拉开，大喊一声："不许动，我是警察！"

小偷大惊失色，以为是自己倒霉，偷到了警察家里来。恐惧之下，再加上心慌意乱，他转身一跃就上了窗台，准备往下跳，这时他才想起来这里是8楼，但等他想收住脚步，却为时已晚，身不由己地即将向楼下跌去。

见此情形，商人的妻子不假思索，一个箭步冲过去，将玩具枪扔掉，双手一伸，紧紧地抓住了小偷的脚。小偷全靠商人的妻子及时相救，才没有从几十米的高处跌下去，否则肯定没命了。

当商人的妻子拼尽全力把小偷从窗口拖进来时，胳膊已被窗台刮掉了一大块皮，流了好多血。小偷吓得脸色煞白，看着女人鲜血淋漓的胳膊，忽然放声大哭。

商人的妻子打电话报了警，很快，小偷就被警察带走了。

一年之后的一天，商人家的门铃被按响。商人的妻子打开门一看，眼前站着一个陌生的小伙子，穿戴得非常整洁，目光中充满了感激。

"夫人，您还记得我吗？"小伙子问。商人的妻子实在想不起来，就抱歉地摇了摇头。小伙子哽咽地说："去年，我在您家偷东西，差点儿摔下楼去。是您不顾危险拉住我的脚，才把我给救了上来，您还为此受了伤。"商人的妻子这才想起来，他就是去年那个小偷。原来，他被警察带走后，很快被判了轻刑，现在显然已经刑满释放了。小伙子眼含泪水又说道："我今天是特意来感谢您的。您不但救了我的命，也救了我这个人。我已经改邪归正，不再偷东西了，现在在一家修车厂工作。我永远也忘不了您的大恩大德。"商人的妻子欣慰地笑了。

俗语说："人非圣贤，孰能无过？"没有一个人可以说自己没犯过错误；而每个人在犯了错误之后，都会自然而然地渴望得到补偿和改正的机会。对于犯错的人，宽容有时比惩罚更有力度，尤其是对那些因一时冲动而犯错的人。宽容他人，是一缕春风、一泓清泉、一颗给人温暖的舒心丸、一剂催人奋进的强心剂。它常常与真诚、谦逊、宽容、赞赏、善良、友爱相得益彰，与虚伪、狂妄、苛刻、嘲讽、凶恶、势利水火不容。人与人之间只有做到相互理解，人间才有真情在。

不该得的利不要

谁是英雄？战胜自己欲望的人是英雄。

——塔木德

有一个 11 岁的犹太小男孩儿，名叫拉姆，他与母亲相依为命，生活在一个小村子里。别看他年纪不大，却非常懂事。由于家里很穷，为补贴家用，拉姆每天放学后都要到镇上的邮局去给村里杂货店的老板取报纸和信件，报酬是每周 1 美元。

一个星期天的晚上，拉姆像往常一样到杂货店去领取自己这周的报酬。在杂货店门外，拉姆就遇见了老板，显然他刚和讨价还价的送货人吵了一架，仍然余火未消。他衣袋中的钱包敞开着，里面的钞票塞得满满的，当拉姆向他要钱时，他没有像以前那样啰唆半天，责怪拉姆打扰了他，然后才不情愿地给钱；这次甚至连想都没想，立刻随手从钱包里抽出钞票给了拉姆。

拉姆暗自庆幸这次如此顺利，便急忙离开杂货店，向家中走去。路上，他停了一下，想将手里捏着的钱放进内衣口袋里。就在这时，他发现杂货店老板给自己的是两张钞票，而且每张面值还是 10 美元的！他顿时为得到这笔意外之财而兴奋不已。

于是，他心里盘算开了："有了这些钱，我要给妈妈买一副新手套，她下地干活儿的时候，手就不会被锄头柄给磨破了。剩下的钱也许还够给我自己买双新鞋的，这样，我就不用再穿这双露脚指头的鞋了。"

然而，当他想到这里时，耳边似乎又有一个声音在提醒他：你是个诚实的孩子吗？于是他又想：这钱一定是杂货店老板在气头上拿错了，自己没有权利去用。正当他这样想时，耳边仿佛又响起一个充满诱惑的声音："这是他亲手给你的，你怎么知道他不是把它作为礼物送给你的呢？拿着吧，他绝对不会知道的。就算是他弄错了，他的钱包中有那么多张钞票，他也一定不会发觉的。"

就这样，拉姆一边往家走，脑袋里一边进行着激烈的斗争，不知道是用这些钱使自己和妈妈的生活有所改善重要，还是诚实重要。

在经过家门前的那座小桥时，拉姆突然想起了妈妈平时对他的教诲："你想要别人怎样对你，你就得怎样对待别人。"

拉姆猛地转过身向回跑去。他跑得很快，几乎上气不接下气，仿佛在逃避什么无形的危险一样。就这样，他一口气跑到了杂货店门前。

这时，杂货店老板还站在店门外，他不解地看着这个跑得气喘吁吁的小男孩儿。拉姆拿出了钞票，还给杂货店老板，并为自己刚才一时的贪念向他道歉，然后请他给自己换一张一美元的。

杂货店老板注视着拉姆，把其中的一张又给了他。

"不，先生，谢谢你，"拉姆说，"我不能因为做了一件应该做的事而得到报酬。我只希望你不要把我看成是一个不诚实的人。"

诚实是一种美德，是做人操守的基本底线。诚实的人坦坦荡荡、心无挂碍，与这样的人交往，会给人一种踏实的感觉；我们无法想象，如何与一个满嘴假话的人共处。诚实体现在言行与思想的一致上，它也表现为对人的真诚以及为人处世过程中的实事求是精神。同样，在付出真诚的同时，我们也会赢得别人的信任与友谊。因此说，诚实是每个人都应具备的基本品德，而且它在人们生活的各个方面都非常重要。

尊重的力量

要以对待上帝一样谦卑的态度对待你身边的人。

——塔木德

犹太人认为，尊重是一种修养，一种品格，一种对人不卑不亢、不俯不仰的平等相待，也是一种对他人人格与价值的充分肯定。世界上从没有尽善尽美的人，所以任何人都没有理由以高山仰止的目光去审视别人，也没有资格用不屑一顾的神情去嘲笑他人；假如别人某些方面不如自己，也不要用傲慢和不敬的话去伤害别人的自尊；假如自己某些方面不如人，也不必以自卑或嫉妒去代替应有的尊重。一个真心懂得尊重别人的人，一定能赢得别人的尊重。

在美国，有一天一位颇有名望的富商正在散步时，遇到一个正在摆地摊卖旧书的瘦弱年轻人。在寒风中，他缩着身子啃着干硬的面包。富商怜悯地将8美元塞到年轻人手中，头也不回地走了。没走多远，富商忽然又折身返回，从地摊上随便捡了两本旧书，并微笑着说道："对不起，我忘了拿书。其实，您和我一样也是商人！"两年以后，这位富商应邀参加一个慈善募捐会，他刚走进大厅，一位穿着考究的年轻人上前就紧握住他的手，感激地说："我就是当年摆旧书摊的小贩，现在我已经拥有一座大书城了。过去，一直以为我这一生只能是摆摊乞讨的命运了，直到您亲口对我说，我和您一样都是商人，这才使我树立了自尊和自信，从而创造了今天的业绩……"不难想象，没有那一句尊重和鼓励的话，这位富商当初即使给年轻人再多的钱，年轻人也断不会出现人生的巨变，这就是尊重产生的力量！

尊重是来自双方的，就像国际奥委会名誉主席安东尼奥·萨马兰奇在一篇文章中谈到自己为什么爱中国、尊重中国时说的那样："中国人民是一个拥有超强记忆力的民族，他们懂得珍惜患难之交，不会忘记患难时期与自己站在一边的人。正因为如此，在这次北京奥运会上，我才能享受到中国人民的友谊和对我的爱，这是很难用言语表达的情感。30年来我29次访问中国。我从中国收获了爱和友谊，也学会了爱与尊重中国人民。"

尊重还不应有等级观念，不论穷富尊卑，都应该得到尊重。在美国曾发生这样一件事：一所职业学校进行结业考试。考试中，学生们答得都很顺利，但在最后一道题上他们都"卡壳"了，这道题的题目是"学校的清洁女工叫什么名字？"

学生们都感到有些愕然，认为一定是印试卷时出了问题。他们经常见到那个清洁女工,她 50 多岁,个子很高,一头黑发,但谁也没问过她叫什么。考试结束时,学生们把试卷交了上去——都没有答出最后一道题。一个学生问老师,最后一道题是否也计入成绩。"当然,"老师说,"在今后的职业生涯中,你们会遇到许多人,每一个人都很重要;他们都值得你们去注意、关心,甚至需要你们去向他们微笑、问候。"

这次考试使学生们终生难忘,也使他们在毕业后走向社会时获益匪浅。他们不仅永远会牢牢记住那个清洁女工的名字——戴茜,而且相信他们以后也会彻底理解什么是尊重。

抵御诱惑

要把你的心(思想)专注到一个地方。

——塔木德

美国一家公司在报纸上登出了一则启事,准备招聘一名储备部经理,待遇非常好,但要求的条件也特别高。在面试这天,来了许多应聘者。

经过重重筛选,最后只剩下了 3 名竞争者,由公司的总经理亲自主持一项特别的考试。

第一个人走进了总经理办公室。总经理问他:"你能朗读吗?"

"是的,先生。"

"你能读一读这段文章吗?"说着,总经理便将一张报纸放在这个人面前。

"可以,先生。"那个人看了一眼回答道。

"你能不受任何干扰不停地朗读吗?"

"没问题,先生。"

"好吧,那你现在就开始读吧。"

朗读刚一开始,总经理就打开了办公室里的另一扇门,从门内立刻跑出来几只非常可爱的小狗,围在那个人的脚边嗅来嗅去。那个人觉得这几条美丽的小狗实在太可爱了,视线不由自主地离开了报纸,他的朗读也随之停顿下来,无法再读下去了。当然,他也就失去了这个机会。第二个人也因受不了诱惑,犯了同样的错误,也失去了竞争的机会。

最后只剩下一个人了,如果他也失败,这次招聘计划便算彻底告吹了,连总经理也感到有些沮丧。值得欣慰的是这个人并没有受到小狗的引诱,一口气把文章读完。总经理非常高兴,便问这个人:"你在朗读的时候没有觉察脚边有几只小狗吗?"

"觉察到了,先生。"

"这么可爱的小狗,你为什么不看一看它们呢?"

"因为我答应过您,要不停顿地读完这段文章。"

"你总是遵守自己的承诺吗?"

"是的,先生,我总是努力去做到。"

总经理激动不已地握着他的手说:"你就是我所需要的人,我相信你一定会大有前途的。"

这个人后来果然通过自己的努力,成了公司的副总经理。

《塔木德》提醒我们,能够克制住欲望,是一个人成功的基本要素之一。因为在做事的时候心有旁骛,就不能把自己的全部精力都投入到所从事的工作中去,就无法专注和实现目标。战胜欲望靠的是自制力,而自制力是一个人意志的体现。能够驾驭自己意志的人,往往能征服一切困难,不论遇到任何艰难险阻,都能一往无前。

珍惜每一分钟

金钱能够储蓄,而时间不能。金钱可以从别人那里借,而时间不能。人生这个银行里还剩下多少时间,谁也不知道。因此,时间更重要。

——塔木德

犹太人中流传着这样一个故事:

一个年轻人经过多年艰苦拼搏后,终于成了远近闻名的富商。由于他几乎将所有的时间都投入到做生意和赚钱上,因此与家人在一起共处的时间少得可怜。有了钱之后,富商买了一幢豪华的别墅。但自从住进别墅那天起,几乎每天晚上回来时,他都看见有个陌生人从他的花园里拖出一些箱子,装到一辆货车上拉走。每次他都想喝问那个人在干什么,但那个人的动作极快,总是在他还来不及叫喊时,就已经把车开走了。

有一天,富商决定开车在后面跟踪他,好弄清到底是怎么回事。那辆货车走得很慢,看起来并不像是仓皇逃跑的样子,他毫不费力地一路跟踪着,最后,来到了城郊的一个峡谷旁。

那个陌生人停下车后,就把箱子卸下来,扔进了山谷。富商觉得非常不解,就下车去看。他发现山谷里已经堆满了许多大小、样子都差不多的箱子。富商感到很奇怪,因为他从不知道自己家里什么时候有这么多的箱子,另外,他也想知道箱子里装的是什么,那个人把箱子拉到这里来干什么。于是,他走过去问那个人:"刚才我看见你从我家中拉走几只箱子,箱子里装的究竟是什么?你又为什么把这么多箱子堆在这里?"那个人看了富商一眼,微笑着对他说:"你家里还有许多箱子要运走。你不知道箱子里是什么吗?告诉你吧,那都是你虚度的时光。"

"是什么?"富商没有听清,又问了一遍。

"你——虚度——的——时光!"陌生人为了说得更清楚,就一字一顿地大声重复道。

"我虚度的时光?"富商不解地说,"不可能!我每天都从早忙到晚,为生活得更幸福而努力。我没有虚度过任何一天!"

"不,你的确虚度了许多美好的日子和宝贵的时光,它们就装在这些箱子里。你认为把所有时间都用于赚钱,就是没有虚度时光吗?你无时无刻不在期待着幸福的来临,但当幸福真的来到你面前时,你做了些什么呢?你可以去看一下,它们全都那样完美如新,根本没有用过,不过现在,你想用也已经来不及了。"

富商走过去,顺手打开了一只箱子,看到了一条暮秋时节的小路,他的未婚妻正独自一人神情落寞地踏着落叶慢慢地走着。他又打开一只箱子,看到了一间病房,他的老母亲正奄奄一息地躺在病床上,支撑着等着他,希望能见他最后一面。他打开第3只箱子,看到了他以前住过的老房子,他那条忠实的狗趴在门口等了他两年,已经骨瘦如柴……

看到这里,富商的心里像是被什么东西猛刺了一下,感到一阵钻心的疼痛。他不顾一切地抓住陌生人的手臂,恳求道:"先生,请您让我只取回这3只箱子吧!求求您了。我有钱,您要多少都行。只要您让我取回这3只箱子,我愿意付出任何代价!"陌生人遗憾地摇摇头,说:"很抱歉,太迟了,一切都已经无法挽回了。"说完,他就和那些箱子一起消失了。

只有时间才是世上最永恒的公平,它童叟无欺,不因权势而逆转,也不因财富而倒流,只要你不亏待它,它就不会亏待你。令人遗憾的是,有的人在时间非常充裕的时候不懂得珍惜,等到时间流逝,生命将走到尽头时,才回想起那些被虚度的岁月,悔恨自己以前为何没好好珍惜时间。可惜生命只有一次,永远不会重来。

一个病入膏肓的人迎来了他生命中的最后一分钟,这时,死神来到了他面前。他挣扎着向死神恳求道:"请再给我一分钟,就一分钟,行吗?"

死神不解地问道:"你要这一分钟干什么?"这个人说:"我想用这一分钟,最后一次看看天,看看地,想想我的亲人和朋友,听听一片树叶从枝头飘落到地上时的那一声叹息;运气好的话,也许还能看到一朵花的盛放。"

死神摇了摇头,说:"你的想法虽然不坏,但我不能答应你。因为我曾给过你时间来欣赏这一切,而你却没有珍惜。在你的生命中,我从来没有见过你像今天珍惜这一分钟一样,去珍惜任何一个小时或一天。不信的话,听听我给你列的这份账单:

"在你60年的生命中,你几乎有一半时间在睡觉,这不怪你,姑且算是我占了你的便宜。在余下的30年中,你叹息时间过得太慢的次数平均每天一次,这其中包括你少年时在课堂上、青年时在约会的长椅上、壮年时在等待升迁的仕途上,以及中年时在下班前的叹息。你几乎每天都觉得时间过得太慢,日子太难熬,因此,你想出了种种排遣无聊和消磨时间的方法,其明细账大致可罗列如下:看电视,以平均每天 2 小时计,从青年到老年,你一共用去了 6500 小时,折合成分钟是 39 万分钟。喝酒,以平均每次 1 小时计(实际上远不止这个数),从青年到老年,也不少于看电视的时间。

"此外,同事之间的应酬、上班时的闲聊、玩游戏,这些加在一起,也不少于看电视和喝酒的时间。还有……"

死神正准备把他其余浪费掉的时间都一一列举出来时,发现那个人的生命之火已经熄灭了,于是不禁叹了一口气说:"如果你活着的时候知道珍惜时光的话,完全有时间来实现最后的梦想,就不会留下这么多的遗憾了。唉,世人怎么都是这样,总是还没等到我动手,就自己后悔死了!"

有多少人考虑过一分钟对一个人的重要?答案是一分钟可以用来对他人、对自己、对生活微笑;一分钟可以用来紧握他人的手,赢得一个新朋友;一分钟可以用来表达对家人的爱;一分钟可以用来改变一个人的命运,也可以挽救一个人的生命。每个人的一生都是由每个一分钟构成的,一分钟看似短暂,但却有可能在我们的生活中留下深深的印痕。因此,一定要珍惜时光,要把每一分钟都当成是最后一分钟,只有这样,才能让生命中的每一分钟都变得无比精彩。

为别人服务就是爱他人

为他人提供帮助,是一种爱心的表现。

——塔木德

希伯来语中对"服务"一词的解释,就是"爱"。"爱"字面上的意思就是"给予"。因此,在犹太人看来,"爱人"并不只是发自内心的一种情感,更为重要的是怎样去为之服务。

犹太教义中说:上帝希望你去爱别人,是希望你通过为别人服务来爱他们。就是说,爱不仅仅只是口头上说说而已,而是要有实际行动,为需要帮助的人尽一分力量,这才是真爱。

有个人黑夜外出,在伸手不见五指的路上遇到一个提着灯笼的犹太人,他走近时才发现那个犹太人是个盲人。他觉得非常奇怪:盲人还需要光亮吗?于是不禁问道:"这盏灯笼对你有什么用?你还这么费力地提着它。"

犹太盲人回答说:"我提着灯笼走路,是为了要你们看见我。"

这个故事中蕴含着很深的哲理:对一个盲人来说,他已经习惯于在黑暗中走路。与视力正常的人相比,自己摔倒的可能性要远远低于被别人撞倒的概率。为此,盲人点起灯笼走路,除了为让相遇者能看清楚自己,避免把自己撞倒,同时也方便了别人。从中反映了犹太人用爱人之心去与人交往的真谛:爱他人,其实就是爱自己。

热爱别人,别人也会同样对你付出。纽约餐馆老板尼波伦特对此便深有体会。

1985年,美国纽约一家麦当劳的打工仔尼波伦特,决定辞职自己开设一家饭店。10年之后,他已经成了7家连锁餐饮店的老板。他的成功秘诀是什么?用他自己的话说:把顾客当成朋友相处,像家人一样为他们服务。

尽管如今他已是个大老板了,但仍保持着亲自为顾客服务的习惯:他经常轮流在自己所开的各家餐馆里为顾客烹制菜肴,并亲自端到顾客面前,然后和顾客寒暄几句。其实这就是最简单的,却也是最真实的爱。如果在为别人服务的过程中感受到了快乐,就等于排除了阻碍自己成功的一个重要障碍,同时将为自己赢得更多的新朋友。有人把热情的服务看成是一种谦卑,其实不带功利的谦卑本身就是一种宽广的博爱。谦卑不仅可以阻止自己变成一个狂妄的人,还可以帮助自己认识到胜利和成就带来的荣耀都是微不足道的,从而可以降低姿态去做人,用平常人的身份与人相处。

《塔木德》中说:"你的生命和你的邻居的生命一样有价值,你的需要和他人的需要一样应该满足。要达到自我的满足,必须把注意力及财富施及家人、朋友和社会,必须从只想着自己转变为强调自我以外的世界。自我实现并不是要隐退于我们这个堕落的世界之外,也不是沉溺于自我陶醉之中,要实现自己的价值,必须参与社会生活,并能对这个世界有所贡献。"

勤劳是一种习惯

懒惰人羡慕,却无所得,殷勤人必得丰裕。

——塔木德

一次,所罗门王在外巡视时看见一位年迈的老人在辛苦地种植无花果树,"你种植无花果树是为了你自己享受果实吗?"他走上前去问道。

"如果我不能活到享受果实的那个时候,我的孩子们将会享受到,或许上帝会特许我等到享受果实时。"老人回答说。

"如果你能够得到上帝特赦而享受到这树的果实,那就请你告诉我。"所罗门说道。

日子一天天过去,果真如老人所希望的那样,在无花果树结出丰硕果实时,老人依然健在。老人摘了满满一篮子无花果兴冲冲地去见所罗门。见到所罗门时,他解释说:"我就是你看见过的那个种无花果树的老人,这些无花果是我劳动的成果。"

所罗门命人拿来一把金椅子,让他坐下,然后把他的篮子装满了黄金。

"您为什么给他那么多的赏赐和那么高的荣誉?"所罗门的仆人不解地问道。

"造物主给勤劳的他以荣誉,难道我就不能做同样的事吗?"所罗门反问道。

老人用一篮子无花果换回一篮子黄金的消息被老人的邻居知道了,邻人的妻子怂恿丈夫也拿一篮子无花果去所罗门那儿换一篮子黄金。

丈夫听从了妻子的话,提着装满无花果的篮子来到皇宫,要求换取金子。

所罗门听到禀报后,特别生气,他传令下去,让那个懒惰贪婪的人站在皇宫门口,每个进出皇宫的人都要朝他脸上掷一个无花果。黄昏时,这个可怜的人回到了家里,浑身又青又肿,"我要把我得的全给你!"他冲妻子喊道。

所罗门认为,勤勉和成功是相互依存、互为表里的,一般来说,勤勉就可成功,而懒惰却足以毁掉一个资质非凡的人。勤奋,是走向成功的最基本条件。

《塔木德》告诫我们,成功的背后定有辛苦。远古犹太人要吃果实,就得爬到很高的树上去摘;要生火,就必须花相当长的时间去摩擦石头或木头。

勤勉或懒惰不是天生的,很少有人一生下来就是懒虫,也很少有人是天生的勤奋者,大多数人的勤勉或懒惰都是后天的,是习性所致,此外,孩童时期的家庭环境以及所受的教育,对人的影响也很大。勤勉有两种:一种是自觉自愿的勤勉,另一种是外力强迫的勤勉。外力强迫的勤勉对人自身绝不会有作用,因为一旦外力消失,这种勤勉就不会存在了。自愿的辛勤较易产生出自己所需的东西,时间一长,就能确立一个完整的自我。

犹太人认为,勤勉是无价之宝。培养儿女勤劳的习惯,比留给他们一大笔财产要强得多。有勤劳的手脚与灵敏的头脑,金钱便可随时得到。当工作疲乏的时候,就该立刻重温"不勤劳即饥寒"的箴言,以免被怠惰的魔鬼诱惑。诚然,懒惰无益,勤勉有功。勤勉使事情容易,懒惰则使事情困难。许多生命耽于安逸而愁苦。况且,我们做得越多,便越能做。勤勉能使人成为幸运的宠儿，而懒惰只会带来贫穷和羞耻。那么我们今天就与懒惰告别，能在今天做好的工作，切莫拖延。

犹太人有一句谚语："成功和失败都是习惯。"这是一句发人深省的话，说勤劳就是一种习惯，一种很讨人欢心，利己又利人的习惯。

勤劳是通往幸福之路的唯一捷径，只有勤勉的人才能得到社会的认可、他人的尊重。

第十章
教育：坚决不让孩子输在起跑线上

犹太人求知精神的基点在于他们对知识有着深刻的，也相当实际的认识，知识就是财富，由此便产生了对知识这种财富近似贪婪的欲望。以色列建国前，犹太人散布于世界各地，他们所栖之处，唯一的支撑点就是自己头脑中的知识，靠知识创造财富，从而由财富为自己争得一个生存发展的空间。

当好孩子的第一任老师

对于学习中的孩子,我们把他们比喻成什么呢?就像用墨水在洁净的纸上书写。

——塔木德

父母是孩子的第一任老师,不仅犹太人是这样认为的,全世界的父母也都是这样认为的。孩子在成长的过程中,父母的一言一行,都在潜移默化中影响着他们。因此,《塔木德》中说:"不要在孩子面前展示你的劣性,因为他们的模仿性很强。"

有位犹太人有个习惯,总喜欢到附近的酒馆里喝上一点小酒儿。

有一年冬天,门外大雪纷飞,这个人穿上棉衣,戴上皮手套,与妻子吻别后,推门而出,顶着大雪吹着口哨,向酒馆的方向走去。走着走着,总感觉后面有个人在跟着他,他扭头一看,大雪中的不远处果然有一个孩子,正冲他露出顽皮的笑脸。这个孩子不是别人,正是自己的儿子。

孩子见父亲发现他以后,一边向父亲跑一边兴奋地说:"爸爸、爸爸,你看,我正踩着你的脚印呢!"

很快,孩子来到父亲身边。儿子刚才的话,让他心头一怔。他一边帮儿子清除身上的雪,一边想:"我现在是去酒馆的路上,儿子踩着我的脚印跟着我,将来他也会去酒馆。"

想到这里,他打消了去酒馆的念头,带着儿子回家去了。从此以后,这个人再也不去酒馆了。

犹太人认为,"不言而教"就是最好的教育。生活中,父母的言行举止都会自然而然地传递给孩子，久而久之就会对孩子的能力与性格的形成产生重要影响。例如罗蒙诺索夫探索精神的形成就深受父亲的影响。

米·华·罗蒙诺索夫是18世纪俄罗斯的全才科学家。他在天文、地理、物理、化学等方面都有辉煌的成就，是质量不灭定律和能量不灭定律的创始人，是物质结构的原子—分子学说、热动力学说和气体分子运动论的创始人。但是，他只是一个渔民的儿子，直到19岁的时候还没有进过一天学校。罗蒙诺索夫的故乡——杰尼索夫卡村，地处俄罗斯北部北德维纳河流入白海一带的一个岛上，村里的孩子大多很小就学会了划船和驾船，罗蒙诺索夫就经常跟小伙伴一起驾着船离开村子，到对岸的霍尔莫戈雷城去玩。有一天，爸爸对他说："到了春天，你就跟我一同出海，去当学徒吧。"罗蒙诺索夫这时才满10岁。学徒期间所干的活是不轻的：开始捕鱼时，要帮着下网；起网以后，要把整网的鱼捡干净，然后再把它们运进船舱里，再把网撒到水里去；紧接着就得把船舱里的鱼一条一条很快地剖肚，撒上盐，丢进大木桶。刚干完这所有的活，又要帮着起第二网，接着又开始同样的工作。整天双手都冻得发红，盐水侵蚀着手指，肩膀累得酸疼，至于休息，那是连想也不能去想的。

当海面刮起风暴的时候，工作就更加艰苦了，小渔船像荡秋千一样，忽而上升，忽而下降。浪花打入船中，就要不断地把水排出去，为了不摔倒，就得把两腿大叉开，整小时整小时地不停工作。

"海洋是固执的，如果你不比它更固执，你就要完蛋！""如果你胆怯，又疏忽大意，你就免不了要遭殃！"爸爸见儿子稍有懈怠，就会用这样的话来教训儿子。就这样，罗蒙诺索夫少年时期在父亲的影响下，养成了在困难面前不低头的坚忍不拔性格。

犹太父母的挫折教育

只有虫子不会摔倒。

——塔木德

这是经常发生于普通犹太家庭的"事件","事件"的主角通常是父亲和儿子:

有对犹太夫妻,他们有一个3岁的儿子叫约翰。有一天,小约翰和姐姐坐在客厅的地毯上玩游戏,正当姐弟二人玩得高兴之时,父亲走了过来,面带微笑,抱起小约翰,把他放在沙发上,然后坐在小约翰面前的地毯上,摊开双手,做接住的姿势,让小约翰从上面跳下来。

小约翰见父亲也参加他们的游戏,非常高兴。他笑呵呵地望着父亲,根本没有想到父亲给他挖了一个"坑"儿,便毫不犹豫地冲着父亲摊开的双手跳了下去。让小约翰没有想到的是,就在他即将落入父亲手中的一瞬间,父亲缩回了双手,他重重地摔在地毯上。小约翰顿时委屈地号啕大哭起来,并眼泪汪汪地向坐在旁边沙发上的妈妈看去。可是,妈妈却若无其事地继续坐着,根本不去扶他,只是微笑着说:"呵,好坏的爸爸!"父亲则站在一边,用嘲弄的眼光看着上当受骗的小约翰。

这便是犹太人教子方法之一。此举似乎有些不近人情,可在犹太人看来,这是孩子一定要上的一课。犹太父母这样做的目的就是通过小小的挫折,让孩子从中明白这样一个道理:不要轻信别人,也不能依赖任何人,唯一可信的就是自己。

犹太父母和其他父母一样,也会遇到同一个问题:当孩子遇到麻烦时,是一个箭步冲上去,撑起爱的保护伞,为他遮风挡雨,还是忍住"帮孩子一把"的冲动,给他一个品尝挫折的机会,让他自己走出困境?通常的情况下,犹太父母都会选择后者。他们觉得生活中大大小小的逆境,都是磨炼孩子毅力和意志的"运动场",也是他们成长的催化剂。孩子对待逆境所产生的反应能力,决定了其逆境情商的高低;而他们面对挫折所采取的不同态度,则会产生截然不同的结果。逆境情商高的人在困境面前能自我激励、知难而进;逆境情商低的人则容易被小小的挫折吓倒,甘心放弃,最终一事无成。在智商差不多的情况下,逆境情商对一个人的人格完善和事业成功将起着决定性的作用。所以他们绝不会错过提高孩子的逆境情商这一课。

培养孩子简朴的生活习惯

> 从小要让孩子懂得简朴的道理,因为节俭可以让人变得更加优秀。
> ——塔木德

犹太人在孩子很小的时候就开始对他们进行金钱方面的教育,向他们灌输正确的财富观,让他们理解"赚钱不易,花钱更难"的道理,甚至将理财观念引入到游戏中。

在德国居住的犹太妇女玛丽是个寡妇,她一个人带着儿子帕克生活。有一天,玛丽在一旁收拾房间,儿子帕克则热火朝天地坐在电脑前玩射击游戏。玛丽从不反对儿子在做完功课后玩电脑游戏,于是一边忙着手中的活儿,一边关注着儿子的"战况",有时还为帕克颁布几道"口头嘉奖令"。

在妈妈的鼓励下,小家伙越战越勇,捷报频传:"报告妈妈,我又过了一关!""报告妈妈,我换装备了!"

就在这时,玛丽突然对儿子喊道:"帕克将军,请马上停止战斗!"帕克立即按下暂停键将游戏定格,然后扭过头来一脸迷茫地看着妈妈。

只见玛丽一脸严肃地呵斥道:"刚才那架飞机,明明用一枚导弹就能将它击落,你为什么要用3枚?你知道一枚导弹的价格是多少?至少要300万马克啊!你知道现在世界上还有多少人饿着肚子等待救济?你……"

帕克小脸涨得通红,可妈妈丝毫没有妥协的意思。帕克解释说这只是玩游戏而已,不必那么认真。

"打游戏也要节约子弹。"玛丽根本不买账,直到帕克低头认错并且保证以后打游戏不再"浪费"才算罢休。

犹太父母为了使孩子养成节俭的习惯,会随时随地抓住孩子生活中的过失进行教育,而且决不姑息和迁就。由于他们的教育针对性强,很少空谈大道理,所以往往更能收到实效。

美国石油大亨犹太人洛克菲勒是世界上第一位拥有10亿美元的大富翁,很多人以为他的孩子一定都挥金如土,有用不完的零用钱,想买什么就买什么。如果这样想,那就大错特错了。

洛克菲勒在金钱方面对孩子的要求极为严格,甚至比普通家庭更严格。他给子女的零用钱少得可怜:7~8岁时,每周给30美分;11~12岁时,每周给1美元;12岁以上,每周给3美元,直至他们能自力更生为止。在每周发零用钱的时候,他还会要求子女们事先做出花销预算,并记清每一笔支出的用途,等到下次领钱的时候,他会亲自检查,如果账目清楚、用途正当,就奖励5美分,反之则减。

洛克菲勒这样做的目的,就是要让孩子从小就学会过简朴的生活,避免生活在富裕家庭通常会养成的那种优越感,让他们像普通家庭孩子一样接受基础的理财教育。这样,他们才会知道赚钱的不易,日后便能做到守成。

保罗为什么不画画了

培养孩子的个性是每位父母的义务。

——塔木德

犹太父母和老师一向重视对孩子的个性与能力的培养。也就是说,对孩子的能力进行全方位培养的同时,不压制孩子个性的发展。这一点在日常的教育活动中就有充分的体现。比如要让孩子认识木头的特性,教师就给孩子提供大大小小、软硬不同的木块,让幼儿用锤子和钉子随意敲打,使孩子们能在钉钉、拆拆、敲敲、打打中,了解并获得有关木头的一些知识。再比如教孩子阅读儿童文学作品,不只是讲一讲、念一念就行了,还要让孩子穿上服装进行表演。通过孩子的独立表演,使孩子能更好地领会作品的意境,从而受到感染和教育。在学校,老师很少批评、指责孩子；对于各种作业，从不给孩子提供唯一正确的标准答案，而是让孩子们在平等的、轻松愉快的环境中各抒己见，充分展示自己的思维与想象，从中得出不同的答案。如果答案别具一格，还会受到加分的奖励。于是，在这种气氛和环境下，孩子的个性就形成了。

保罗从小就喜欢拿笔在纸上涂涂画画，见什么都想画上一笔。虽然画出的东西很幼稚，但他始终乐此不疲。上学后，听学校的美术老师说保罗很有绘画天赋，他的父母就给他报名参加了一个绘画班。

有一次，保罗画了一幅《祈祷的孩子》的水彩画，得到了绘画班老师的夸奖，并被推荐去参加了一个儿童绘画展。参评时，他的画得了大奖。很多人看过他的画后，都表示赞赏："一个8岁的孩子竟然画得跟大人一样！"保罗的父母非常得意，为有这样争气的儿子而感到骄傲。从此以后，每当有比赛的时候，保罗的父母都让他画《祈祷的孩子》，而且还真的每次都获奖了。以后，保罗再也不画像他小时候那样的信笔涂鸦之作了，因为父母认为那样的作品属于不会画画，进不了画展。

从此，他这幅《祈祷的孩子》画得越来越熟练，也越来越不像孩子画的了。然而，在连续获了几次奖之后，保罗开始厌烦画《祈祷的孩子》了，而别的东西他已经不会画了，也不敢画了，从此他再也不画任何东西了。

多年以后，已成为一家公司职员的保罗在回忆起当年的这段经历时说："那些辉煌的奖项曾是我向人炫耀的资本，直到现在我才醒悟过来：那时的我已不是小画家，而只是一个复制那幅画的机器，这里面没有了自由的想象和创造的空间。绘画已经无法给我带来快乐了，它变成了一种能换取荣誉的职业。就像很多事情一样，一旦变成职业，就会削减很多乐趣，就像总吃一样好东西会提不起食欲。"

《塔木德》提醒我们，许多父母都习惯于将自己的思维和行为方式强加于孩子身上，却不知这种做法既束缚了孩子的个性，也磨灭了孩子的创造力。而如果一味地让他机械地重复同一种东西，就等于让孩子丢弃美妙的童真，而去学油滑的为人处世之道。孩子的世界和成人的世界是不同的，孩子的世界才是真实的世界，就如毕加索所说："我一生都在向孩子学习。"大师所追求的纯真境界正是孩子所特有的。身为父母者如果希望孩子能有所发明创造，就不能用成人理性的思维去干涉孩子个性的张扬。

让孩子在错误中成长

> 伟人经常犯错误，经常跌倒，但虫子不会，因为它从来就没有站起来。
>
> ——塔木德

只要考察那些成功者的经历，差不多都是在大量的失败、错误当中一步步走向成功的。一个人只要活在世上，时时都有出错的可能。如果课堂上老师不允许孩子出错；在家里父母不允许孩子出错，结果孩子为了不致出错，只好收敛幻想，自我约束，缩手缩脚，结果最终把孩子折磨成了个胆小如鼠的人；反过来为了让他们放开胆，又开始了新一轮折磨。孩子的心智需要用"错误"作为养料来促进成长，他们只有在"错误"之中才能一步一步地走向"正确"。这就像粮食是人吃的，但它的生长非得靠粪便给养一样。

在以色列一所小学校里，有一个叫托尼的犹太小男孩儿。这是个害羞、紧张的小完美主义者，对失败的恐惧，让他从来不参与班级里其他孩子玩得热火朝天的游戏。上课的时候，他很少回答问题，因为害怕会答错。写作业时，尤其是数学作业，更会让他陷入束手无策的痛苦之中。他很少有完成功课的时候，因为他总是反复地让老师检查，以确保没有做错。

老师们都曾尽力去帮托尼建立起自信，但却毫无作用。他们都对托尼感到头痛不已，认为这个孩子如果一直这样下去，这辈子必将一事无成。幸好，三年级下学期的时候，一位叫安妮的实习教师被分到了托尼所在的那个班当辅导老师。

安妮年轻、漂亮，而且对孩子们充满了爱心。所有的学生，包括托尼，都很喜欢她。不过，即使是如此有热情、充满爱心的安妮，也对托尼这个害怕犯错的小男孩儿感到为难。

一天早晨，班主任老师斯特朗夫人在黑板上讲解数学题。托尼已经整洁地抄下了问题，并填上了第一行答案。斯特朗夫人看到他的进步，感到很高兴，便让安妮照看孩子们，而她则去准备艺术课的材料。

当斯特朗夫人回来的时候，托尼正在哭——他没有记下第三个问题。安妮站在他旁边，正绝望地看着他。就在这时，安妮突然面露喜色，她去讲台上拿回了一个装满铅笔的笔筒。

"看，托尼，"她一边说，一边蹲下身来，轻轻地将他满面泪痕的脸从胳臂上抬起，"我给你看些东西。"

安妮一支一支地从笔筒里取出铅笔，放在托尼的书桌上。"看到这些铅笔了吗，托尼？"她说，"它们都是我和斯特朗夫人用的。知道上面为什么要附着橡皮吗？那是因为我们也会犯错误，而且是很多错误；但我们会擦掉这些错误，再试一次。这也是你必须要学会的。"

她亲了亲托尼，然后站起身来。"现在，"她说，"我会留一支铅笔在你桌子上，这样你就会记住，每个人都会犯错误，即使是老师也不例外。"

托尼抬起头来，眼中充满了热爱，并且脸上也出现了笑容——那是同学们第一次在他的脸上看到这样的神情。

在安妮不断地鼓励下，托尼逐渐发生了转变，哪怕他只取得了很小的进步，安妮也会及时给予他表扬，这使他一点点地建立起了自信，不但成绩越来越好，人也活泼开朗多了，成了一个人见人爱的孩子。

让孩子明白学无止境的道理

> 即使是一个贤人,如果他炫耀自己知识的话,那么他就不如一个以无知为耻的愚蠢者。
>
> ——塔木德

《塔木德》中有这样一个故事:

从前,有一个青年,离开家乡到处寻找贤人,想学到一些真正的修养。后来,他终于找到了一位贤人,并恳求贤人收他为弟子。贤人见他一片诚心,又天资聪慧,便收下了他。

两年后,年轻人自以为已经学到了很多东西,并得到了老师的真传,便不想再继续学下去了,于是向老师辞行。贤人早已揣透了这个年轻弟子的心思,因此没有阻拦他,但却让他拿来一个陶罐,并在里面装满石头。

片刻之后,贤人问弟子:"陶罐可装满了?"

年轻人回答:"满了,再也装不下别的什么东西了。"

于是贤人便抓起一把沙子撒进去,然后晃了晃陶罐,沙子立刻就不见了;接着贤人又抓起一把沙子撒进去,然后晃了晃陶罐,沙子又不见了。

"这回陶罐装满了吗?"贤人再次问年轻人。

年轻人一下子明白了老师的用意,于是惭愧地告诉老师:"看上去满了,可是还能装下很多东西。"

这时,贤人又取来一只杯子,让弟子往里面倒水。年轻人见杯子满了,就想停止倒水。贤人却说:"不要停,继续倒。"杯子很快装满了水。贤人这时候才让年轻人停止倒水,然后让他往罐子里倒,倒进罐子里的水又不见了。

这时贤人问道:"看似满了,还能装得下别的东西吗?"年轻人羞愧急了，当即请求老师原谅他的无知。

《塔木德》中说："学无止境的道理人人都懂，但在现实中有些人却很难做到。"因此无论子女在学校取得多么骄人的成绩，犹太父母都会先泼一杯"冷水"，让孩子头脑冷静下来。

已经上三年级的比利是个聪明好学的孩子。有一次，在班上的朗诵比赛中，比利取得第一名，并得到校长亲自颁发的奖状，为此他心中一直激动不已。回到家之后，他忍不住向家里的女佣炫耀自己的奖状，并拿着课本对她说："我在比赛中念的就是这个，看看你会不会念，萨拉。"

憨厚淳朴的女佣拿起课本来，仔细地看了一遍，然后结结巴巴地说："唉，比利，我不知道怎么念。"

比利这下子更骄傲了，他兴奋地冲进客厅，得意忘形地向爸爸喊道："爸爸，萨拉不会读书，可是我只有8岁，就得了朗诵奖状。我不知道萨拉有什么感觉。"

爸爸一句话也没有说，而是走到书架旁，拿起一本书，然后递给比利说：

"她的感觉就像这样。"

那本书是用拉丁文字写的，上面的字比利一个也不认识。

爸爸的训斥给比利留下的印象实在是太深刻了，以致让他终生难忘。每当他想在人前自吹自擂时，就会马上提醒自己："记住，你不会念拉丁文。"

犹太人在孩子很小的时候，就教育他们要谦虚地向别人学习自己不懂的东西，他们常说："如果一个人的内心被自己占满，就不会有留给'神'住的地方了。"

抓野猪的故事

成功与失败都是习惯。

——塔木德

在以色列某地的一座山上有几头野猪,经常骚扰山下的村庄,并威胁到走山路人的安全。几个经验丰富的猎人多次试图捕获它们,但由于这些野猪非常狡猾,一次次都被它们溜掉了,于是村民们去向拉比求助。拉比想了想说:"你们放心吧,这事就交给我好了。"

第二天,拉比赶着一辆驴车,装着许多木材和粮食,向那座野猪出没的山上走去。在路上,他碰到了几个猎人,他们感到很好奇,就问:"尊敬的拉比,您这是要干什么去呀?"拉比对他们说:"我去捉野猪。"猎人们哄堂大笑道:"您别开玩笑了,连我们这些优秀的猎人都做不到的事,您怎么可能做到呢?"

几个月之后,拉比从山上下来,告诉村民们,野猪已经被他关在山顶上的围栏里了。那几个猎人听说了此事,都感到非常惊讶,就去问拉比是怎么做到的。拉比对他们说:"我先是找到野猪经常出来觅食的地方,然后在那里放一些粮食作为诱饵。一开始,那些野猪只是警觉地远远观望着,但最后还是抵御不住食欲的诱惑,于是三三两两跑过来闻粮食的味道。接着,一头老野猪先吃了第一口,其他野猪见没什么危险,紧跟着你抢我夺地吃了起来。至此,我已经信心十足,知道肯定能抓住它们了。

"第二天,我在原来的地方又多放了一些粮食,并在离粮食几米远的地方竖起了一根木桩。野猪们起初被木桩吓得不敢过来,但那些粮食对它们实在太有诱惑力了,所以很快它们又跑过来大吃起来。

"此后,我每天都在粮食周围多竖起几块木板,然后又在四角挖坑立起四根角桩。每次我添加一些东西时,开始它们都会远远地观察一段时间,但由于抵御不住粮食的诱惑,最后它们终会回来享用这些不劳而获的食物。

"等到围栏造好,围栏的门也准备好了时,野猪们已经习以为常了,它们每次都会毫无顾忌地走进围栏里。终于有一天,我出其不意地将围栏的入口封住,那些贪吃的野猪就这样落入到陷阱,被我轻而易举地抓获了。"

《塔木德》中说:"任何一种习惯都会对一个人产生重大的影响。"一旦孩子对某一方面形成了习惯,就会严重影响其长大后的行为和思维。因此,若想让孩子拥有健全完美的人生,家长就要从小鼓励他保持好习惯,摈弃各种恶习。下面的故事从另一个角度证明了习惯对人的影响是多方面的。

有个年轻人听说在遥远的海边有块不老石,于是,为了能使自己永远年轻,他不远万里,来到海边寻找传说中的石头。可是,当他来到海边时,满眼看到的都是碎石块,一望无际地散落在沙滩上,想找到传说中的那块石头,不亚于大海捞针。但年轻人丝毫不气馁,开始将石头一块块拾起来检查一下,然后扔到海里。年复一年,原来的年轻人,渐渐变成了白发苍苍的老人,但他每天始终重复地做着同一件事:捡起石块,然后看一眼把它扔进海里。终于有一天,他发现了传说中的"不老石",但是他的手却不听使唤了,于是又习惯性地将它扔进了海里。

用一根小小的桩子和一截细细的链子,拴得住一头几千千克重的大象,这不是很荒谬吗?可这荒谬的场景在印度和泰国却随处可见。那些驯象人之所以能制服大象,是因为在大象还是小象的时候,就用一条铁链将它绑在水泥柱或钢柱上,无论小象怎么挣扎都无法逃脱。随着小象渐渐长大,便形成了习惯,不再挣扎了,直到长成大象。当它可以轻而易举地挣脱链子时,也不会挣扎了。

从教育孩子的角度来看,以上故事告诉了我们这样一个道理:当一只动物要靠人类供给食物时,它的机智就会丧失;人也是如此,如果想使一个人变成"残废",只要给他一副拐杖,再等上几个月,就能达到目的。

让孩子承受打击

生命有限,时光无限,只有奋斗不已,才能生生不息。

——塔木德

一个人只要拥有坚强的意志，就能克服前进道路上的重重困难，直至走向成功，为此，为人父母者应该有意识地培养孩子坚强的意志力。

有一个男孩子已经 16 岁了，却非常胆小懦弱，没有一点儿男子汉的气概。他的父亲为此十分苦恼，万般无奈之下，他把儿子送到一位犹太拳师所办的格斗训练班里，希望儿子能在那里得到锻炼。

拳师对父亲说："你尽管放心地把孩子留在我这里吧，3 个月后，我保证可以把他训练成真正的男子汉。不过，这 3 个月里，你不能来看他。"父亲同意了。

3 个月后，父亲来接孩子了。拳师立即安排这个男孩子与一位格斗教练进行了一场比赛，以展示这 3 个月来的训练成果。

结果，教练一出手，孩子便应声倒地。他爬起来继续迎接挑战，但立刻又被打倒。他又站起来，又被打倒……就这样不断地重复着。

拳师问孩子的父亲："你觉得你的孩子表现得怎么样？"

父亲回答说："我简直羞愧得无地自容！真没想到他在这里接受了 3 个月的训练，结果却是这么不经打，被人一打就倒。"

拳师叹了口气，说："你只看见了表面的胜负，却没有看到你儿子那种倒下去马上又站起来的勇气和毅力。这才是真正的男子汉气概啊！"

《塔木德》中说："世界是五彩缤纷的，正是生活中的真、善、美和假、恶、丑，组成了现实中多棱面的生活。"因此，每个人在生活里遭遇磕磕碰碰原本是在所难免的事。美好的东西人人都愿意接受，人生一帆风顺更是人人所企望的；但是，挫折与失败，也是人生必须要面对的。人生最大的考验莫过于过失败关，能顶住失败的压力，不灰心，不丧气，这样才能继续朝着成功的方向迈进。可是，一些孩子往往在挫折面前或手足无措，或焦躁不安，或全身而退，有的甚至走上极端。作为父母，平时不但要引导孩子发现生活的美，创造生活的美；同时也要把生活中的一些实际问题摆到孩子面前，让他们在失败和挫折中体验生活中的喜怒哀乐；在接受磨炼中，让孩子明白人生路途中固然有鲜花大道，但也有荆棘小路，从而能坦然面对挫折，平心静气地接受挫折。就像一则犹太寓言那样：

有一次上帝问3个凡人："你们来到人间是为了什么？"

第一个回答："我来到这个世界是为了享受生活。"

第二个回答："我来到这个世界是为了承受痛苦。"

第三个回答："我既要承受生活的磨难，又要享受生活的幸福。"

于是上帝给前两个人各打了50分，给第三个人打了100分。

因为前两个人只答对了问题的一半，而第三个人才真正回答了人在生活中的正确态度。

不给孩子施加压力

罗马城不是一天建起来的。

——塔木德

在犹太人中间流传着这样一个传说：

从前有一位国王老年得子，他与王后对这位小王子自然是百般呵护、关怀备至。国王眼看自己一天天老了，于是就有了一桩心事，那就是如何使小王子尽快长大，在不久的将来能接替自己的王位。有了这个想法以后，国王便命两位学问最高的大臣，夜以继日地教小王子学问。虽然小王子的学问一天天见长，然而精神却一天比一天差。终于有一天，这位小王子突然认定自己不是人，而是一只小鸡，他不仅像鸡一样跳着走路，而且整天趴在鸡舍里。

国王和王后见他们的宝贝儿子变成了这样，感到非常苦恼和担忧，而且皇室的尊严也为此而蒙羞。于是，国王不惜重金遍寻天下贤能之士来医治王子的病，但所有最杰出的医生和心理学家在尝试过后，都是无功而返。

有一天，一个看起来很有智慧的、穿戴像农民的人来到王宫，对国王说："我能治好小王子的病，但有一个条件，那就是无论我做什么，都不得有人干涉。"已经绝望的国王和王后又看到了一丝希望,便痛快地答应了他的条件。第二天,那个人来到了鸡舍前。"你来这里做什么?"小王子问。"你为什么在这里呢?"那个人反问道。"我是一只小鸡,当然应该在鸡舍里。"小王子语气肯定地回答道。"哦,是这样,我也是一只小鸡。"那个人一边说一边像鸡那样打鸣,于是两个人开始像鸡一样待在一起。就这样几天过去了。

一天早晨,那个人对小王子说:"我是从很远的地方来的,在我的家乡,小鸡并不跳着走路,而是像人一样行走。"

"真的吗?"小王子喊道,"在你们那里做小鸡可真好!"

"在这里也可以试一下啊,"那个人建议道,"我们在周围走一走吧。"

小王子欣然同意了这位新朋友的建议,开始走出鸡舍。

几天之后,那个人又建议已经正常走路的小王子搬到房子里去住,因为在他的家乡,小鸡都不住在鸡舍里,而是住在适合王子居住的正经房子里。小王子又同意了。

就这样,那个人一步一步地对小王子进行引导。很快,他又使小王子相信,在他的家乡,小鸡吃的是人类的食物,而且吃饭时是坐在桌边的。

不久之后,尽管小王子仍坚持自己是一只小鸡,但他的行为举止已经完全像一个正常人一样了。

国王问这位农民,为什么小王子会得这种病?农民语重心长地回答道:"培养孩子和我们农民种地是一样的道理,要一步一步来。如果为了急于收获,不顾他的生长规律,到头来只能是事与愿违。"

犹太父母认为:当孩子第一件事还没完成之前,就不要叫他做第二件,更不要让他做太多或一些超乎他能力的事情,否则,孩子在匆忙、心急的情况下,除产生巨大的精神负担外,还可能养成放弃的习惯。对孩子的教育最好采取引导和循序渐进的办法,这样他所获得的知识才牢靠。犹太父母对孩子所采取的施教态度和教育方法,和盖楼有异曲同工之妙，只有地基结实，才能垒砌万丈高楼。

让孩子自己做决定

> 父母做得越少，孩子得到的就会越多。
>
> ——塔木德

由于持这种观念，很多犹太父母和欧美家庭一样，从不代替孩子做本应该他们自己做的事情，更不会武断地替他们做出某种决定，而是让孩子自己做主或想通了自己去改正。例如从下面的故事中我们就可以领会到一些东西：

在美国出生的犹太孩子托比从小就对汽车着迷，父母为了让他保持这个爱好，总是尽力满足他的收藏需求，经常给他买回各种各样的玩具车，他们认为这个爱好对他的成长特别有利，因此坚决支持他，并和孩子一起分享着这种快乐。

一天，托比和妈妈逛街，妈妈又为他买了一辆蓝色的新"车"。托比拿着小汽车兴冲冲地和妈妈往家走，刚到家门口，邻居鲍伯、米丽等小朋友邀请他去玩儿，妈妈叮嘱他千万别把小汽车弄丢了。

当玩得兴高采烈的托比回到家时，手中新买的小汽车真的就不见了，而是变成了一张小卡通画片。妈妈非常生气，想立即责问孩子，但她强迫自己忍住了，然后平静地向孩子了解小汽车的去向。

原来，托比见一起玩的小朋友都有一张同样的卡通画片，心里也想要一张，他经不住另一个孩子的劝说，就用手中的小汽车和别的孩子交换了一张卡片，回家时，他正为自己有一张与别的孩子一样的卡片而高兴呢。

妈妈没有责备孩子，而是平平淡淡地说了一句："这张小卡片真精致！"过了几天，当托比拿出自己所有心爱的小汽车并将它们排成几排欣赏时，妈妈在一旁说道："要是那辆蓝色的小汽车也排在它们中间，该有多好呀!"直到这时,妈妈才向儿子说明卡通画片与小汽车的不同价值,该不该用车换卡片的问题便由孩子自己去考虑了。在这里,妈妈虽然非常心疼孩子丢失的那辆车,但她尊重了孩子的选择。她没有去责骂孩子,为避免让孩子难堪,也没有逼迫孩子必须将汽车换回来。

当孩子明白了汽车与卡片的不同价值,以及两种东西对自己而言哪种更重要时,也许他会将汽车换回来,也许今后他不会再干这种"傻事"了。

在德国,有一个三年级孩子写了一篇作文,在作文中,他说自己的愿望是将来能当个马戏团小丑。如果让某些老师或父母来看,肯定会认为孩子是胸无大志!但是这个孩子的老师则在作文后面真诚地表示:祝你将来成为一个把欢笑带给全世界的人。

《塔木德》提醒我们,做父母的若是习惯于把别人的愿望当成自己的愿望,那么孩子做任何事情,就难以自己做出决定了。

一般来说,孩子的成长,内因是关键。孩子有各种各样的需要,需要使孩子产生动机(主见),从而行动起来去满足需要,再产生新的需要、新的动机。孩子的主见有正确和不正确之分,因此动机也有正确和不正确之分。家长应分析孩子的主见,激发孩子的正确动机,调动孩子的积极性。如果家长一切都包办代替,或家长只以自己的需要代替孩子的需要,以家长的动机代替孩子的动机,孩子便完全成了客体。一旦孩子的主体精神被压抑、被遏制,孩子的主见就会完全丧失。所以家长必须记住,对孩子来讲,家长是外因,家长的教育行为只是起调动孩子的积极性的作用,最终引导孩子实现自我教育。如果达不到这样的目的,父母的教育只能是失败的教育。

放回水中的鱼

在他人面前害羞的人,和在自己面前害羞的人之间有很大的差别。

——塔木德

有一户人家住在一个小岛的码头上,男主人经常带着10岁的儿子去河边钓鱼。

在钓鲈鱼季节到来的前一天晚上,父子二人又像往常一样,用小虫做饵,在河边用卷轴钓鱼竿放钓。男孩儿在鱼钩上挂上鱼饵,开始练习抛线。在月光的映照下,河面荡起一片银色的涟漪。

突然,鱼线猛地向下一沉,并将鱼竿拖得渐渐弯成了弧形,男孩儿知道一定有一条大鱼上钩了。看着儿子钓鱼时熟练的动作,父亲的眼神中充满了自豪和赞赏之情。

在父亲的帮助下,鱼终于钓了上来。这是一条鲈鱼,男孩儿还从未见过这么大的鲈鱼。

父子俩欣赏着这条美丽的鱼,它的两鳃不停地一张一合。这时,父亲借着月光看了看表,是晚上22点——距开放钓鲈鱼的时间还有两个小时。他看了看鱼,又看了看儿子。

"把它放回水中吧,儿子。"父亲说。

"为什么?"男孩儿叫道。

"因为现在还没有到准许钓鲈鱼的时间。"父亲平静地说。

"可是不会再有这么大的鲈鱼了。"男孩儿恳求道。

"还会有别的鱼。"父亲说。

男孩儿向四周看了看,月光下,他没有见到其他的渔民或渔船。他再抬头看了看父亲。

虽然没有人看到他们,也不会有人知道他们是在什么时候钓到的那条鱼,但从父亲斩钉截铁的口气中,男孩儿知道必须这样做,没有任何商量的余地。于是,他只好慢吞吞地将鱼钩从鱼鳃处取下,不情愿地将鱼放回了水中。

鱼儿用力地摆动了几下尾巴,迅速消失在水中。男孩儿心想:我可能再也不会看到这么大的鱼了。

多年以后,男孩儿已经是一位卓有成就的建筑师了。他的父亲依然住在小岛码头上的木屋里,而他也时常带着自己的儿女到那个码头上去钓鱼。

不出男孩儿所料,他果然再也没有钓到过像那次那条一样大的鲈鱼。可是,每当他遇到道德上的难题时,那条大鱼总是会一次次地闪现在他的眼前。

犹太人不仅注意自己的品行,也极为注重对孩子的教育。他们会告诉孩子,一个人在任何场合都应保持良好的道德,因为这是一个人能否立足于社会的前提和重要条件。其实,道德的问题就是简单的对与错的问题,只是在将其付诸行动时会有些困难。

经历磨难才能成材

请主降下磨难,考验我对主的信仰;请主降下痛苦,把我和普通人区分;请主给我逆境,让我成功。

——塔木德

有一个名叫吉布斯的犹太医生,为人非常和蔼,从不会因为邻居家的小孩子在他家的院子里淘气而冲着他们大喊大叫。因此,住在隔壁的一个名叫汤姆的小男孩儿与他成了好朋友。

吉布斯医生在不工作的时候,喜欢植树,他拥有一片4万平方米的土地,他的人生目标就是最终能使那里成为一片森林。

这位医生在栽种树木方面,有一套独特的方法——他从不给新栽的树苗浇二遍水,这确实非常有悖常理。有一次,汤姆问他为什么不给树苗浇水,吉布斯医生说:"经常浇水会毁了它们。如果你这样做了,每一棵成活的树,其后代都会变得越来越脆弱。所以,你必须把它们的生长环境营造得艰苦些,以便尽早淘汰那些弱不禁风的树。"

他还告诉汤姆,用水浇灌的树,其根须只生长在地表的浅层,而那些没有浇水的树,它们的根须必然会向深处扎,以此来获取生存所需要的水分和养分,这样,就变得根深蒂固了。

吉布斯医生在院子里还种了一棵橡树，每天早晨，他不但不给它浇水，反而用一张卷起的报纸不停地抽打它。汤姆看到后，感到非常奇怪，就问他为什么这样做。医生说是为了引起树的注意。

看到吉布斯医生种树，汤姆感觉很好玩儿，便在自己家的院子里也种了两棵。整个夏天，他都坚持给小树浇水、喷洒杀虫剂，并为它们做祈祷。

后来，吉布斯医生去世了，汤姆也去了外地。

几年后，汤姆回来了。当他经过吉布斯医生家门前时，发现虽然房子已换了主人，但院里的那棵橡树还在，而且已经长得如磐石般坚固，异常粗壮高大。而再看他当年悉心呵护的那两棵树，则变得非常瘦弱，每当寒风吹起，细细的枝干就会随风摇曳，好像在瑟瑟发抖。

犹太人认为，那些在一帆风顺、无惊无险的环境中长大的孩子，长大后一旦遇到挫折，往往会手足无措，甚至从此一蹶不振。犹太人的家教观念，正代表了世界各国的家教理念。为培养学生适应社会生存的能力，美国南部一些州立中学还特别规定：学生必须身无分文地独立谋生一周才能毕业。

美国中学生的口号是："要花钱，自己挣！"不管家里多么富有，孩子一般12岁以后就得给家里做家务，如剪草、侍弄花坛等，当然，家长也要相应付给自家孩子"劳务报酬"，以体现按劳取酬。

德国还立法规定，孩子到14岁就要在家里承担一些义务，比如要替全家人擦皮鞋、洗衣服等。这样做，不仅是为了培养孩子的劳动能力，也有利于培养孩子的社会责任感。因此德国孩子都有很强的自立能力。

瑞士父母为了避免孩子成为无能之辈，也非常重视从小培养孩子自食其力的能力。比如，女孩子初中一毕业，就要被安排到别人家里当一年的女佣，上午劳动，下午上学。这样做，既锻炼了劳动能力，又有利于学习语言和社会规则，还可以提高社交水平。总之，优秀的家长是不会把孩子放在"蜜罐"里的。

让孩子对自己的行为负责

> 一个人总要对自己的行为负责,无论是处在清醒还是睡眠状态。
> ——塔木德

犹太父母认为:勇于承担责任,这是每个人都必须具备的品德,而且应该从小培养。一个人无论在什么条件下,都应该对自己的行为负责,因为这是一种社会责任感。通观那些做大事的人,通常都是勇于承担责任的人,即使是面对天大的错误都敢站出来承认,而不是选择逃避、消失。

对孩子来说,责任感是他们将来安身立命的基础,所以当一个孩子具有了某些能力时,就要开始对相应的事物负责。因为孩子做事,往往更多地重视行为过程本身,而不太重视行为的结果,如果因他们年龄小,就迁就他们的过错,无疑会使孩子从小就养成逃避责任的习惯。此外,孩子做事多是凭兴趣出发,如果对他要求不明确,孩子便不会坚持下去,因此,要清清楚楚地告诉他做事的要求,同时激励并督促他将其当作义务去履行,把一件事负责到底。

一个 11 岁的小男孩儿在踢足球时,不小心打碎了邻居家的玻璃。邻居向他索赔了 12.5 美元。在 20 世纪初的美国,12.5 美元可不是一个小数目,尤其是对一个 11 岁的孩子来说。男孩儿知道自己闯了大祸,只好先向父亲承认错误,然后问父亲该怎么办。

父亲没有责骂他,只是对他说:"你已经是个大孩子了,要学会为自己的行为负责。"

男孩儿感到特别惊讶,也有些迷惑,便问父亲:"您是说要我自己负责赔偿吗?可是我哪有这么多钱呀?"

这时,父亲拿出 12.5 美元交给了男孩儿,然后对他说:"这笔钱算我借给你的,你要在一年之内还给我。"

男孩儿答应一定偿还。赔过钱之后，他就开始利用课余时间打工赚钱——在饭店洗盘子、擦鞋、卖报，什么都干，还在上学和放学的路上捡废品卖。经过半年的努力，他终于把这笔对他来说是"天文数字"的钱分毫不差地还给了父亲。

这个男孩儿就是后来成为美国总统的罗纳德·里根。多年之后，他在一次采访中回忆起这件事时说："通过自己的劳动来承担过失，是父亲使我懂得了什么是责任。"

犹太人在教育孩子时，极为注重优秀品质的培养，勇于承担责任就是其中之一。许多为人父母者认为孩子还小，往往将孩子做错事之后所应承担的责任都揽到自己身上，使孩子从小就养成不负责任的不良习惯。其实，孩子的肩膀虽然略显稚嫩，却也应该能够承担一些必须担负的责任。每个人身上都有着或大或小的责任，而责任心是一个人在社会上为人处世的基本要求。一个成功的人，绝对应该是一个有责任心的人，要对自己负责，对他人负责，对整个社会负责。里根父亲的教育方式便令人赞赏，他深深懂得从小就应该培养孩子认真负责的精神和吃苦耐劳的品质，这也许就是里根后来之所以能够成为总统的一个重要原因吧。

好习惯是从小培养出来的

> 一个人的能力不是天生的，而是从小培养出来的。
>
> ——塔木德

习惯包含的内容很多，人的衣食住行中，虽然有着各种各样的习惯，然而就其性质来说，习惯只能分两种——好习惯与坏习惯。谁都愿意自己身上的习惯是好习惯，那么好习惯是怎样形成的呢？犹太父母认为：一个人一生的好习惯，都是从小养成的。因此，无论是家庭还是幼儿园，几乎是无时无刻不在用各种方式培养孩子的好习惯，从下面这件事中，就可见一斑：

美国南部城市一家犹太幼儿园的安妮老师在另一个助手的协助下，一天早上带领15个4岁的孩子，到附近的公园自由活动。

出门前，每个孩子自己都认真地戴好了帽子。男孩儿的帽子是绿色的，女孩儿的则是红色的。然后孩子们都到安妮老师那里领取防晒油，并自己将露在外面的皮肤涂好。有的孩子因为不熟练，脸上的防晒油涂得东一块、西一块，看起来很滑稽。这时安妮老师开始细心地指导孩子们正确涂抹防晒油的方法，而不是去帮他们涂。

一路上，孩子们兴奋地谈论着各自的周末活动。可是过马路时，孩子们却都安静下来，乖乖地听从安妮老师的指挥。到了公园，安妮把15个孩子分成5个小组，每个小组都发给一个纸袋和一张任务表。

任务表上面用各种颜色的问号开头，每个问号后面都是一项任务，例如：在公园里找一个外表粗糙的东西、光滑的东西、坚固的东西、有孔的东西、没有生命的东西、有很多种花纹的东西，等等，然后把它们装进纸袋里。

安妮老师先明确了孩子们的活动范围，并告诉他们如何在游戏中互相帮助，然后孩子们便出发了。在游戏结束之前，几个小组的孩子都陆续回到了安妮老师所指定的地点。这时孩子们开始争先恐后地拿出他们的"作品"——树皮、糖纸、树叶、饮料瓶、报纸等，虽然是五花八门，然而全都符合任务表上的要求。

活动告一段落时，安妮老师认真地总结说："孩子们，这次出游你们做得都非常好。首先，每个人都记住了戴帽子、涂防晒油。并且在老师说话的时候，都仔细地聆听。游戏中，大家都充分地发挥了想象力。小组作业完成得很出色。现在请大家把属于垃圾类别的纸袋放到绿色垃圾箱里去，把瓶子和报纸放到可回收的黄色垃圾箱中。"

家庭和幼儿园是培养幼儿良好习惯的摇篮。父母和老师都应鼓励孩子自己完成所有的生活小事，如系鞋带、吃饭、洗手、整理自己的衣服、在别人谈话时学会仔细聆听等。由此可见，好习惯都是在平时的生活小事中养成的，并会使人终生受益。

改变一生的一句话

　　孩子的成功，来源于父母的夸奖。

——塔木德

　　在美国弗吉尼亚州，有一个小男孩儿，在他很小的时候，母亲就去世了。他非常调皮，学习成绩很差，总是到处惹是生非，无论是他的父亲、左邻右舍，还是学校里的老师，都认为这个孩子不会有什么出息了。他也曾努力过，也想成为一个大家公认的好孩子，但每次都是刚开了一个头就无法再坚持下去：有时是因为自己控制不住自己，有时则是因为父亲的一句"没出息"，就自我放弃了。

　　直到他9岁那年，父亲把继母娶进了家门，一切都发生了改变。在一般人的印象中，继母总是一副凶恶、刻薄的样子，虐待丈夫前妻的孩子——缺吃少穿、无故打骂、强迫孩子做繁重的家务活、不让上学……然而，这位继母的所作所为，却使人们彻底扭转了这种看法。

　　在继母刚进家门的那天，父亲就给她打了"预防针"，指着男孩儿向她介绍说："这是我儿子，他可能是全弗吉尼亚最令人头痛的一个坏小子。以后你可千万要提防他，说不定哪天他会把你的衣服扯烂，然后扔进厕所里。发生这样的事，我丝毫不会感到奇怪。当然，他也有可能做出别的什么坏事，总之，让你防不胜防。"小男孩儿又羞又恼地低下了头，并偷偷看了眼继母。他本来不打算接受这个继母，因为在他心中，一直觉得继母这个词会给人带来霉运。然而，继母的举动却大大出乎他的意料。她微笑着走到男孩儿面前，轻轻抚摸着他的头，对丈夫说："你怎么能这样说呢？我可不这么认为。在我看来，他绝不是全州最坏的孩子，而是最聪明的孩子，他只是精力太过旺盛，无处发泄而已。"

　　继母的话像一股暖流，让小男孩儿心里一热，眼泪几乎滚落下来，以前可从未有人对他说过这样的话，即使他的亲生母亲在世时也没有说过。他认为还是继母了解自己，今后她一定能成为自己最好的朋友，于是，他开始和继母亲近起来，并逐渐建立起感情。

在继母的鼓励下，小男孩儿开始努力学习，并出人意料地坚持了下来。在小男孩儿 14 岁那年，继母给他买了一部二手打字机，并对他说，她相信他会成为一名作家。小男孩儿相信了继母的话，开始向当地的一家报纸投稿。最终，男孩儿长大后取得了令人瞩目的成就。

这个小男孩儿就是后来创造了 28 项黄金法则的成功学大师戴尔·卡耐基。是继母的爱成为激励他上进的一种动力，也激发了他的想象力和创造力，并最终使他成为 20 世纪最有影响力的人物之一。

像卡耐基一样，许多伟人在成名前都有过一段艰辛坎坷，甚至是自暴自弃的经历，是父母、师长、朋友或是不相干人的一句温馨、鼓励的话语，激活了他们心中的希望，才使他们最终步入成功的殿堂。

《塔木德》提醒我们，一些人之所以能获得成功，除离不开他们自身的天赋和努力奋斗外，还有外部的激励也的确起到了至关重要的作用。自尊心和自信心是一个人的精神支柱，也可以说是成功的先决条件，对孩子最大的伤害，莫过于践踏他们的自尊心和自信心；即使孩子的表现再糟糕，作为家长和老师，也不可对他们冷嘲热讽，而应该多加鼓励。要知道，爱是生命中最好的养料，哪怕是一株孱弱、几近枯萎的幼苗，只要有爱心甘泉的浇灌，它也一样能长得枝繁叶茂，甚至长成参天大树。因此，不要吝惜给孩子鼓励的语言，它可以支撑起人生信念的风帆，使他们的生命之船驶向成功的彼岸。